EVROPA

Werner Pieck

LEBEN HÄNDELS

Biographie

Europäische Verlagsanstalt

FÜR IRENE

Die Deutsche Bibliothek – CIP-Einheitsaufnahme

Ein Titeldatensatz für diese Publikation ist bei
Der Deutschen Bibliothek erhältlich

© Europäische Verlagsanstalt/Rotbuch Verlag, Hamburg 2001
Umschlaggestaltung: +malsy, Bremen
Motiv: Zeitgenössisches Schuhwerk
Signet: Dorothee Wallner nach Caspar Neher »Europa« (1945)
Herstellung: Das Herstellungsbüro, Hamburg
Satz: Greiner & Reichel, Köln
Druck: Clausen & Bosse, Leck
Printed in Germany
Alle Rechte vorbehalten
ISBN 3-434-50455-9

Informationen zu unseren Verlagsprogrammen finden Sie im Internet
unter www.europaeische-verlagsanstalt.de und www.rotbuch.de

INHALT

Wenige Tage nach der Erstaufführung von Händels Oper »Atalanta« im Londoner königlichen Theater von Covent Garden am 12. Mai 1736 schrieb Benjamin Victor, der Nachwelt nicht weiter bekannt, einen Brief an Matthew Dubourg, Geiger und musikalischer Direktor des englischen Vizekönigs in Dublin. Kürzlich, berichtete Victor, sei eine neue Oper Händels gegeben worden, und bei Erscheinen jenes großen »Fürsten der Harmonie« im Orchester habe ihm das ganze Haus applaudiert.

Diese Biographie ist der Versuch, dem Fürsten Georg Friedrich Händel, dem es so wichtig war und der es so gut verstand, sein Privatleben vor der öffentlichen Neugier zu schützen, näherzukommen. Ein mehr als nur episodischer Umgang mit Händels Werk ist jedem zu wünschen, der nach einer Musik verlangt, die in ihrer Schönheit, Majestät und Kraft kaum je wieder erreicht wurde.

Mein Dank gilt der Bibliothek der University of the South in Sewanee, Tennessee/USA für die Erlaubnis zur Einsicht in ihre bedeutenden Sammlungen, eine Fundgrube auch zu Händel und zu Kultur und Politik des 18. Jahrhunderts. Dank schulde ich Professor Charles Perry, Inhaber des Lehrstuhls für Geschichte, für wertvolle Hinweise zu kulturellen und sozialen Aspekten des englischen 18. Jahrhunderts. In besonderer Weise verpflichtet bin ich Herrn Wayne Maxson von der Bibliothek der University of the South, der während eines Urlaubs in der Tschechischen Republik so freundlich war, das nördlich Prag gelegene Schloß von Zákupy zu besuchen, das frühere Reichstadt, einst im Besitz des Hauses Sachsen-Lauenburg; seinen Erkundigungen verdanke ich Aufschlüsse über Händels Bekanntschaft mit dem Hause Medici. Den Stadtarchiven von Aachen, Halle und Lauenburg, der »Göttinger Händel-Gesellschaft« und dem Kulturamt der Stadt Göttingen danke ich für die freundlich gewährten Auskünfte. Die »Handel Society of America« verhalf mir zu neuen Einblicken in Händels Londoner Umgang mit den Familien Harris und Shaftesbury.

Werner Pieck

Monteagle, Tennessee / USA

Dezember 2000

DEUTSCHLAND

HALLE
1685 – 1703

»Zum Gelben Hirsch«
Leibchirurg und Kammerdiener
Dorothea Taust
Halle an der Saale
Lehrzeit bei Zachow
Lutheraner Gymnasium
Vaterlos
Berlin
Georg Philipp Telemann
Student und Organist
Statur
Nachwirkungen
Abschied

Die ungelösten Rätsel im Leben des Georg Friedrich Händel beginnen mit dem Tag seiner Geburt.

Das Licht der Welt erblickte er in der letzten Februarwoche des Jahres 1685, unter dem Sternzeichen Fische, im Haus »Zum Gelben Hirsch« des Nikolaiviertels der Stadt Halle an der Saale. Das Nikolaiviertel gehörte zum Kernareal der Stadt und lag nur wenige Schritte entfernt vom südlich gelegenen Marktplatz, der Marktkirche und dem Rothen Turm, einem deutschen Kampanile, und östlich von Dom und Neuem Stift. Auch Moritzburg und Universität lagen im nahen Umkreis. In westlicher Richtung, jenseits der Stadtmauer, floß die Saale.

Wie oft bei Daten aus jener Zeit ist nicht gewiß, ob der Tag des Eintrags im Taufregister der Ober-Pfarr-Kirche »Zu unseren Lieben Frauen«, oder Marktkirche, nämlich Dienstag, der 24. Februar 1685, auch der Tag der Geburt des Kindes war. Es geschah nicht selten, daß der Gang zum Pfarramt um einen Tag, oder gar um mehrere Tage, verschoben wurde, nicht immer wegen häuslicher Unordnung, sondern auch wegen der Sorge um das Leben der Mutter, oder weil die Anreise der Paten Zeit brauchte.

Was über den Taufeintrag hinaus zu Händels Geburtstag bekannt ist, beruft sich einmal auf die Grabrede für Händels Mutter Dorothea vom Dezember 1730, verfaßt von Pastor Johann Georg Francke, in der Georg Friedrich Händel, Sohn der Dorothea, mit dem Geburtsdatum »23. Febr. Anno 1685« genannt wird. Ob das für Zuverlässigkeit bürgt, ist zweifelhaft. Denn die Angaben zum Geburtstag der Toten wie auch zum Todestag ihres dreiunddreißig Jahre zuvor verstorbenen Ehemannes Georg Händel sind nachweislich falsch.

Ein Vetter, Christian August Rotth, dichtete auf Händels Geburtstag, »den 22. Februar«, im Jahre 1750 eine Ode. Außer dem Titelblatt ist davon nichts weiter bekannt, auch nicht, ob sie den gefeierten Adressaten in London erreichte, oder falls ja, was er sich bei dem Datum dachte.

Als im Juli 1762 in der Westminster Abbey zu London das Grabmal Händels mit einem von Louis François Roubiliac in Marmor gestalteten Denkmal eingeweiht wurde, nannte es den »23. February 1684« als Geburtstag, ein Datum, das wohl den von Pastor Francke in seiner Totenrede auf Mutter Dorothea von 1730 Händels genannten Tag bestätigte; doch stimmte nun, nach dem seit 1752 auch in England geltenden Kalender neuen Stils, das Geburtsjahr nicht.

Wie auch immer: Die Annahme, Händel sei am 23. Februar 1685 geboren, gilt seit längerem wenn auch nicht als sicher, so doch als wahrscheinlich.

Georg Friedrich war der Sohn achtbarer bürgerlicher Eltern. Der Vater, Georg, war zu Halle 1622 geboren. Sein Vater wiederum, Valentin, gebürtig aus Breslau 1582, hatte das Bürgerrecht der Stadt Halle 1609 erworben und sich im Nikolaiviertel als Kupferschmied niedergelassen. Ein Jahr zuvor hatte er Anna Beichling, Tochter eines Kupferschmieds, geheiratet. Von den vier überlebenden Kindern dieser Ehe war Georg das jüngste. Valentin starb 1636 an der Pest. Da die Witwe die Kosten für den Besuch des Gymnasiums nicht weiter tragen konnte, ging Georg zu Andreas Beger in die Lehre, einem Barbier und Wundarzt. Später zog er nach Leipzig, wo er bei einem kursächsischen Regiment »rühmlich«, wie es heißt, als Feldscher diente. Von dort ging er nach Hamburg und weiter nach Lübeck. Er meldete sich, wohl auf Empfehlung, bei einem Landsmann, Andreas König, der als Chirurg einen Namen hatte. Auf seinen Rat verdingte Georg sich als Schiffsbarbier und segelte nach Portugal. Zurück in Lübeck war er wieder in Diensten bei König. Nicht lange danach verpflichtete er sich erneut als Feldscher, diesmal bei den königlich-schwedischen Truppen. Nach quittiertem Dienst reiste er 1642 heim nach Halle. Dort hielt es ihn nicht lange. Ein weiteres Mal diente er als Feldscher, nun bei der kaiserlichen Armee. Doch die Mutter brauchte den Sohn. Und so kehrte er wieder nach Halle zurück, heiratete 1643 Anna Ettinger, die Witwe eines Barbiers, und übernahm die Praxis seines Vorgängers in Neumarkt bei Halle. Zwei Jahre später wurde er durch gnädigste Anordnung des Landesfürsten Amtschirurg von Giebichenstein. Als »Bürger und Barbier« lebte Georg Händel mit seinem Eheweib und einer wachsenden Schar von Kindern über zwei Jahrzehnte in Neumarkt, bis er 1660 nach Halle zog. Dort kaufte er 1666 das stattliche Haus Zum Gelben Hirsch. Mit dem Haus erwarb Georg eine Weinschankkonzession, die er verpachtete.

Anlaß für den Umzug von Neumarkt nach Halle war wohl der Wunsch des Landesherrn, Herzog August von Sachsen, seinen 1660 bestellten »Fürstl. sächs. magdeburg. Geheimen Cammerdiener« und erprobten »Leibchirurgen« Georg Händel in die Residenzstadt und damit in seine Nähe zu ziehen.

Mit dem Tode des Herzogs im Jahre 1680 fiel Halle, dem Erzstift Magdeburg zugehörig, nach dem Vertrag des Westfälischen Friedens von 1648 an das Kurfürstentum Brandenburg. Der neue Landesherr, Friedrich Wilhelm, ernannte Georg Händel noch im selben Jahr zum »Churfürstl. Brandenburgischen Cammerdiener« und »Chirurgus von Hauß aus«. Zwei Jahre später macht er ihn zum »Wolbestalten Kammerdiener«, mit einem jährlichen Salär von hundert Talern auf Lebenszeit. Aber auch der Sohn und Nachfolger des sächsischen Herzogs, Johann Adolph I., der seit dem Übergang von Halle an Brandenburg im benachbarten Weißenfels Hof hielt, wollte auf die geschickten Dienste Händels nicht verzichten. So ernannte auch er 1688 Georg zum »Leib-Chirurgo und geheimen Cammer-Diener von Hauß aus«.

Eine merkwürdige Geschichte, die nicht nur Georg Händels ärztliches Geschick bewies, ereignete sich Anfang 1691. Andreas Rudloff, ein Sechzehnjähriger aus einem Dorf im Umkreis von Halle, hatte beim Spiel auf wunderbare Weise ein Messer verschluckt. Der Fall wurde Händel als dem zuständigen Amtschirurgen gemeldet.

Gemeinsam mit dem »Land-Physicus« Dr. Wolfgang Christoph Wesener gelang es, durch »geschickte fürsichtige Handgriffe« dem Rudloff das Messer aus dem Magen zu holen, eine Prozedur, die sich bis Mitte 1692 hinzog. Während Wesener die gute Tat gleich in einer Schrift feierte und beim brandenburgischen Kurfürsten in Berlin um eine Anerkennung bat, auch hundert Taler erhielt, wandte sich Georg Händel erst vier Jahre später an den Landesherrn mit dem Gesuch, dieser möge auch ihm, Händel, der bei der Behandlung von Rudloff das meiste getan habe, eine »Ergötzligkeit« gönnen. Die Petition war erfolgreich – Händel erhielt, knapp ein Jahr vor seinem Tode, aus der kurfürstlichen Amtskammer fünfzig Taler. Was ihn zu seinem Ersuchen bewog, ist nicht bekannt. Hatte er gehofft, Wesener werde die hundert Taler mit ihm teilen, und mußte schließlich erkennen, daß er sich getäuscht hatte? Oder hatte er von dem kurfürstlichen Geldgeschenk an Wesener erst vier Jahre später erfahren? Wollte er, bei nur noch kurzer Lebensdauer oder akuter Geldnot, seine Außenstände eintreiben? Offenbar hatte Händel Rat bei einer petitionskundigen Person gesucht, die auch den Wortlaut der Eingabe verfaßte. Denn das Gesuch ist von fremder Hand geschrieben, von Händel selbst stammt nur die Unterschrift. Die Eingabe klingt durchaus nicht devot, sondern sogar ein wenig pikiert. Ob er das so dem Beistand in die Feder diktierte oder ob es dessen Sprache war, wissen wir nicht.

Zu den Pflichten als Chirurg und Kammerdiener des Brandenburgers gehörte, bei einer Pestepidemie den Kranken beizustehen. Der »Schwarze Tod« hatte sich 1681 wieder einmal in Halle gezeigt, und bis zum Frühjahr 1683 war über die Hälfte der Einwohner der Stadt, mehr als sechstausend Bürger, ihr Opfer geworden. Unter den Toten des Jahres 1682 waren auch Anna Händel, die Ehefrau Georgs, und der älteste Sohn, Gottfried.

Die Pest war seit dem Jahre 1348 der Schrecken Europas. Damals war die Seuche, von der Krim ausgehend, in Südeuropa eingefallen, hatte sich in Wellen über ganz Europa verbreitet, auch den Kanal überquert und England erreicht. Giovanni Boccaccio hat in seinem »Il Decamerone« als Zeitzeuge den Einzug der Pest in seine Heimat-

stadt Florenz eindringlich geschildert. Sie bietet den Hintergrund
der hundert Novellen, die sich sieben Damen und drei Männer in
selbstgewählter Quarantäne auf einem Landgut erzählen. An der
Pest starben damals in Europa mehr als zwanzig Millionen Menschen, Halle verlor dreitausend Bürger. Bis zum Jahrhundertende
überfiel die Pest noch viermal die Stadt, in den folgenden Jahrhunderten kam es zu kleinen und einigen großen Epidemien, wie der von
1450. Es war die Zeit der Kinderkreuzzüge und Geißlerfahrten, die
Juden wurden zu Tausenden erschlagen oder verbrannt, weil man sie
beschuldigte, sie hätten die Brunnen vergiftet. Bei der Pest von 1639
gab es in Halle wieder einige Tausend Tote, unter ihnen waren alle
Schüler des städtischen Gymnasiums. Die Todesangst der Menschen
kannte kein Mitleid. Pestkranke wurden ohne Gnade ihrem Schicksal überlassen, Straßen und Gassen, in denen Kranke wohnten, abge-
sperrt oder vermauert, sodaß auch Gesunde das Seuchengebiet nicht
verlassen konnten und entweder durch die Pest oder Hungers starben. Wer Pestkranke besuchte, wurde aus der Gemeinschaft der noch
Gesunden ausgestoßen. Kranke stürzten sich im Fieberdelirium aus
dem Fenster und starben auf der Straße. Städte und Dörfer suchten
sich durch Pestordnungen zu schützen: Kranke wurden sofort in das
Hospital geschafft, Zeremonien bei Begräbnissen untersagt, Häuser
von an der Pest Gestorbenen ausgeräuchert, die Stadttore verriegelt
und durch Soldaten überwacht, damit niemand das Seuchengebiet
verließ. Und doch holte sich die Pest Tag um Tag ihre Opfer. Was allein zu helfen schien, war die eilige Flucht in noch unverseuchte Ge-
biete. Die Armen, die sich die Flucht aufs Land nicht leisten konnten, blieben zurück und starben. Aus Halle berichtet eine Chronik,
daß »viele andere vornehme und geringe Bürger sich anderweit hin
salviret haben. Ingleichen ist die Soldatesca im freyen Feld in Para-
quen einquartiret worden«. Solche Baracken wurden als Notunter-
künfte auch für gesunde Bürger gebaut. Die Leichen wurden von den
»bösen Männern«, wie die Pestknechte hießen, täglich eingesammelt
und in einem Massengrab vor der Stadt verscharrt. Die Menschheit
erkannte in der Pest ein Strafgericht Gottes. Gegen sie gab es keine

Rettung, hier half kein Aderlaß zum Entzug des verseuchten Blutes, auch kein Brechmittel und Klistier zur Entnahme verdorbener Stoffe aus Magen und Darm. Keiner anderen Krankheit folgte so rasch der Tod. Man unterschied zwei Formen der Pest. Einmal die Beulenpest, bei der nach kurzer Zeit die Lymphknoten schwarz anschwollen, der Kranke starb nach einigen Tagen. Und dann die noch mehr gefürchtete Lungenpest, an ihr erstickte der Kranke oft schon nach wenigen Stunden. Jahrhundertelang blieb der Erreger der Pest unbekannt. Es ist ein Bazillus, erst 1894 von dem französischen Forscher Alexandre Yersin in Hongkong entdeckt. Hauptwirte des Bazillus sind kleine Nagetiere, vor allem die in der Nähe der Menschen lebenden Hausratten. Der Floh überträgt den Pestbazillus auf den Menschen.

Nach dem Tod Annas wartete Georg nicht lange mit einer Wiederheirat. Er warb um Dorothea Taust, die Tochter des Pfarrers von Giebichenstein, Georg Taust. Die Braut war am Tage der Eheschließung, dem 23. April 1683, zweiunddreißig Jahre alt, der Witwer und Bräutigam knapp dreißig Jahre älter. Während Dorothea der Pest glücklich entkam, starben eine Schwester sowie ein Bruder und dessen Ehefrau, und die Mutter Dorotheas traf der Schlag.

Die Tausts waren wohl schon seit dem Beginn des Jahrhunderts mit dem Großvater Georg Friedrich Händels, einem Georg Taust, als Theologen und Pfarrer in Halle oder im Umkreis der Stadt ansässig. Georg Taust war der Sohn nach Halle zugereister Böhmen, die in ihrer Heimat als Protestanten drangsaliert worden waren.

Die eben verstorbene Mutter der Braut, Dorothea Cuno, war eine Tochter des Notars Johann Christoph Cuno und seiner Ehefrau Catharina Olearius gewesen, Tochter von Johann Olearius, Doktor der Theologie und Pfarrer – die Olearius' waren seit Generationen eine angesehene Theologenfamilie. In einem mit protestantischen Geistlichen reich gesegneten Hause erhielt Dorothea Taust eine betont christliche Erziehung. Als ihre Mutter starb, war sie immer noch unverehelicht, obgleich, nach Pastor Franckes Grabrede von 1730, »bey ihren mannbaren Jahren viele Gemüther um eine eheliche Verbin-

16

dung mit Ihr bey ihren Eltern« vorsprachen. Doch habe Dorothea sich nicht entschließen können, den Vater, als dieser nach dem Tod seiner Ehefrau gestürzt war, in seinem leidenden Zustand und bei immer noch gegenwärtiger Pestgefahr allein zu lassen. Erst als sich der Vater erholt habe und durch den Sohn in seinem kirchlichen Amt entlastet worden sei, habe sich Dorothea, auf Zureden des Vaters und guter Freunde, zur Ehe mit Georg Händel bereit gefunden. »Wie nun Ehen die auf kein vergängliches Interesse, sondern vielmehr auf Gleichheit der Gemüther und wahre Tugend gegründet nicht anders als wohl gerathen können« – eine Liebesheirat war es demnach nicht, sondern das, was bei dem Alter der Brautleute und dem Altersunterschied zwischen ihnen nur natürlich war, eine Zweckehe, wenn auch nicht ohne gegenseitige Wertschätzung oder Zuneigung. Liebesehen selbst unter jungen Leuten waren in jener Zeit selten, in der Regel wählten die Eltern den Ehepartner für den Sohn oder die Tochter. Passend war eine Ehe, wenn die Eheleute sich wirtschaftlich selber unterhalten konnten, sie also nicht der Gemeinschaft zur Last fielen. Nur Angehörige von Familien mit Besitz konnten öffentliche Ämter übernehmen. Wer arm war, heiratete erst, wenn er genug erspart und zur Versorgung einer Familie ausreichende Einkünfte hatte. Der Adel heiratete in der Regel aus politischen oder dynastischen Gründen. Doch es gab Ausnahmen: Die Ehe Maria Theresias mit Franz Stephan von Lothringen wurde aus gegenseitiger Liebe geschlossen, wobei aber die Partner nach Rang und Besitz zueinander paßten.

Für Dorothea Taust war die Ehe zur künftigen Versorgung, nach dem Tod der Mutter und beim hinfälligen Zustand des Vaters, dringlich geworden. Und Georg Händel suchte, nach dem Pesttod Annas und dem Auszug der Kinder aus erster Ehe, eine neue Hausfrau. Es ist kaum anzunehmen, daß Dorothea eine große Mitgift in die Ehe einbrachte. Aber an ihr mag Georg gleich wichtig oder gar wichtiger gewesen sein, was ihr Pfarrer Francke ins Grab nachrühmte: Daß sie sowohl »einen aufgeweckten Kopf und ein gut Gedächtniß« sowie »angenehme Gemüths= und Leibes=Gaben« besessen habe, »nebst vollkommener Wissenschaft einer Haushaltung vorzustehen«.

Georg Friedrich Händel war das älteste Kind von drei überlebenden Kindern der neuen Ehe. Womöglich war der erste Sohn 1684 geboren und kurz danach gestorben, was erklären würde, daß er, nach
dem Brauch der Zeit, nicht im Taufbuch erschien. Der Kindertod
war in jener Zeit eine Alltäglichkeit. Mehr als siebzig von hundert
Kindern erreichten nicht das fünfte Lebensjahr. Die Sterberate war
auf dem Lande höher, weil sich die Bauern weder Medizin noch
einen Arzt leisten konnten. Bei noch geringer Widerstandskraft er-
lagen viele Neugeborene, bei der noch sorglosen Hygiene, bakteriel-
len Erkrankungen jeder Art, und sie wurden die ersten Opfer einer
Epidemie. Viel Zeit zur Trauer um den Tod eines Kindes blieb nicht,
bald schon begann die Sorge um das neue Leben im Mutterleib. Die
vielen Geburten waren notwendig, wollte die Familie weiterleben.
Die Folge war, daß die Frauen mit jeder weiteren Schwangerschaft
stärker gefährdet waren und oft schon in jungen Jahren starben.

Zwei Jahre nach Georg Friedrich folgte Dorothea Sophie, Händels schon 1718 verstorbene Lieblingsschwester. Ihre Tochter Johanna Friederike machte er 1751 testamentarisch zu seiner Haupterbin.
Schließlich wurde 1690 noch Johanna Christiana geboren, die 1709
starb. Vater Georg erreichte sechsundsiebzig Lebensjahre, Mutter
Dorothea neunundsiebzig, Händel vierundsiebzig.

Das auf die Nachwelt gekommene Porträt Georg Händels zeigt
ihn im würdigen Habit eines der städtischen Honoratioren. Der
schmale Mund unter der starken Nase verrät einen festen Willen.
Zugleich zeigt der Blick einen Anflug von distanzierender Ironie, wie
bei einem, der sich klüger weiß als andere seines Standes. Es ist das
Bild eines Mannes, der es aus eigener Kraft zu Ansehen und Wohlstand gebracht hat. Manche dieser Charakterzüge werden im Sohn
weiterleben, wie auch die robuste körperliche Konstitution der
Eltern. Der Stich mit dem Porträt des Vaters erinnert an das von
Philippe Mercier um 1730 in London gemalte Porträt Händels: Hier
wie dort der gleiche Ausdruck von Stolz, Überlegenheit, Distanz und
Wille.

KARL, DER ÄLTESTE SOHN Kaiser Karls des Großen, legte auf einem Heereszug gegen die Sachsen im Jahre 806 zur Sicherung des Gebiets Kastelle an, eines in Magdeburg, ein anderes »ad locam qui vocatur halla«, also »an einem Ort, der Halle genannt wird«. Das keltische Wort »Hall« in Ortsnamen weist auf Salz hin, als Vorkommen, oder weil es an der bezeichneten Stelle gefördert, oder weil mit ihm dort gehandelt wird.

Im Jahre 961 schenkte Kaiser Otto I. dem Kloster St. Moritz in Magdeburg »den Burgort Giebichenstein mit seiner Salzquelle sowie andere Burgorte mit allem ihrem Zubehör, salzigen und süßen Gewässern, bebauten und nicht bebauten Fluren, deutschen und slawischen Hörigen«. In dieser Urkunde wird Halle erstmals erwähnt. Sieben Jahre später gründete der Kaiser das Erzbistum Magdeburg, zu dessen Besitz auch Halle gehörte. Kaiserlich gewährte Markt- und Handelsrechte förderten die Entwicklung der Salzstadt, die 1280 Mitglied der Hanse wurde, mit der wohltätigen Folge, daß die Stadt wegen der Erschließung neuer Handelswege am Salz bedeutend verdiente. Die Bürger forderten nun von der erzbischöflichen Regierung in Magdeburg mehr Freiheit, und bald geriet der Streit zum Kampf um politische und wirtschaftliche Unabhängigkeit. Doch als sich die Bürgerschaft entzweite, sah Erzbischof Ernst von Magdeburg 1478 die Zeit gekommen, Halle mit Truppen zu besetzen und erneut unter seine Herrschaft zu zwingen. Zur Bekräftigung seines Anspruchs und als Residenz der Erzbischöfe entstand die Zwingfeste Moritzburg. Als Martin Luther in Wittenberg 1517 in fünfundneunzig Thesen zu einer Disputation über den vom Dominikanermönch Johann Tetzel betriebenen Ablaßhandel aufrief, weilte dieser in Halle – beim Ablaßhandel ging es um den Verkauf kirchlich geweihter Zettel zur Vergebung zeitlicher Sündenstrafen, die Einnahmen waren zum Bau des Petersdoms in Rom bestimmt. In Halle starb 1528 der Maler Matthias Grünewald. Der Nachfolger von Erzbischof Ernst, Markgraf Albrecht von Brandenburg, der Halle zu seiner Residenzstadt gewählt hatte, regierte dort achtundzwanzig Jahre lang. Doch vor dem Andrang der Reformation mußte er 1541 die Stadt verlassen. Wenige Wochen vor seinem Tod 1546 war Luther auf der Reise nach Eisleben wegen des winterlichen Hochwassers der Saale gezwungen, in Halle Rast zu machen, und er nutzte den Aufenthalt zu einer Predigt in der Marktkirche.

Nach seinem Sieg bei Mühlberg an der Elbe, keine hundert Kilometer östlich von Halle, hatte Kaiser Karl V. im April 1547 das Heer unter Kurfürst Johann Friedrich von Sachsen-Wittenberg geschlagen – der Kurfürst, einer der Führer des im thüringischen Schmalkalden 1531 geschlossenen Bundes protestantischer Fürsten und Städte zur Verteidigung der Reformation, wurde gefangengenommen. Karl V. ließ am 19. Juni 1547 auch Landgraf Philipp von Hessen, das andere Oberhaupt des Bundes, der glaubte, ihm sei für Verhandlungen freies Geleit sicher, in Halle verhaften.

Während des Dreißigjährigen Krieges besetzten Wallensteins Truppen die Stadt im Oktober 1625 und schleppten als ungebetenen Gast die Ruhr ein, die viele Bürger tötete. Nicht genug damit – als Folge der Epidemie meldete sich ein Jahr später die Pest und forderte dreieinhalbtausend Menschenleben. Wie es die Soldateska trieb, im Umkreis von Halle und im nahen Kursachsen, überliefert ein Bericht aus jenen Tagen: »Die Reiterei, unter welchen viele Franzosen und Kroaten gewesen seyn, haben sich so wüterisch, gleich unsinnigen Leuten im Felde unten am Berge unter das Fuhrwerksvieh sehen lassen, das Schafvieh niedergeritten, geschossen, den Schaf- und Kuhhirten geplündert, ihre Speise, Geld, was sie gehabt, auch dem Sauhirten einen neuen Hut genommen, auch mit Schlägen tractiert, also daß sich die Hirten mitsamt dem Vieh ins Holz begeben. Haben sich hierauf die Soldaten in die Dörfer begeben, darinnen recht tyrannisiert, das Vieh genommen, die Pferde ausgespannt, die Leute beraubt, Kisten und Kasten gefegt, alles inzwei gehauen, die Bauern geschlagen und geprügelt, das Weibervolk geschändet, gleich als wenns auf den ungarischen Grenzen und sie die Türken wären.« Die Eroberung von Magdeburg, zu dessen Erzbistum Halle gehörte, durch die Kaiserlichen unter Feldmarschall Tilly mit dem selbst in dieser verrohten Zeit unerhörten Morden und Brennen, bei dem die siegreichen Truppen von dreißigtausend Bürgern keine fünftausend leben ließen und die Stadt dem Erdboden gleichmachten, ereignete sich im Mai 1631. Eine der größten Plagen war der Troß der Heere. Ein Zeitgenosse rechnete auf ein deutsches Fußregiment mit etwa dreitausend Soldaten viertausend Dirnen, Reiterbuben und Troßknechte, unter der Aufsicht eines »Hurenweibels«, zumeist eines alten, durch Verletzung für den Kriegsdienst im Feld nicht mehr verwendbaren Soldaten. Wenn das Heer Quartier machte, schwärmte der Troß aus und plünderte, was ihm unter die Augen kam. Was nicht gefiel oder wegen seiner Beschaffenheit nicht mitgehen konnte, wurde zerstört.

Fast vor den Toren Halles, bei Lützen, schlugen die Schweden und Kaiserlichen am 16. November 1632 eine der folgenschwersten Schlachten des Krieges. Zwar blieb ihr Ausgang militärisch weithin unentschieden, aber der glänzende Führer unter dem Banner der Reformation, der Schwedenkönig Gustav II. Adolph, der Ende 1631 in Halle Quartier gemacht hatte, fiel im Kampf. Wallenstein, der nicht geahnt hatte, daß ihm Gustav Adolph so rasch gefolgt war, hatte sein Heer geteilt. Feldmarschall Gottfried Heinrich Graf zu Pappenheim lag nach dem Abzug des Schwedenkönigs mit seiner Reiterei und Fußtruppen in Halle. Wallenstein schickte ihm am Abend des 15. November in größter Hast eine handgeschriebene Botschaft: »Der feindt marschiert hereinwarths der herr lasse alles stehen und liegen undt incaminiere sich herzu mit allem volck und stücken auf das er morgen frue bey uns sich befünden kan.« Pappenheim erschien mit seiner Reiterei zwar noch rechtzeitig auf dem Schlachtfeld, konnte aber den Kampf, weil tödlich verwundet, nicht für die Kaiserlichen entscheiden.

Mit dem Westfälischen Frieden, der endlich, am 24. Oktober 1648, den schon lange sinnlos gewordenen Dreißigjährigen Krieg beendete, wurde Halle 1680 brandenburgisch und blieb bis 1717 magdeburgische Regierungsstadt. Als Frankreichs König Ludwig XIV. im Jahre 1685, in Händels und Bachs Geburtsjahr, das von König Heinrich IV. Anno 1598 erlassene Edikt von Nantes, das den Protestanten bedingte Religionsfreiheit und staatsbürgerliche Gleichberechtigung gewährt hatte, aufhob, wählten an die achthunderttausend dieser Protestanten, die sich »Hugenotten« nannten und sich 1559 zur Lehre des Schweizer Reformators Johannes Calvin bekannt hatten, die Emigration. »Hugenotten« war sprachlich dem Schweizer »Eidgenossen« nachgebildet und zunächst ein Spottname. Viele von ihnen kamen nach Brandenburg, ermutigt und eingeladen durch das vom Großen Kurfürsten noch im Verfolgungsjahr 1685 erlassene Potsdamer Edikt. Zahlreiche Hugenotten ließen sich auch in Halle nieder. Gleichfalls auf der Suche nach freier Religionsausübung erschienen 1688 in Brandenburg Kalvinisten aus der Pfalz, und manche von ihnen fanden Aufnahme in Halle. Dieser Zuzug tatkräftiger, charakterfester, handwerklich geschulter und oft gebildeter Menschen, die ihrer Überzeugung wegen die Heimat hatten verlassen müssen, förderte die Entwicklung Halles nachhaltig. Der Nachfolger von Friedrich Wilhelm, Kurfürst Friedrich III., seit 1701 König Friedrich I. »in Preußen«, gründete am 12. Juli 1694 die Universität Halle.

EINE VORSTELLUNG VON HÄNDELS Kindheit und Jugend vermitteln uns die »Memoirs of the life of the late George Frederic Handel« (Erinnerungen an das Leben des jüngst verstorbenen Georg Friedrich Händel), die schon 1760, nur ein Jahr nach seinem Tod, anonym in London erschienen waren. Verfasser war der damals fünfundzwanzigjährige englische Geistliche John Mainwaring. Das Buch wurde schon im folgenden Jahr von Johann Mattheson ins Deutsche übersetzt.

Wie es Mainwaring gelang, über Händel, einen Mann der Öffentlichkeit, überhaupt Privates zu erfahren, verrät er uns nicht. Gespräche oder Briefwechsel über biographische Details hat es sicher nicht gegeben. Schreibt Mainwaring doch selbst in den Memoirs, er wolle nur einen einfachen, kunstlosen Bericht über die Umstände aus Händels Leben liefern, die er habe in Erfahrung bringen können, und nur solche, bei denen gewiß gewesen sei, daß sie authentisch waren. Diese Vorsicht wäre nicht nötig gewesen, hätte Händel sich selbst ihm gegenüber geäußert. Und Mainwaring hätte es auch bestimmt nicht unterlassen, dem Leser mitzuteilen, daß ihm Händel selbst seine Lebensgeschichte erzählt habe. Denkbar ist daher, daß Mainwaring sich bei John Christopher Smith erkundigt hatte, der Händel seit seiner Kindheit kannte. Smith war der 1712 geborene Sohn von Johann Christoph Schmidt, eines Studienfreundes von Händel in Halle. Der aus Ansbach stammende Schmidt war 1718, aufgefordert von Händel, nach London gekommen. Wenige Jahre später holte er seine Familie nach. Schmidt wurde Händels Hauptfaktotum und Kopist. Schmidts Sohn, eben John Christopher Smith, erhielt bei Händel Musikunterricht und wurde Komponist. Als Händel im Alter zunehmend erblindete, waren ihm Schmidt und Smith bei der Aufführung der Oratorien unentbehrlich. Vater und Sohn verkehrten mit Händel nahezu täglich. Er vertraute ihnen, wenn auch Verstimmungen mit dem älteren Schmidt, zumal im Alter, nicht immer ausblieben. Händel wird beiden, am ehesten dem älteren Schmidt, manches berichtet, der ältere mag es dem jüngeren Smith weitererzählt haben, und Mainwaring hätte es von diesem oder beiden erfahren.

Mainwaring erzählt, der noch nicht siebenjährige Georg Friedrich habe eines Tages den Vater auf der Reise an den Hof des sächsischen Herzogs in Weißenfels begleitet. Dort war Carl, Sohn Georg Händels aus erster Ehe, Kammerdiener und Leibchirurg des Herzogs. Der Vater hatte offenbar zunächst abgelehnt, seinen Jüngsten mitzunehmen. Der aber gab nicht auf. Ohne der Mutter ein Wort zu sagen, folgte er der Kutsche zu Fuß, holte sie ein und erreichte, daß der Vater die Mitreise nun doch erlaubte, da er den Sohn wohl nicht gerne allein zurückschicken wollte, auch wegen seiner Verpflichtung beim Herzog in Weißenfels vielleicht die zeitraubende Umkehr mit dem Sohn nach Halle scheute.

Seit frühester Jugend, so Mainwaring, zeigte Händel die größte Lust zur Musik, sodaß der Vater, der ihn zum Studium der Rechte bestimmt hatte, in Unruhe geriet. Musikalische Instrumente waren dem Sohn daher strikt verboten. Keines durfte ins Haus kommen, und dem jungen Händel war sogar untersagt, Häuser zu besuchen, in denen musiziert wurde. Doch das väterliche Verbot forderte den Eigenwillen des Kindes erst recht heraus. Schließlich gelang es ihm, ein Klavichord auf den Dachboden des Hauses zu schmuggeln, wo er spielte, wenn alle schliefen. Wie er sich das tragbare Instrument, bei dem der Ton durch Druck eines Metallstifts auf die Saite erzeugt wird, verschafft hatte, ob er das Spiel ohne Anleitung erlernte und wie lange er die nächtlichen Etüden in der Mansarde unbemerkt treiben konnte, erzählt die Anekdote nicht.

Doch soll er beim Spiel auf der Orgel in Weißenfels dem Herzog aufgefallen sein, der nun den Vater beredete, dem Sohn den Willen zu lassen und seine ausgeprägte Begabung für die Musik zu fördern. Er solle nicht ausschließlich Musik studieren. Daneben sei das Erlernen von Sprachen oder des bürgerlichen Rechts durchaus nützlich. Nur müsse jeder Zwang unterbleiben, und der Knabe solle bei der Wahl seines Berufes frei entscheiden dürfen. Nach einigem Zögern gab Georg nach – dem Drängen des Herzogs nicht zu folgen wäre einem Affront gleichgekommen, den er sich, als aufstrebender Bürgerlicher und im Umgang mit Personen von Stand erfahren, weder leisten konnte noch wollte. Überzeugt von der Weisheit dessen, was Herzog und Sohn ihm abverlangten, war Georg wohl nicht. Als Georg Philipp Telemann seiner Mutter eröffnete, er wolle Musiker werden, legte man der nahe, sie solle bei Gott verhindern, daß der Sohn so etwas wie ein »Gaukler, Seiltänzer, Spielmann oder Murmeltierführer« werde. Ähnlich wird auch Georg Händel gedacht haben. Nicht, daß er für Musik taub gewesen wäre. Er schätzte sie. Schließlich zählte er auch Musiker zu seinen Freunden, wie David Pohle, Kapellmeister am herzoglichen Hof, oder Christian Ritter, Kammerorganist der Hofkapelle. Aber der eigene Sohn ein Musiker? Das war nichts für einen Händel. So einer wurde fürstlicher Leibarzt, Richter oder Ratsherr. Und »wolbestalt« dazu. Das allein war der Weg zu Achtbarkeit und Wohlstand. Sein Sohn sollte in Halle oder anderswo im Sächsischen oder Brandenburgischen ein großer Mann werden. Das Zeug dazu schien er zu haben. Aber was half alles Räsonieren gegen eine allergnädigste fürstliche Order?

Wieder in Halle war Georg Händel bei der Suche nach einem geeigneten Musikerzieher für seinen Sohn nicht lange im Zweifel. Friedrich Wilhelm Zachow, geboren in Leipzig 1663, hatte als Kind die Thomasschule besucht, zu jener Zeit noch eine Bildungsstätte für Arme. Ein Großvater Zachows war Stadtpfeifer gewesen, und Stadtpfeifer war auch der Vater. Stadtpfeifer waren Ratsmusikanten oder Stadtmusici, die bei offiziellen Festlichkeiten, Prozessionen, Paraden, Besuchen des Landesherrn, Hochzeiten, Taufen und feierlichen Anlässen in Kirchen oder Schulen aufspielten. Häufig zahlte ihnen der Rat Zuschüsse für Instrumente, Noten oder Kleider, gab Naturallohn in Holz und Korn oder gewährte Privilegien durch Befreiung von der Zahlung der Gebühren für öffentliche Dienstleistungen oder vom Dienst als Patrouillant bei der Nachtwache. Ein ausgelernter Stadtpfeifer beherrschte mehrere Blas- und Streichinstrumente. Nach der Prüfung blieb er bei seinem Meister oder ging auf Wanderschaft. Wollte er seßhaft werden, konnte er sich beim Rat einer Stadt um eine Stelle als Stadtpfeifer bewerben und nach gehöriger Prüfung bestellt werden. Wie in anderen Berufen konnte er durch Heirat einer Stadtpfeiferwitwe eine Stadtpfeiferstelle besetzen. Zachow hatte sich auf der Thomasschule eine gründliche Kenntnis des Orgelspiels angeeignet. Als er dreizehn Jahre alt war, zog die Familie nach Eilenburg an der Mulde, eine Tageswanderung nordöstlich von Leipzig. Dort war vermutlich der Stadtorganist Johann Hildebrand sein Lehrer. Mit einundzwanzig Jahren, also 1684, wurde Zachow Organist an der Marktkirche in Halle und blieb es bis zu seinem Tode, im Jahre 1712. Als Organist leitete er jeden dritten Sonntag in der Marktkirche größere Aufführungen mit Chor und Orchester. Unter seinen Kompositionen für die Orgel sind die Choralfugen die bedeutendsten. Seine Vokalmusik umfaßt zahlreiche Kantaten und einige Messen. Die Verdienste Zachows um die Kirchenmusik seiner Zeit und als Lehrer Händels werden heute hoch veranschlagt. Händel hielt ihn stets in dankbarer Erinnerung und sorgte, als er in London von seinem Tod erfuhr, für seine Witwe. Bei Mainwaring ist über Zachow zu lesen: »Dieser Mann verfügte in seinem Beruf über große Fähigkeiten, und er war ebenso geschickt wie geneigt, einem Schüler mit vielversprechender Anlage gerecht zu werden. Händel machte ihm so viel Freude, daß er meinte, er könne nicht genug für ihn tun.« Seine Hauptabsicht sei gewesen, ihn in den Grundsätzen der Harmonielehre gewissenhaft zu schulen, seine Erfindungskraft zu entwickeln und seinen Geschmack zu bilden. An Kompositionen italienischer und deutscher Meister habe er Händel die mannigfaltigen Stile verschiedener Nationen sowie die Vorzüge und Mängel eines jeden Komponisten gezeigt. »Und damit er gleichermaßen fortschreite in der praktischen Ausübung der Musik, gab er ihm häufig Aufgaben, die er auszuarbeiten hatte, ließ ihn Stücke kopieren, diese spielen und Kompositionen selber setzen. Auf diese Weise gewann Händel mehr Übung und erwarb größere Erfahrung, als es gewöhnlich bei einem Schüler seines Alters der Fall zu sein pflegt.« Die Kopien sammelte Händel in einem Band, mit seinen Initialen und dem Datum »1698« auf dem Titelblatt. Dieser Band, der im 19. Jahrhundert verlorenging, enthielt Abschriften von Kompositionen Zachows und weiterer bedeutender Musiker jener Zeit: Johann Caspar Kerll, Johann Jacob Froberger, Georg Muffat, Nikolaus Adam Strungk und Johann Krieger, dieser seit 1681 Musikdirektor und Organist in Zittau, den Händel auch später noch für einen der besten Orgelkomponisten seiner Zeit hielt. Er war der jüngere Bruder des bedeutenderen Johann Philipp Krieger, der 1677 Organist und Vizekapellmeister am Hof des Herzogs von Sachsen in Halle geworden und, als dieser 1680 nach Weißenfels zog, ihm dorthin als Hofkapellmeister gefolgt war. Der fleißige Krieger hinterließ mehr als zweitausend Kompositionen, darunter zwanzig Solokantaten, in Nürnberg 1697 unter dem Titel »Musikalischer Seelen-Friede« bei »Johann Jonathan Felseckers seel. Erben« erschienen. Die profane Musik ist mit einer Serie von Triosonaten vertreten. Er ließ in Weißenfels Werke italienischer Meister spielen, wie von Giacomo Carissimi, Mauricio Cazzati, Giovanni Legrenzi, Pietro Andrea Ziani oder Giovanni Pierluigi, genannt Palestrina. Händel dürfte beide Krieger gekannt, und er könnte bei Besuchen in Weißenfels auf dem dortigen Hoftheater sogar eine der Opern des älteren Bruders gehört haben. Krieger hatte zwei Jahre in Italien Musik studiert, aber weil am Hof von Sachsen-Weißenfels ausnahmsweise italienische Opern nicht gefragt waren, schrieb Krieger nun Opern auf deutsche Texte.

Als Ort der Pflege protestantischer Kirchenmusik hatte Halle einen guten Ruf. Martin Luther schätzte das Spiel von Wolff Heintz an der Marktkirche, und der Organist der Moritzkirche, Samuel Scheidt, 1587 in Halle geboren, später Organist und Kapellmeister des Markgrafen Christian Friedrich von Brandenburg auf der Moritzburg, schrieb 1624 in drei Bänden seine »Tabulatura Nova«, mit einer neuen Art der Notierung von Musik für Tasteninstrumente, bei der jede Stimme des Orgelsatzes wie in einer Partitur auf einem eigenen Notensystem erschien. Schließlich wurde er mit der Aufsicht über die Musik von drei Kirchen sowie der Kantorei, der Lateinschule und der Ratsmusik betraut.

Der Unterricht bei Zachow hinterließ bei Händel einen nachhaltigen Eindruck. Er lernte bei ihm mehr als die Anfangsgründe in der Kunst des Kontrapunkts, der Führung des Basses, mehr als geläufige Sicherheit auf Orgel, Klavichord und dem anspruchsvolleren Harpsichord, dem Cembalo. Zachows Choralkantaten mit ihrem dramatischen Gusto und ihren dem Oratorium vorgreifenden Passagen vergaß er nicht, und er sollte deutsche Choräle als cantus firmus Jahre später in manchen seiner englischen Kompositionen verwenden.

Noch während der Jahre in Halle lernte Händel auch das Spiel auf Violine und Oboe, vermutlich ganz oder doch weitgehend im Selbstunterricht. Autographe Händels aus dieser Zeit wurden bisher nicht entdeckt. Doch soll er zu Carl Friedrich Weidemann, dem deutschen Flötisten und Oboisten seines Londoner Opernorchesters, bemerkt haben, er habe damals »wie der Teufel komponiert«, als dieser ihm frühe Triosonaten Händels zeigte, die ein Lord, Flötenschüler von Weidemann, von einer Reise auf den Kontinent heimgebracht hatte.

Einiges von dem mag zur ergötzlichen Erbauung der Hallenser in Dom oder Marktkirche gespielt worden sein.

Nicht alles, was Händel in diesen Jahren trieb, galt der Musik. Er besuchte das Lutheraner Gymnasium, die städtische Lateinschule, geleitet von dem begabten Rektor Johann Praetorius, einem musikalischen Mann, der selber komponierte und Komödien, Serenaden und deutsche Singspiele auf die Schulbühne brachte. Einer der Stellvertreter von Praetorius im Amt des Rektors und wohl ein Verwandter Händels war Albrecht Christian Rotth, der eine Arbeit über die deutsche Dichtkunst und Dramaturgie verfaßt hatte, die »Vollständige Deutsche Poesie«, erschienen 1688. Wenn auch urkundlich nicht belegt, ist doch anzunehmen, daß Händel in diese Schule ging. Schließlich hatte Händels Vater auch das Gymnasium besucht und war ein enger Bekannter von Rektor Praetorius – beide waren seit 1682 Mitglieder eines städtischen Ausschusses zur Hilfe für Pestopfer. Ohne eine gründliche Schulbildung hätte sich Händel 1702 an der Universität von Halle, einer der besten Deutschlands, nicht immatrikulieren können. Nach dem Lehrplan des Gymnasiums wurden die Schüler in der Eingangsklasse in lutherischem Katechismus, Deutsch und Latein, Rechnen und biblischer Geschichte unterrichtet. Später folgten Grammatik und Satzbau, Übungen im Lateinischen, Geographie und die Abfassung offizieller Schreiben, Griechisch sowie das Studium deutscher und lateinischer Poesie. In den obersten Klassen lasen die Schüler Cicero, Horaz, Plato und Plutarch sowie hebräische Schriften, übten sich in Logik und in der Kunst der schönen Rede samt gelehrter Disputation. Wenn auch Musik kein theoretisches Lehrfach war, wie Sprachen und Rechnen, so wurde doch an jedem Nachmittag Musik gemacht. Das alles konnte sich als Lehrplan eines deutschen mittelstädtischen Gymnasiums jener Zeit durchaus sehen lassen.

Musiziert wurde damals aber nicht nur am Hof oder in Kirche und Schule. In der zweiten Hälfte des 17. Jahrhunderts entstand eine von Bürgern betriebene und geförderte Institution, eine Vereinigung von Musikfreunden zum gemeinsamen Musizieren, das »Collegium musicum«. Instrumentenkundige Studenten waren bei den Konzerten immer willkommen. Zweck dieser neuen Einrichtung war es, wie es in einer zeitgenössischen Mitteilung hieß, »theils durch diesen unschuldigen Zeitvertreib das von denen Amtsgeschäften ermüdete Gemüth zu erquicken, theils auch die Music durch ein beständiges Exercitium zu desto mehrerem Wachstum zu bringen«. Hamburg war die erste deutsche Stadt, wo im Jahre 1660 ein Collegium musicum öffentlich konzertierte, und es war daher kein Zufall, daß der Dichter Barthold Heinrich Brockes, gebürtiger Hamburger, der 1700 für zwei Jahre in Halle studierte, mehrmals wöchentlich, wie er berichtete, »in seiner Stube« zu Konzerten eines solchen Collegium einlud. Ob Händel dort mitspielte, eigene Kompositionen aufführte oder spielen ließ, ist nicht verbürgt, doch sehr wohl möglich.

WENIGE TAGE VOR GEORG FRIEDRICHS zwölftem Geburtstag starb am 14. Februar 1697 der Vater. Er hinterließ eine sechsundvierzigjährige Witwe und drei unmündige Kinder aus zweiter Ehe, zwei erwachsene Kinder, Carl und Sophie Rosina, aus erster Ehe sowie neununddrcißig Enkel und Urenkel.

Auf den Tod des Vaters schrieb »George Friedrich Händel« ein Trauerpoem, eines von sieben aus der Sammlung »Unvergeßlicher Nachruhm und Ehren=Gedächtniß Des Weyland Edlen Hochachtbahren und Kunsterfahrenen Herrn Georg Händels Chur Fürstl. Brandenb. auch Fürstl. Sächsischen Cammer=Dieners in Hall und lange Zeit wohlbestalten Chyrurgi des Ambts Giebichenstein Am Tage desen Hoch=ansehnlichen Leichen=Conducts War der 18. Hornungs dieses 1697. Jahres. Zum Trost der Hochbetrübten Hinterlassenen Wohlmeinend gestifftet Von Einigen Anverwandten und anderen guten Freunden«. Der Schmerz über den Tod äußerte sich, im Stil der Zeit in einer bilder- und allegorienreichen Klage. Der Verstorbene war wie »der Sonnen güldne Kertze Das Licht der Welt«, der »Baum der Schatten uns gegeben Der uns erfrischt mit seiner grünen Nacht«. Das Leid des Sohnes ergoß sich in einer Tränenflut: »Ach! den Verlust! den ich empfinden muß. Gott lebet noch, der itzt mir hat entrissen Das Vater=Hertz durch einen sel'gen Todt Der wird hinfort vor mich zu sorgen wissen Und helffen mir aus aller Angst und Noth.« Der Anteil des jungen Händel an diesem Poem ist nicht überliefert. An seinem Schmerz ist aber nicht zu zweifeln. Im Hause Händel war Georg der Herr, gegen die Seinen gütig oder streng, je nach Verdienst und dem Maß seiner eigenen Einsicht. Georg war wohl kein Mann von hitzigem Gemüt, sondern einer, der seine Entschlüsse sorgfältig plante und beherzt ausführte. Alter, Erfahrung, Erfolg und öffentliches Ansehen gaben seinem Urteil Gewicht.

Witwe Dorothea musste nun sehen, wie sie die Familie dem Rang und Ruf des Verstorbenen würdig unterhielt. Zwar war das Haus Zum Gelben Hirsch, wie anzunehmen, schuldenfrei. Knapp gehaltene Witwenpensionen aus kurfürstlicher und herzoglicher Kasse an die hinterbliebene Familie Georg Händels sind nicht auszuschließen. Dorothea dürfte über einige Ersparnisse verfügt haben, freilich nicht über viel mehr als eine bescheidene Rücklage von einigen Hundert Gulden für böse Zeiten. Zu denken ist auch an eine bescheidene Alimentierung durch die nähere Verwandtschaft. Von Georgs Kindern aus erster Ehe lebten noch Carl als Chirurg in Weißenfels, beim Tode des Vaters achtundvierzig Jahre alt und vermutlich in recht guten Verhältnissen, sodann die seit 1697 verwitwete Sophie Rosine, die aber kaum imstande gewesen sein dürfte, zum Unterhalt der hinterlassenen Familie des Vaters aus zweiter Ehe beizutragen. Ihre Tochter Dorothea Elisabeth hatte 1687 den jüngsten Bruder Dorothea Händels geheiratet, Georg Taust, seit der Pest von 1683, in der sein Bruder starb, als dessen Nachfolger Pastor in Giebichenstein. Von Dorotheas Geschwistern lebten auch noch ihr ältester Bruder Johann Gottfried und Schwester Anna, verehelicht mit Christian Andreas Rotth.

Was beim Unterhalt der Familie im Haus Zum Gelben Hirsch nun vor allem fehlte, waren die laufenden Einkünfte. Noch zu Lebzeiten des Vaters wird der Aufwand genügsam gewesen sein. Doch nun mußte nicht nur sparsam, sondern auch planvoll gewirtschaftet werden. Für die Zukunft der Kinder galt der Wille des Verstorbenen. Georg Friedrich würde das Gymnasium bis zum Abschluß besuchen, um sich sodann an der Universität, unter der Aufsicht illustrer, aufgeklärter und frommer Männer wie Christian Thomasius oder Hermann August Francke, dem Studium der Rechtswissenschaften zu widmen. Im Lebensplan Dorotheas war der Sohn wegen seiner gottgegebenen Gaben zu Großem bestimmt. Er sollte, wie sein Vater, dem Namen Händel in Halle und an den Höfen deutscher Fürsten Ehre machen.

Für einen Zwölfjährigen ist der Tod des Vaters ein Verhängnis, ganz gleich, wie das Verhältnis zu ihm gewesen war. Was bedeutete Händel der Vater? Wohl nur so viel, was ein Kind an einem Vater, der dreiundsechzig Jahre älter war, begreifen konnte: wenig, oder nahezu nichts. Dreiundsechzig Jahre Vergangenheit sind für ein Kind, mit seiner grenzenlosen Zukunft, eine Ewigkeit. Als der Vater so alt war wie nun der Sohn, tobte der Große Krieg, der dreißig Jahre dauern und Deutschland verwüsten sollte. Was Krieg war, zumal ein solcher, erklärte dem Sohn keine eigene Erfahrung, so wenig wie das Grauen der Pest. Wenn Georg Begebenheiten aus seinem Leben erzählte, so übersetzte der Sohn die Bilder, die ihm des Vaters Geschichten lieferten, in die Vorstellung seiner Kinderwelt und das Verständnis seiner Zeit, das sich von dem des Vaters von Grund auf unterschied.

Die Liebe eines Sohnes zum Vater äußerte sich damals als Respekt und Bewunderung. Es ist anzunehmen, daß Georg Friedrich seinen Vater, der ihm an Wissen und Erfahrung so weit voraus war, bewunderte, sicher auch, weil er mehr spürte als erkannte, wie viel der Vater in der Öffentlichkeit galt. Wenn in der Erzählung der ertrotzten Mitreise des Siebenjährigen nach Weißenfels mehr als nur ein Körnchen Wahrheit ist, dann war der Gehorsam, den der Vater verlangte, weder unbedingt noch von Furcht bestimmt. Sonst hätte der Sohn es kaum gewagt, den Vater herauszufordern. Er wagte es, weil ihm an der Mitreise so viel lag und weil er darauf spekulierte, daß der Vater dies erkennen und ihm den Ungehorsam nachsehen werde. Vielleicht bestrafte Georg Händel den Trotz des Sohnes nicht, weil er ihn als lobenswerten Eigenwillen verstand und gelten ließ, ein ihm selbst vertrauter Charakterzug, dem er seinen Erfolg im Leben maßgeblich zuschrieb und der nun den Sohn ähnlich weit tragen sollte.

Wir wüßten mehr von Händel, wenn wir uns von seiner Mutter eine bessere Vorstellung machen könnten. Doch kein Bild zeigt sie uns. Dorothea habe »angenehme Gemüths= und Leibes=Gaben« besessen, was heißen soll, daß sie ein ansehnliches Frauenzimmer war. Was glaubhaft ist, denn der Sohn wird in der Gesichtsbildung wohl eher nach ihr als nach dem Vater geraten sein. Händels zahlreiche Porträts zeigen einen Mann mit klaren, festen und regelmäßigen Zügen – zur Korpulenz neigte er erst in späteren Jahren, Folge der sitzenden Arbeitsweise und eines bedeutenden Appetits, dem er gern, und manchmal ganz kannibalisch, nachgab.

So wenig wie ein Bild ist von Dorothea ein Brief erhalten, auch kein Brief Händels an die Mutter. Dabei ist anzunehmen, daß Dorothea als Tochter eines Pfarrers, der durch das Studium Bildung besaß und oft auch das Lehramt in der Gemeinde versah, lesen und schreiben konnte. Damit gehörte sie, zumal unter den Frauen, zu einer Minderheit. Denn ein geregeltes Volksbildungswesen gab es noch nicht, Lesen und Schreiben galt als Luxus, und auf dem Lande brauchten die Eltern die Kinder bei der Arbeit. Das änderte sich in Preußen erst 1722, als König Friedrich Wilhelm I. jede Gemeinde im Lande verpflichtete, eine Schule zu unterhalten.

Händel schrieb 1725 Michael Dietrich Michaelsen, seinem Schwager und früheren Ehemann der unterdessen verstorbenen Schwester Dorothea Sophie, er werde Beweise seiner, Händels, Wertschätzung und Freundschaft in Briefen finden, die er seiner Mutter geschrieben habe. Noch kurz vor ihrem Tod 1730 sprach der Sohn ihr brieflich Trost und Stärkung zu: »Denn er bemühet sich beweglich abzufassen, Was Ihm die Zärtlichkeit in seine Seele schreibt. Der Inhalt ging dahin, das Leben zu vermehren, Und der Entkräfteten durch Mittel beizustehn, Den kalten Todes-Gift noch länger abzuwehren, Und auch mit Rath und That Ihr an die Hand zu gehn«, heißt es in dem von Christian August Rotth gereimten Trauergedicht über Händel auf den Tod Dorotheas, nun als Trost dem Sohn gewidmet. Keiner dieser Briefe ist erhalten.

Nach seinem Auszug aus Halle 1703 besuchte Händel mehrmals die Mutter, zuletzt auf der Rückreise von Italien nach London, im August 1729. Er mag oft bedauert haben, daß er die Mutter nicht häufiger sah, besonders nach dem Tod der beiden Töchter und seit ihrer Erblindung in den letzten Jahren. Aber eine Reise von England auf den Kontinent war immer ein strapaziöses, teures und zeitaufwendiges Unternehmen, und Händel konnte sich die Zeit für Besuche bei seiner Mutter, für Reisen allein zu diesem Zweck, wegen seiner Londoner Verpflichtungen nicht leisten, oder er glaubte es. Die Mutter, so gern sie den Sohn bei sich gesehen hätte, wird ihn nicht gedrängt, sondern mag ihm wegen dessen Verpflichtungen in London und der allbekannten Gefahren auf Reisen von Besuchen sogar abgeraten haben. Doch dürften die verwitwete und einsame Frau in Halle und der in London unverehelicht lebende Sohn in Gedanken oft beieinander gewesen sein.

WANN HÄNDEL BERLIN, die Residenz der brandenburgisch-preußischen Kurfürsten, besuchte, ist nicht sicher. Brandenburg war seit 1411, mit dem Burggrafen Friedrich VI. von Nürnberg, dem 1417 die erbliche Kurwürde übertragen worden war, im Besitz des Hauses Hohenzollern. Kurfürst Johann Cicero residierte in Berlin seit dem 15. Jahrhundert als erster der Hohenzollern. Unter Kurfürst Johann Sigismund war 1618 das Herzogtum Preußen für Brandenburg erworben worden. Es lag außerhalb der im Westfälischen Frieden von 1648 gezogenen oder bestätigten Grenzen des Heiligen Römischen Reiches Deutscher Nation. Beim Tode des Großen Kurfürsten 1688 herrschten die brandenburgisch-preußischen Hohenzollern über das Kurfürstentum Brandenburg, die Herzogtümer Preußen, Hinter-Pommern und Kleve, die Fürstentümer Minden, Halberstadt und

Magdeburg samt Halle sowie die Grafschaften Mark, Ravensburg und Hohenstein. Hinter-Pommern, Magdeburg, Halberstadt und Minden gewann der Große Kurfürst für Brandenburg im Westfälischen Frieden.

Berlin war mit einem sternförmigen Befestigungsring umgeben worden, dessen Bau sich fünfundzwanzig Jahre hinzog und 1683 beendet wurde. Der Ring hatte dreizehn Bastionen, die durch Kurtinen, Erdwälle, miteinander verbunden und noch durch Wassergräben geschützt waren. Berlin hatte seit 1691 eine neue Ansiedlung, die Friedrichstadt, benannt nach dem neuen Herrscher, Kurfürst Friedrich III., und wegen des nun erweiterten Stadtterrains war die Zahl der Tore von fünf auf sechs erhöht worden. Zu Beginn des Jahrhunderts bewohnten Berlin-Cölln etwa vierzigtausend Menschen – erst 1709 wurde die Zwillingsstadt zu Berlin vereint.

Mainwaring behauptet, Händel sei 1698 nach Berlin an den brandenburgischen Hof gereist, weil dort ein Freund und ein Verwandter das Vertrauen seiner Eltern besessen hätten. Der Kurfürst soll an dem jungen Händel und seinem außerordentlichen Talent alsbald Gefallen gefunden und ihm vorgeschlagen haben, nach Italien zu gehen, um sich dort von den größten Meistern unterrichten zu lassen und seinen Geschmack zu bilden. Zuwendungen aus der Hofkasse seien in Aussicht gestellt worden. Freunde Händels sollen über dieses Angebot gründlich miteinander beraten haben. Am Ende habe man Händel empfohlen, die Einladung des hohen Herrn für eine musikalische Ausbildung in Italien nicht anzunehmen, weil er, einmal im fürstlichen Dienst, in diesem bleiben müsse, sofern er gefalle. Gefalle er aber nicht, sei sein Ruin so gut wie sicher. Die Frage sei nun noch, wie eine Absage dem Herrscher zu eröffnen sei, ohne diesen zu verstimmen und jene nachteiligen Folgen, die man durch die Absage zu vermeiden hoffte, erst recht herbeizuführen. Vater Händel sollte daher Seiner Majestät für die durch das Angebot erwiesene Ehre ergebenst danken, zugleich jedoch demütigst um Verständnis bitten, wenn er sich, bei seinen hohen Jahren, von dem Sohn nicht trennen wolle.

Doch Mainwarings Geschichte ist nicht stimmig. Hier erzählt einer, was er nur halb verstanden, oder was der, von dem die Geschichte stammt, nur halb berichtet hat, wobei aber der Nacherzähler das, was er hörte, nicht durch eigene Spekulationen abrundet. Soll die Berliner Reise Händels noch zu Lebzeiten des Vaters erfolgt sein, dann gewiß nicht 1698, weil Georg Händel schon im Februar 1697 gestorben war. Auf das angebliche Reisejahr 1698 reimt sich aber auch anderes nicht. So behauptet Mainwaring, Händel habe bei diesem Besuch in Berlin die italienischen Opernkomponisten Attilio Ariosti und Giovanni Bononcini getroffen, die er beide später in London als Rivalen wiedersehen sollte. Ariosti begann seinen Dienst als Hofkapellmeister in Berlin zwar 1697, aber erst im Oktober jenes Jahres, also nach Georg Händels Tod. Ariosti war Mönch und geriet am Berliner Hof zunehmend in Bedrängnis, 1703 sah er sich genötigt, seinen Abschied zu nehmen und nach Italien zurückzukehren. Bononcini schließlich erschien in Berlin erst 1702.

Aus Mainwarings Geschichte folgt noch am ehesten, daß Händel weder 1697 noch früher mit dem Vater nach Berlin reiste, aber auch nicht ohne elterliche Begleitung 1698, sondern wohl erst mit siebzehn Jahren, also 1702, für kurze Zeit während der Semesterferien – auch die reformierte Gemeinde der Domkirche dürfte ihm zu einem Besuch am Berliner Hof des Königs, der ihrem Bekenntnis angehörte, ausreichend Urlaub gegeben haben. In Berlin traf er dann auch die beiden Italiener.

Berlin war dem protestantischen Deutschland im 17. Jahrhundert vor allem bekannt geworden durch die Kirchenlieder von Paul Gerhardt, gesammelt in »Geistliche Andachten«, erschienen 1666. Erster bedeutender Komponist evangelischer Kirchenlieder in Berlin war Johann Krüger, Kantor an der Nikolaikirche, der zahlreiche Texte von Gerhardt vertonte und 1663 in Berlin starb.

Als das Kurfürstentum Brandenburg unter dem prachtliebenden Friedrich III. im Jahre 1701 zum Königtum avancierte und Berlin zur königlichen Residenz, wurde die italienische Oper, wegen der Vorliebe von Königin Sophie Charlotte für italienische Musik, bedeutend gefördert. Sophie Charlotte war die Tochter des Kurfürsten Ernst August von Hannover und seiner Gemahlin Sophie, Sproß aus der Ehe des Kurfürsten Friedrich V. von der Pfalz mit Elisabeth, die eine Tochter von König James I. von England aus dem Hause Stuart war. Bruder der Berliner Sophie Charlotte war Kurfürst Georg Ludwig von Hannover, der 1714 als George I. König von England werden sollte. Die dynastischen Verzweigungen jener Zeit waren nicht nur den Gebildeten bis im Detail vertraut. Blutsverwandtschaften oder durch Heirat begründete Bindungen der höchsten und allerhöchsten Familien samt dem damit verbundenen Landerwerb waren wegen der nahezu unumschränkten Gewalt der Herrscher von Gottes Gnaden, die absolut über Krieg und Frieden oder die Konfession ihrer Untertanen entschieden, überall Gesprächsthemen allerersten Ranges. Sophie Charlotte galt als die anziehendste und gescheiteste Fürstin in Deutschland. Sie hatte in Italien und Paris gelebt und kultivierte nun am Berliner Hof, ganz ungewohnt, Charme und Esprit. Der Kurfürst baute für sie bei dem Dorf Lietzow das Schloß Lietzenburg, das nach ihrem Tode Charlottenburg hieß, wo fortan Gelehrte, Philosophen wie Leibniz und Theologen aller Bekenntnisse verkehrten, mit denen die Kurfürstin oft nächtelang angeregt konversierte. Sie sprach englisch, italienisch und französisch, dies so perfekt, daß ein Hugenotte sogar glaubte, wer so gut französisch spreche, könne des Deutschen nicht mehr mächtig sein. Sophie Charlotte war musikalisch hochbegabt und konnte Opernaufführungen am Cembalo begleiten. König und Königin sahen einander nicht oft, weil, wie es hieß, sie sich zueinander verhielten wie »Sonne und Mond«: Ging der eine unter, ging die andere auf, zog der König sich in sein Appartement zur Nachtruhe zurück, begann das Leben der Königin erst, und erwachte der König beim ersten Hahnenschrei, legte sich die Königin erschöpft zur Ruhe. Während Friedrich den zeremoniellen Prunk liebte, erfreute sich Sophie Charlotte am Spielerischen. Ihre Kostümfeste, von ihr nach dem Beispiel des kaiserlichen Hofes »Wirtschaften« genannt, waren berühmt. Eine solche Wirtschaft gab es auch in Händels Besuchsjahr 1702. Dabei segelte ein Korsarenschiff auf der Spree nach Berlin und ein Expeditionscorps landete, um das königliche Schloß zu stürmen, wurde jedoch vom Kronprinzen, dem späteren Friedrich Wilhelm I., mit seinen Grenadieren bravourös zurückgeschlagen. Die Wirtschaft endete zur allseitigen Zufriedenheit mit einem Festmahl.

Karoline von Ansbach war mit dreizehn Jahren, also seit 1696, verwaist und zu ihrem Vormund, Kurfürst Friedrich III. und Kurfürstin Sophie Charlotte nach Berlin gekommen. Dort lebte sie nun in dem von Sophie Charlotte dirigierten, den Künsten so wohlgeneigten Ambiente. Daß Karoline dort erschien, war kein Zufall. Denn die Markgrafschaft Ansbach in Mittelfranken westlich der Reichsstadt Nürnberg, um 1400 mit Bayreuth verbunden, gehörte seit dem 16. Jahrhundert, wie Brandenburg-Preußen, zum Hause Hohenzollern. Karoline blieb in Berlin bis zum Tode der Kurfürstin und kehrte 1705 nach Ansbach zurück. Sophie Charlotte hatte ihrem Bruder, dem Kronprinzen von Hannover, Georg August, zur Ehe mit Karoline wärmstens geraten. Als diese nun wieder in Ansbach war, besuchte Georg sie dort incognito, verliebte sich in sie und machte ihr, zurück in Hannover, einen förmlichen Heiratsantrag, den sie annahm.

Mit dem Besuch in Berlin begann für Händel die Bekanntschaft mit dem Hause Hannover, dem er neunundvierzig Jahre lang, von 1710 bis 1759 dienen sollte, zunächst am Hof von Hannover, später in England. Es ist so gut wie sicher, daß Händel in Berlin auch mit Karoline, die zwei Jahre älter war, zusammentraf, daß er ihr gefiel und daß sie ihm ihre Gunst und Protektion unwandelbar bewahrte, zuerst als Prinzessin von Wales, dann als Königin von England bis zu ihrem Tode 1737. Der Ertrag seiner Reise nach Berlin war also bedeutend.

Schließlich ist sicher, daß Händel während der Jahre, die er in Halle lebte, Leipzig besuchte. Johann Mattheson publizierte 1740 die »Grundlage einer Ehrenpforte«, in der sich Georg Philipp Telemann erinnerte, wie er 1701 zum Studium der Rechtswissenschaften nach Leipzig reiste und auf dem Wege dorthin die Bekanntschaft »mit dem damals schon wichtigen Hrn. Georg Friedr. Händel, Dieser war damahls kaum 16. Jahr alt«, gemacht, mit dem er »bey öfftern

Besuchen auf beiden Seiten, wie auch schriftlich, eine stete Beschäfftigung« bei der kritischen Durchsicht melodischer Sätze gefunden habe. Besuche Händels in Leipzig, das ebenso nahe bei Halle liegt wie Weißenfels, während der Jahre 1701 bis 1703, also bis zu seiner Abreise nach Hamburg, sind durch Telemann verbürgt. Die Bekanntschaft mit dem vier Jahre älteren Telemann wandelte sich zu hoher gegenseitiger Wertschätzung, die ein Leben dauerte.

Das Musikleben in Leipzig war dem von Halle deutlich überlegen. Die Thomaskirche bot geistliche Musik erster Güte. Johann Schelle, der hier von 1677 bis zu seinem Tode 1701 als Kantor wirkte, war womöglich während der Zeit an der Stadtschule in Eilenburg auch der Lehrer von Zachow gewesen. Daß Händel sich auf Empfehlung Zachows mit Schelle in Leipzig noch bekannt machen konnte, ist jedoch wenig wahrscheinlich, da dieser Mitte März 1701 starb. Sein Nachfolger als Thomaskantor wurde Johann Kuhnau, schon seit 1684 Organist an der Thomaskirche. Kuhnau machte sich einen Namen durch Kompositionen für Tasteninstrumente, in denen er die Form der italienischen Triosonate, eines Instrumentalstücks für zwei Oberstimmen und Generalbaß, auf das Klavier übertrug. Bekannt und beliebt waren Werke von ihm mit so schmackhaften Titeln wie »Frische Clavier-Früchte«.

Und schließlich besaß Leipzig ein Opernhaus, 1693 gegründet und geleitet von Nikolaus Adam Strungk, einem bedeutenden Geiger, der eine Violinschule verfaßt hatte. Für die Leipziger Bühne allein schrieb er sechzehn Opern. Strungk spielte um 1665 als Violinist im Hoforchester des Kurfürsten von Hannover, wurde 1678 Musikdirektor in Hamburg, kehrte 1682 nach Hannover zurück und amtierte dort als Hofkomponist und Organist. Drei Jahre später reiste er mit seinem Dienstherrn nach Italien und traf in Rom den gefeierten Geiger Arcangelo Corelli. Strungk starb 1700. Parallelen zwischen Strungks beruflichem Aufstieg und den Stationen Händels in Hamburg, Hannover und Italien sind unübersehbar.

Für Telemann, der nach Leipzig gekommen war, um die Rechte zu studieren, wurde diese Stadt an Elster und Pleiße, die größte Sach-

sens, seit 1409 Sitz einer Universität und bald Zentrum des mittel-
europäischen Buchhandels, zur ersten Etappe einer Laufbahn, die
ihn für ein halbes Jahrhundert zum bekanntesten deutschen Musiker
machen sollte, an Ruhm nur noch übertroffen von dem deutschen
Engländer und Kosmopoliten Händel. Telemann gründete 1702 in
Leipzig ein Collegium musicum, und noch im selben Jahr wurde er
Musikdirektor der Leipziger Oper. Wie er versicherte, schrieb er für
diese Bühne an die zwanzig Opern, nicht auf die italienische, sondern auf die französische Manier, für die der Hofkomponist Ludwig
XIV. und Intendant der französischen königlichen Oper, Jean-Bap-
tiste Lully, als Giovanni Battista Lulli Florentiner von Geburt, das
Muster geliefert hatte.

So gut wie alles, was Händel in Berlin und Leipzig oder davor und
danach in Halle »wie ein Teufel komponierte«, ist verloren. Datie-
rungsversuche sind spekulativ. Lange Zeit galt »Laudate pueri dominum« in F-Dur für Sopran und Streicher auf einen biblischen Psalm
als erstes seiner noch in Halle geschriebenen Werke. Unterdessen ist
wegen der Qualität des verwandten Notenpapiers sicher, daß dieses
Werk nicht schon in Halle entstanden sein kann. Am ehesten noch
in Halle geschrieben ist eine Suite für Klavichord in C-Dur mit
sechsundzwanzig Variationen auf das Thema einer Chaconne. Stell-
vertretend für die Nachwelt beklagt Mainwaring, daß Stapel von
Kompositionen in Hamburg, einige in Hannover und weitere in Halle geblieben und dort verlorengegangen seien, weil Händel sich um
seine eigenen Produktionen so wenig gekümmert habe.

ZWEI WICHTIGE ENTSCHEIDUNGEN fielen in die Zeit zwischen
der Reise nach Berlin und den musikalischen Studien mit Telemann
in Leipzig und Halle: Im Februar 1702 immatrikulierte Händel sich
an der Universität von Halle, und im März desselben Jahres wurde er
an der »Alhiesigen Königl. Schloß= und Domkirche« zum Organisten bestellt.

Das Immatrikulationsverzeichnis der Universität nennt für das Jahr 1702 an zehnter Stelle »George Friedrich Händel Hall Magdeburg«, mit dem Zusatz, er habe die Studiengebühr bezahlt. Welche Fakultät er besuchte, ist ungewiß, ein Eintrag dazu fehlt. Wahrscheinlich hat er sich bei der philosophischen Fakultät eingeschrieben, um sich hier auf das Studium der Rechtswissenschaften vorzubereiten. Zu mehr als zur Vorbereitung geriet das Studium indes nicht – schon nach einem Jahr verließ er Halle. Als Akademiker galt einer erst, wenn er mindestens zwei Jahre studiert und einmal öffentlich disputiert hatte. Es ist sicher, daß er während seines Studienjahres, also in den beiden Anfangssemestern, alle akademischen Freiheiten genoß, die eine deutsche Universität bot, vor allem die, wenn ohne Gefährdung der Erlaubnis zum Universitätsverbleib möglich, den Vorlesungen fern zu bleiben. Das Vorbild Telemanns in Leipzig mag auf Händel, sollte dies noch nötig gewesen sein, suggestiv gewirkt haben, und die lebenslange Freundschaft dürfte auch auf dem Umstand gründen, daß beide, vor der Wahl zwischen achtbarer Bürgerlichkeit und Künstlertum, ihrer Berufung für die Musik folgten.

Die Universität von Halle war für einen Mann wie Händel, mit seinem Eigenwillen und Anspruch auf freies Urteil, die beste nur denkbare akademische Lehrstätte auf deutschem Boden zu Beginn des 18. Jahrhunderts, oder hätte es sein können.

Zunächst durch Christian Thomasius, Jurist und Philosoph, seit 1681 Rechtsprofessor an der Universität von Leipzig, wo er das erste Kolleg in deutscher Sprache hielt, den »Discours von der Nachahmung der Franzosen«, in dem er die Deutschen mahnte, sich ihrer eigenen Sprache zu erinnern, statt das Französische unvollkommen nachzuäffen. In deutscher Sprache dozierte er über »Grundreguln, vernünfftig, klug und artig zu leben«, nach einer bekannten Vorlage, dem »Handorakel der Weltklugheit« des Spaniers Balthasar Gracián. Durch soviel unorthodoxen Freisinn der lutherischen Kirche verhaßt geworden, wählte Thomasius 1690 die Flucht ins brandenburgische Halle. An der von Hugenotten gegründeten »Ritterakademie«, die maßgeblich auf sein Drängen zur Universität entwickelt wurde, setzte er den in Leipzig eröffneten Kampf gegen Vorurteil und blinde Autoritätshörigkeit stante pede fort. Keiner stritt wie er für das Recht auf das freie Wort. Schon in Leipzig hatte Thomasius die Vernunft zur obersten Autorität menschlicher Lebensführung erhoben. Recht und Moral seien auf das natürliche Licht, das »lumen naturale«, der Vernunft gegründet. Philosophie und Wissenschaft müßten von der Vormundschaft durch die scholastische Theologie befreit werden. Ziel der Grundsätze seines Naturrechts ist die Bewahrung des seelischen Friedens und der Schutz des äußeren. Seelischen Frieden gewähre der Grundsatz, ehrbar zu handeln. Der äußere Friede werde bestimmt von den Prinzipien, anständig zu leben und gerecht zu sein. Naturrecht umschrieb für Thomasius Regeln der Lebensklugheit. Der Mensch brauche allein der Vernunft zu vertrauen. Diese erkenne über sich keinen anderen Souverän als Gott allein. Wenn die Vernunft ihr Werk, Glück und Frieden zu stiften, leisten solle, müsse es Freiheit geben. Denn nur die Freiheit verleihe allem Geist das rechte Leben.

Neben, mit und gegen Christian Thomasius wirkte in jenen Jahren an der Universität Halle Hermann August Francke, Theologe und Pädagoge, 1663 als Sohn eines Juristen in Lübeck geboren. Francke wurde zum wirksamsten Apostel des deutschen Pietismus. Sein Vorbild war der Elsässer Philipp Jakob Spener, der 1705 in Berlin starb. In England und den Niederlanden als Bewegung evangelischer Christen entstanden, war es Spener, der den Pietismus in Deutschland einführte, mit seiner 1675 in Frankfurt am Main erschienenen Schrift »Pia Desideria: oder Hertzliches Verlangen Nach Gottgefälliger Besserung der wahren Evangelischen Kirchen sampt einigen dahin einfältig abzweckenden Christlichen Vorschlägen Philipp Jacob Speners D. Predigers und Senioris zu Franckfurt am Mayn; Sampt angehengten Zweyer Christlichen Theologorum darüber gestelten und zu mehrer Aufferbauung höchst=dienlichen Bedencken«. Spener wollte keine neue Sekte gründen, sondern den Glauben in der protestantischen Kirche durch Wiedergeburt der Christen zu neuem Leben erwecken. Bei der eifernden Unduldsamkeit der orthodoxen evangelischen Theologie wirkte Speners Mahnung, Toleranz, Milde und Mäßigung auch gegen den Bekenner anderer Glaubensrichtungen zu üben, geradezu ketzerisch.

In der Führung der pietistischen Bewegung folgte dem kontemplativen Spener der tatkräftige Francke, Gründer eines Waisenhauses, einer Armenschule und eines Pädagogikums, die »Franckeschen Stiftungen«, die zum Hort und Hafen des Pietismus in Deutschland wurden. Francke schickte Missionare in alle Welt, predigte, verfaßte unentwegt religiöse Erbauungsschriften, lehrte die Armen das Beten und die Reichen das Fürchten. Als er 1727, nach einem selten schaffensreichen Leben, in Halle starb, schrieb ihm ein unbekannter Poet dieses schöne Epitaph: »Hier liegt der freie Frank, ein freier, kluger Knecht,/Ein frommer Mann am Geist, im Wort, Werk und Geberden./Ein helles Licht der Welt, ein kräftig Salz der Erden.« Thomasius folgte ihm ein Jahr später im Tode nach.

Es ist nicht überliefert, welche Vorlesungen Händel auf der Universität belegte. Wir können aber annehmen, daß er, zumindest dann und wann, Thomasius hörte, daß er ihm an Einsichten manches verdankte oder eigene Urteile durch ihn bestätigt fand, etwa die Wertschätzung von Toleranz und Vernunft oder die Aversion gegen Vorurteil, Aberglauben und das Einschüchterungstreiben der orthodoxen Theologie. Ähnlich war sich Händel mit Thomasius auch im streitbaren Naturell. Eines hat Händel allerdings von Thomasius nicht gelernt oder nicht beherzigt: Skrupel über die »Nachahmung der Franzosen« hatte Händel zeitlebens nicht – allein elf der von ihm erhaltenen rund dreißig Briefe sind in französisch geschrieben.

Spuren in seiner Biographie hat auch Francke hinterlassen, wie die Neigung zu Philanthropie und Karitas, zu belegen etwa durch seinen Beitrag zur Gründung eines Vereins für die Unterstützung notleidender Musiker und ihrer Familien oder seine Benefizkonzerte für das Londoner Findlingshospital, das Vorbild mag Franckes Armenschule und Waisenhaus in Halle gewesen sein. Weniger beeindruckt war Händel wohl von Speners und Franckes »Aufruf zur Bekehrung«. Für theologische Streitgespräche, christliche Wiedererweckungsappelle und Aufrufe zu »wahrer Frömmigkeit« war er wenig empfänglich, so wenig wie für philosophische Spekulationen. Wenn Francke in seiner Schrift »Öffentliches Zeugnis vom Werk, Wort und Dienst Gottes«, erschienen in Halle 1702, die »Kinder Gottes« säuberlich von den »Kindern der Welt« schied, so stand Händel diesen fraglos näher. Sohn lutherischer Eltern, mütterlicherseits Nachfahre von Theologen, war ihm die Toleranz als Postulat der Aufklärung, wie von Thomasius verkündet, dennoch wichtiger.

Was Händel bewog, noch keine vier Wochen nach Aufnahme des Studiums eine Dienstverpflichtung als Organist an der Domkirche zu unterschreiben, ist nicht bekannt. Der Posten war schon seit Herbst 1701 unbesetzt, weil der Vorgänger, ein gewisser Johann Christoph Leporin, 1698 aus Berlin verpflichtet, sein Amt gröblich vernachlässigt hatte und schließlich auf der Orgelempore gar nicht mehr erschienen war. Der Kirchenvorstand suchte daher als Nachfolger »ein geschicktes Subjectum«, und das war schließlich »der Studiosus Georg Friedrich Hendel«, wohl auf Empfehlung seines Lehrers Zachow. Wie der Bestallungsurkunde zu entnehmen, hatte Händel schon mehrfach den unauffindbaren Leporin auf der Orgel vertreten. Die Domkirche, Händels Vaterhaus Zum Gelben Hirsch noch näher gelegen als die Marktkirche, diente seit 1692 der Andacht der deutsch-reformierten Gemeinde. Dieses Bekenntnis hatte sich im 16. Jahrhundert, unter Führung der Schweizer Johannes Calvin und Ulrich Zwingli, von den Lutherischen abgespalten. Der Name »Reformierte« kam erst nach dem Westfälischen Frieden auf. Als Hugenotten und Pfälzer im letzten Jahrzehnt des 18. Jahrhunderts in Halle eine Andachtsstätte suchten, genügend Kirchen aber nicht gleich verfügbar waren, nutzten Lutheraner, französisch-reformierte und deutsch-reformierte Protestanten im Zeichen der von Brandenburg und seinen Herrschern geübten Toleranz die Domkirche für einige Jahre gemeinsam. Erst als die französische Gemeinde und die Lutheraner 1692 auszogen, waren die Deutsch-Reformierten unter sich. Weil nun ein reformierter Organist als Nachfolger Leporins nicht so schnell zu finden war, nahmen die Reformierten den lu-

therischen Studenten Händel »auff Ein Jahr zur probe« an. Es wurde erwartet, daß er sein Amt durch das Spiel auf der Orgel fleißig
versehen, die Gemeinde auf Psalmen und geistliche Lieder durch
»erhaltung einer Schönen harmonie« gehörig einstimmen und ihren
Gesang begleiten werde. Wegen der bösen Erfahrung mit Leporin
hatte Händel vertraglich zusichern müssen, ein »christliches und erbauliches Leben« zu führen sowie den vorgesetzten Predigern und
Ältesten die schuldige Ehre und allen Gehorsam zu erweisen. Als
Organist mag Händel dem Kirchenvorstand durchaus genehm gewesen sein. Aber er war nun einmal lutherisch. Wenn auch seit den Tagen Calvins und unter dem Einfluß der brandenburgischen Kurfürsten, die 1613 zum reformierten Bekenntnis konvertiert waren, durch
staatlich verordnete Toleranz die Streitigkeiten der Konfessionen
manches an Schärfe verloren hatten, so war doch den Reformierten
das Luthertum mit seinen »Verirrungen« nach wie vor suspekt. Daher hatte sich denn auch der Kirchenvorstand in einem Schreiben
vom Januar 1702 an König Friedrich in Berlin ergebenst ausbedungen, daß Händel nur so lange im Amt bleiben solle, bis »sich ein anderes Reformirtes tüchtiges Subjectum hervorgethan«. Auch zahlte
der Vorstand dem ledigen Studenten Händel nur fünfzig Reichstaler
jährlich und damit vierzig weniger als dem liederlichen, aber wohl
verehelichten, mit Kindern gesegneten und obendrein noch reformierten Leporin.

Viel zu tun gab es für Händel auf der Orgel der Domkirche eher
nicht. Er hatte an Sonn- und Feiertagen zu spielen, auch wohl das
eine oder andere Mal außer der Reihe. Die »Schöne harmonie« sollte schlicht sein. Das reformierte Bekenntnis hielt auf Zucht. Die sittliche Lebensführung der Mitglieder der Gemeinde und der Pastoren
wurde überwacht, die Einhaltung der zahlreichen Verbote kontrolliert. Das Spiel mit Würfeln und Karten war verboten, ebenso wie
eitle Vergnügungen aller Art, vor allem Tanz und Theater. Nach Calvins hinterlassenen Geboten, über die das Presbyterium, also der
Ältestenrat der Gemeinde, zu wachen hatte, wurden »Flucher, Hurer,
Trunkenbolde, Raufbolde, Streitsucher, Tänzer, Reigenführer und

dergleichen Leute« vorgeladen und die Verfehlung entweder nur zu-
rechtgewiesen, streng gerügt oder von der weltlichen Obrigkeit nach
Gebühr bestraft. Ein Musiker war zwar kein »Tänzer« oder »Reigenführer«. Aber war er einer von »dergleichen Leute«? Ein Organist
wohl nicht. Doch Musiker anderen Schlages, und nicht nur Fiedler
auf dem Tanzboden, konnten je nach Fall, sollten sie einer reformierten Gemeinde angehört haben, mit einer peinlichen Vorladung rechnen. Nicht verwunderlich daher, daß der neue Organist gehalten war,
die Orgel gebührlich zu schlagen, also dem frommen Sinn der Mitglieder bekömmlich.

Zur Vergütung gehörte auch das Recht zur Nutzung einer Wohnung auf der Moritzburg, die Händel, weil es für einen Auszug aus
dem Elternhaus keinen Grund gab, wohl nicht bezog. Möglich ist
dagegen, daß er in dem ihm zugewiesenen »freyen Logiament« Schüler im Gesang und instrumental unterrichtete, oder daß er die Wohnung zur Aufbesserung seines Gehalts vermietete, wie es sein Nachfolger, Johann Kohlhardt, hielt. Dieser versah, mit dem Dienst an der
Domkirche, noch zwei weitere Musikämter, was gleichfalls zeigt, daß
es an der Domkirche nicht viel zu musizieren gab.

Bei den bescheidenen Erwartungen an den neubestellten Organisten war klar, daß er die von Christian Förner vierzig Jahre zuvor gebaute Orgel, auch Einlagen wie Präludium und Fuge, gefällige Melodien und andere musikalische Effekte, die doch nur von Gottes
Wort ablenkten, wenn überhaupt nur höchst maßvoll würde nutzen
können. Der Unterschied zwischen der reformierten Domkirche und
der lutherischen Marktkirche unter der Leitung Zachows konnte
nicht größer sein. Was Händel bei Zachow gelernt hatte, nützte ihm
an der Domkirche nur wenig.

Wenn sich aus der Tatsache, daß er die Organistenstelle an der
Domkirche annahm, obwohl er sich gerade an der Universität imma-
trikuliert hatte, ein Schluß ziehen läßt, dann am ehesten der, daß ihm
an dem akademischen Pensum, was immer es gewesen sein mag, wenig lag, an der Beschäftigung mit der Musik dagegen so viel, daß er
eine Dienstverpflichtung unterschrieb, die ihm zwangsläufig Zeit für

die Studien nehmen würde. Und dies um so mehr, als so gut wie sicher ist, daß er auch noch anderswo musizierte, bei Zachow oder an der Universität, wo es die Studentenschaft so fleißig trieb, daß eine amtliche Verordnung von 1698 studentisches Musizieren zu nachtschlafender Zeit verbot, sodann in Brockes Collegium musicum und auch noch mit Schülern oder mit Telemann und anderen Freunden in Halle und Leipzig, vom besessenen Komponieren ganz zu schweigen.

Wie lange Händel in Halle blieb, ist nicht genau zu ermitteln. Er wird aber das Probejahr an der Domkirche bis Mitte März 1703 abgedient haben, schon deshalb, weil er sonst vertragsbrüchig geworden wäre, folglich Anteile seines Gehalts hätte zurückzahlen müssen und die Gemeinde obendrein ein »reformirtes tüchtiges Subjectum« für die Orgel zu Ende von Händels Probezeit noch nicht gefunden hatte – der Vertrag mit Kohlhardt wurde erst im September 1702 unterzeichnet.

Schließlich gibt es noch zwei dokumentierte Lebenszeichen Händels aus dem letzten Jahr in Halle. Im Verzeichnis der Beicht- und Abendmahlsteilnehmer der Marktkirche vom 23. April 1702 erscheint der Eintrag »H. G. F. Händel«, also wohl »Herr Georg Friedrich Händel«. Und dann figurierte er am 2. Oktober 1702 im Taufregister der Pfarrgemeinde von Trotha, einem Halle benachbarten Dorf, als einer der beiden Paten des auf den Namen »Georg Friedrich« getauften Sohnes der Eheleute Georg und Anna Maria Umblauff. Wer die Eltern waren, und in welcher Art von Beziehung Händel zu ihnen stand, ist nicht bekannt.

DIE ERSTEN ACHTZEHN PRÄGENDEN Lebensjahre, die Händel in Halle verbrachte, sind mithin nur dürftig belegt. Mainwarings Memoirs sind lückenhaft oder bisweilen widersinnig und bedürfen einer plausiblen Deutung unstimmiger Fakten oder Hergänge. Der Versuch, Händels Zeit in Halle zu resümieren und, über die bloße Wiedergabe gesicherter Tatbestände hinaus, diese aus späteren Quellen zu ergänzen oder zwischen bekannten Fakten zu interpolieren, steht daher wie jeder Indizienbeweis unter Irrtumsvorbehalt.

Als Achtzehnjähriger hatte Händel seine volle Körpergröße wahrscheinlich schon erreicht. Sein englischer Biograph John Hawkins beschrieb ihn später als »groß«. Dabei war er kräftig und physisch belastbar. Johann Mattheson, der Mainwarings Memoirs ins Deutsche übersetzte und dabei sein Handexemplar mit kritischen und korrigierenden Anmerkungen versah, beschrieb dort den zwanzigjährigen Händel als groß, stark, breit und muskulös. Wenn beiden Biographen bei der Beschreibung von Händels äußerer Erscheinung zuerst seine Größe auffiel, so liegt der Schluß nahe, daß er seine Zeitgenossen deutlich überragte. Für Kurfürstenwitwe Sophie von Hannover, die Mutter des späteren englischen Königs George I., war Händel ein »recht schöner Mann« – in der nicht leicht lesbaren Handschrift der alten Dame ist »bel homme« deutlich zu lesen, Schwierigkeiten bereitet jedoch das vorausgehende Wort, das ebenso »altier«, also stolz, oder »assez«, recht, ziemlich, heißen kann.

Das früheste überlieferte Porträt Händels, eine Miniatur von Christoph Platzer, entstanden vermutlich um 1710, also zur Zeit seiner ersten Ankunft in London, zeigt ihn unter einer reichgelockten Perücke mit hoher Stirn, großen dunklen Augen und dunklen Brauen, einer kräftigen geraden Nase über einem ebenso wohlmodellierten wie festen Mund. Hawkins beschrieb seine Gesichtszüge als »feingezeichnet«. Das Ebenmaß der Züge zeigt auch eines der eindrucksvollsten Porträts, kein Gemälde, sondern die Terrakotta-Büste des französischen Bildhauers Louis François Roubiliac von 1739. Die Farbe von Haar und Augen läßt sich nicht sicher ermitteln. Auf den meisten Porträts trägt er eine üppige Allongeperücke, die das Haupthaar verdeckt. Die Augenfarbe ist auf den meisten Bildern, etwa von Thomas Hudson, Francis Kyte, Godfrey Kneller oder Bartholomew Dandridge, eher hell und eher braun. Anders dagegen auf einem Porträt ohne Perücke in einem häuslichen Ambiente, nämlich auf dem Bild von Philippe Mercier. Es zeigt Händel in einem Sessel sitzend bei der Komposition am Cembalo, den linken Arm auf das Instrument gestützt und den Kopf gegen die Hand gelehnt, gekleidet in einen weitgeschnittenen, bequemen, doch für den Empfang von Besuchern geeigneten Hausrock über einem weißen Hemd mit offenem Kragen. Die nach hinten geschobene oder verrutschte bauschige Hausmütze, die in Farbe und Stil zum Hausrock paßt, zeigt kurzgeschnittenes Haar, das braun oder auch aschblond sein kann. Die Augen, die den Betrachter ebenso selbstsicher wie distanziert und prüfend mustern, sind strahlend blau.

Nach dem Tode des Vaters 1697 lebte Händel sieben Jahre lang unter einem Dach mit der Mutter und den zwei jüngeren Schwestern. Sein starker Eigenwille wird ihm hier mit jedem Jahr mehr Geltung verschafft haben. Als einziges männliches Familienmitglied im Gelben Hirsch vertrat er, nach dem Brauch der Zeit, die Rolle der handelnden Repräsentanz im Verkehr mit der Außenwelt wohl erst nach Beratung mit der Mutter, der näheren Verwandtschaft und vertrauten Bekannten, oder gemeinsam mit diesen. Was Händels Wirkung im häuslichen Kreis aber noch um ein Vielfaches stärken mußte, war seine spirituelle Überlegenheit und sein stupendes musikalisches Talent. Dazu noch das schmeichelhafte Patronat der Fürsten und der Beifall der Kenner. Die Liebe Dorotheas zu dem Sohn, der seit frühester Jugend ein derart auffälliges Maß an Begabung gezeigt hatte, stets sicher war in dem, was er wollte, und der auch noch wußte, was zu tun war, um seine Ziele zu erreichen, kannte wohl bald keinen tadelnden oder mahnenden Widerspruch mehr, sondern nur noch zärtliche Nachsicht und die bange Sorge um sein Glück.

Was Händel vom Vater in der kurzen Zeit, die beiden blieb, gelernt oder als Eindruck aufbewahrt haben könnte, war einmal das Vermögen, ein Haus zu führen, beizeiten Vorsorge zu treffen und so klug zu wirtschaften, daß er seine Familie und sich selbst in Ehren unterhalten konnte. Dazu gehörten ständige Umsicht und wachsame Anspannung, der Sinn für Ordnung, Sorgfalt und Gewissenhaftigkeit. Wer das alles in den Wind schlug, verlor die Achtung seiner Mitwelt und damit seine Ehre. Ehrlosigkeit aber führte bald auch in den wirtschaftlichen Ruin. Wir vermuten bei Georg Händel diese Einstellung, selbst wenn er zum Lebensende hin in Geldnot geraten sein sollte, sollte dem Gesuch von 1696 wegen eines kurfürstlichen Präsents als Anerkennung für die kunstvolle Entfernung des »verschluckten Messers« eine solche Bedeutung gegeben werden können. Sicher scheint, daß sich der Sohn um die Organistenstelle der Domkirche bewarb oder sich dorthin empfehlen ließ, weil ihm an dem Gehalt und den Vergünstigungen so viel lag, daß er sogar die geringen Erwartungen der Kirchenältesten an seine Kunst in Kauf nahm.

Ein anderes dürfte Händel gleichfalls in Erinnerung geblieben sein: Das sichere Geschick des Vaters im Umgang mit hohen Herren. Eine der erstaunlichsten Begabungen des Sohnes, in diesem Maße bei Künstlern unter dem Absolutismus ganz selten, war die, im Verkehr mit Adel und hoher Geistlichkeit und nicht weniger mit gekrönten Häuptern gleich welchen Geschlechts den passenden Ton zu treffen, nicht servil zu sein, aber auch nicht überheblich, sondern unprätentiös er selbst zu bleiben, als einer, der wußte, wer er war, der seinen Wert kannte und dem allein mit Rang, Titeln oder Nimbus niemand imponieren konnte.

Was Händel in Halle an Freundschaften mit Gleichaltrigen aufgab, wissen wir nicht. Anhänglichkeit und Verehrung bewahrte er seinem Lehrer Zachow. Freundschaft oder nähere Bekanntschaft schloß er mit Telemann, dem Dichter Barthold Brockes und dem Poeten und Opernlibrettisten Barthold Feind, Gästen aus Hamburg in Halle. Wichtig war und wurde die Begegnung mit Ariosti und Bononcini in Berlin. Er lernte viel von den Brüdern Krieger, und Johann Philipp am Hof von Weißenfels verdankte er zudem noch eine inspirierende Anschauung von rastlos produktivem Schaffen.

Als Halbwaise im Kindesalter, Sohn einer verwitweten Mutter und Bruder jüngerer Schwestern entwickelte sich eine starke familiäre Bindung, die mit seiner Ausreise aus Halle nicht schwächer wurde, wie die leider verschollenen Briefe an die Mutter, die liebevolle Fürsorge gegenüber Nichte und Patenkind Johanna Friederike sowie die testamentarischen Vermächtnisse an die deutsche Verwandtschaft zeigen.

Zum Musiker wurde Händel in Halle. Hier erkannte er seine Berufung und verschaffte sich mit der ihm eigenen Willensstärke die Zustimmung des Vaters zu seiner Wahl und bald auch allerhöchste Protektion. Den »damahls schon wichtigen Hrn. Georg Fried. Händel« nannte Telemann den Sechzehnjährigen, die Umschreibung für ein frühes und außerordentliches Talent. Wie sehr er das war, wissen wir zwar nicht aus erhaltenen Kompositionen. Dafür geben uns aber seine handschriftlichen Kopien von Werken anderer Meister eine Ahnung seiner eigenen frühen Meisterschaft. So zeigt seine Abschrift von Zachows Kantate »Herr, wenn ich nur dich habe« eine zügig geschriebene Partitur, in der jeder Notenkopf, jeder Notenstrich, jedes Vorzeichen und jede Pause mit zielgenauer Präzision getroffen ist.

Anfang 1703 ging für Händel das erste Studienjahr zu Ende. Wie ordentlich er es absolvierte, wissen wir nicht. Mitte März lief sein Probejahr als Organist an der Domkirche aus. Beides hätte der Beginn eines Lebenswegs in gesicherter Bürgerlichkeit werden können, vielleicht in nicht zu ferner Zukunft in der Nachfolge Zachows als städtischer Musikdirektor oder später, nach tüchtiger Bewährung als Adjunkt und bei wachsendem Ansehen als Komponist, sogar als Organist und Kapellmeister an einem der benachbarten Höfe.

Statt dessen verließ er Halle. Die Zukunft, die ihm Halle versprach, lockte ihn nicht. »Zur physischen Enge Krähwinkels«, schreibt Hans-Ulrich Wehler in seiner »Deutschen Gesellschaftsgeschichte« über jene Zeit, »gehörte die verknöcherte Orthodoxie der Theologen, die paternalistische Bevormundung durch schlechthin alle Vorgesetzten, der Gesinnungsdruck der Mächtigen. Je kleiner der Duodezhof, um so arroganter entfaltete sich der Herrschaftsstil. Hofschranzen nahmen unerhörte Vorrechte für sich in Anspruch. In den Städten erstarrte das Regiment der Honoratioren.« So sehr Händel seinen Lehrer Zachow verehrte, so wenig gefiel ihm die monotone Wiederkehr der stets gleichen Pflichten im Kirchenjahr. Die Vorstellung, ein Leben nur als Autorität im Kontrapunkt und Meister des strengen Satzes zu führen, im Dienst eines städtischen Rats, unter der Last eines strikten Reglements und dem Zwang der Konvention, und dies in einer Aura von philiströsem Dünkel, kleinlichem Neid um Ehren, boshaftem Klatsch und scheinheiliger Frömmelei, schreckte ihn. Auch der Dienst an einem Hof bedeutete Unfreiheit, war doch den Herren nach deren Belieben jederzeit aufzuwarten. Und der tägliche Umgang mit dem Adel, der wegen seines Ranges von einem Bürgerlichen peinlich genaue Devotion zu fordern gewohnt war, konnte unerträglich werden. Die Vorteile eines Dienstes bei einem der deutschen Souveräne, besonders das Maß künstlerischer Freiheit, mußten die Nachteile einer subalternen Stellung deutlich übertreffen. Aber an ein solches Amt war noch lange nicht zu denken.

Aber gottlob gab es auch noch andere Musik in Deutschland: die Oper. Und diese nicht nur an den Fürstenhöfen von Berlin, Hannover oder Weißenfels, sondern im bürgerlichen Hamburg mit dem dort ungemein schaffensfrohen Reinhard Keiser, dem führenden deutschen Opernkomponisten der Zeit. Die Opern Keisers wurden von Kennern hoch geschätzt und waren beim Publikum, das in Hamburg alle Stände umfaßte, wegen ihrer einprägsamen Arien, die jeder bald nachsang oder nachpfiff, und der aufwendigen Ausstattung sehr beliebt.

Ja, Hamburg war anders, ohne einen Souverän von Gottes Gnaden, wohlhabend, mit dem Blick zum freien Meer. Und dazu die beste Oper Deutschlands! Jedes weitere Jahr in Halle war Stillstand.

HAMBURG

1703 – 1706

»Die weisse Feder«, oder: Johann Mattheson
Oper am Gänsemarkt
Ausflug nach Lübeck
Der Überfall
»Almira«
Schulstreit der Dichter
Ein Libretto
Im Sturm erobert
Scholaren
Der toskanische Prinz
Sextant und Senkblei
»Mlle Sbülens«
Skeptisch erwartungsvoll

NACH DER BISHER LÄNGSTEN REISE seines Lebens, doppelt so weit und, wegen der schlechten norddeutschen Straßen, doppelt so beschwerlich wie die Fahrt von Halle nach Berlin, erreichte Händel im späten Frühjahr oder in den ersten Tagen des Sommers 1703 die Freie Reichs- und Hansestadt Hamburg.

Der Entschluß, nach Hamburg zu gehen, war voller Risiken. Händel wußte, daß er nicht wieder nach Halle zurückkehren würde, um dort in bürgerlicher Genügsamkeit seine Tage zu beschließen. Doch schon mit achtzehn Jahren war sein Selbstvertrauen stark genug, daß er sich fähig glaubte, in einer fremden Stadt, allein auf sich gestellt, sein Glück zu machen. Hamburg mußte erobert werden, es gab keinen Weg zurück. Niederlagen waren im Lebensplan Händels nicht vorgesehen.

Reise und Aufenthalt in Hamburg, zumindest während der Zeit ohne eigenen Verdienst, sollten bezahlt werden. Der junge Mann brauchte eine Ausstattung für das Leben in einer oft feuchten, kühlen und zugigen Stadt am Meer. Das selbstverdiente Geld als Organist und Musiklehrer dürfte für diese Expedition nicht gereicht haben, daher mußten wohl Zugaben aus dem Ersparten der Mutter nachhelfen. Hamburg lag doppelt so weit entfernt wie Berlin. Wer diejenigen waren, die über Händels Reise nach Hamburg beschlossen, bleibt offen. Vielleicht waren es außer der Mutter die näheren Verwandten, die sodann, weil sie mitbestimmten, zu den Reisekosten auch einiges beigetragen haben mögen. Gleich nach Ankunft in Hamburg verschaffte Händel sich Schüler und spielte im Orchester, so daß er der Mutter das Geld, das sie schickte, wieder zurücksenden konnte, sogar mit einer kleinen Zugabe aus erstem eigenem Verdienst.

Mit seiner Ankunft in Hamburg rückt Händel der Nachwelt ein Stück näher, wenn auch lange nicht nahe genug. Zum einen sind aus den Hamburger Jahren einige Kompositionen erhalten. Und es tritt ein Zeuge auf, der ihm in Hamburg, zumindest über gut ein Jahr, näher stand als jeder andere. Dieser Chronist ist Johann Mattheson, ein Mann, der gewohnt war, Begebenheiten zu notieren und ein Tagebuch zu führen. Er erinnerte sich an Händels Hamburger Zwischenspiel in einer Sammlung von Biographien der Musiker seiner Zeit, der »Grundlage einer Ehrenpforte«. Und was er von Mainwarings Memoirs hielt, ist nachzulesen in seinen Anmerkungen zu diesem Werk, das er 1761, schon achtzigjährig, unter dem Titel »Georg Friedrich Händels Lebensbeschreibung« ins Deutsche übertrug und mit korrigierenden Fußnoten versah. Mattheson war selbst Komponist, vielseitiger Instrumentalist, Sänger, Kantor, Kritiker, Journalist, Musiktheoretiker, Musikhistoriker, Musikerzieher und Legationssekretär in englischen Diensten, in Hamburg 1681 geboren und damit gut vier Jahre älter als Händel. Der Vater war Steuereintreiber, also wohlhabend, und ehrgeizig genug, für seinen Sohn einen umfassenden Erziehungsplan zu entwerfen und methodisch umzusetzen. Der hochbegabte Mattheson erhielt Privatstunden in Tanz, Zeichnen, Mathematik, Reiten, Fechten und in den Sprachen Englisch, Französisch und Italienisch. Als er sechs Jahre alt war, gab ihm ein Hamburger Organist vier Jahre lang Unterricht in Komposition und brachte ihm das Spiel auf Klavichord und Orgel bei. Ein anderer Lehrer unterwies ihn im Gesang und an Gambe, Violine, Flöte, Oboe und Laute. Mattheson wurde mit diesem Pensum, das andere seines Alters weit überfordert hätte, offenbar spielend fertig. Da jedoch ein solches Kapital an glänzender Begabung eine solide bürgerliche Fundierung brauchte, damit es sich verzinste, beschloß der Vater, der Sohn solle einmal die Rechte studieren. Statt dessen beendete dieser schon mit zwölf Jahren, wohl weil den Lehrern der Stoff ausging, seine formale Ausbildung und wurde Page beim Grafen Güldenlöw, dem Vizekönig von Norwegen in Hamburg, Bruder von König Christian V. von Dänemark. Mattheson lebte sich in diese galante Welt rasch und geschmeidig ein, gefiel und wurde bald aufgefordert, bei höfischen Gesellschaften ein Instrument zu spielen oder zu singen. Er liebte den Glanz und den Beifall. Später bekannte er: »Die weisse Feder auf dem Hute, die sammittene verbrämte Kleidung, der silberne Hirschfänger und dergleichen machten dem Burschen das Hertze gross.« Der Vater, dem bei diesem Treiben bange wurde, kündigte bald für seinen Sohn den Kontrakt mit dem Hof. Seit 1696 sang Mattheson, zunächst als Sopran, nach dem Stimmbruch als Tenor, an der Hamburger Oper am Gänsemarkt, die von dem Arzt und Komponisten Johann Philipp Förtsch 1678 als erstes deutsches bürgerliches Musiktheater gegründet worden war. Nach nur mäßigem Beginn gelang dort mit Reinhard Keisers Opern ein künstlerischer Aufschwung, erst recht, als Keiser in den Jahren 1703 bis 1707 die Leitung übernahm. Mattheson debütierte dort 1699 mit seiner Oper »Die Plejades oder Das Sieben=Gestirne«, eine zweite »Die edelmüthige Porcenna«, folgte drei Jahre darauf, 1702. Mit kaum zweiundzwanzig Jahren war er, nach ersten Opernerfolgen, bei seiner Popularität als Sänger und Darsteller, mit seinem umtriebigen Geschick und einem Bildungsfundus, der ihn zu einem geachteten Gesprächspartner machte, ein Hamburger mit Zukunft.

Ein solch vielfach versiertes Talent mit besten gesellschaftlichen Verbindungen, der ihm die Steigbügel halten konnte, kam Händel wie gerufen. Es ist so gut wie sicher, daß Mattheson von Händels Ankunft in Hamburg im voraus wußte, so daß die erste Begegnung mit ihm am 9. Juli 1703 auf der Orgelempore der Maria Magdalenen-Kirche, an die er sich fast vierzig Jahre später erinnerte, kein Zufall war. Vermutlich reiste Händel auch gar nicht auf gut Glück nach Hamburg, sondern folgte einem Wink Reinhard Keisers, der in Weißenfels von seinem Ruf gehört haben mochte. Ebenso ist möglich, daß ihm die Hamburger in Halle, die beiden Bartholds, Brockes und Feind, von Händels Begabung berichtet hatten.

Mattheson wurde für Händel in der Tat der erhoffte Protektor. Nach dem ersten Rendezvous auf der Orgel unternahmen beide eine Woche später eine Bootsfahrt auf der Elbe und trafen zum Monatsende erneut zum Orgelspiel zusammen. Mattheson berichtet von einer gemeinsamen Reise zu dem berühmten Organisten an der Marienkirche in Lübeck, Dietrich Buxtehude. Die Einladung war an Mattheson ergangen, dem man amtlich nahegelegt hatte, sich um die Nachfolge Buxtehudes als Lübecker Organist und städtischer Musikdirektor zu bewerben. Vielleicht um sich die Reise zu verkürzen oder auch, weil er dachte, Händel könne einspringen, sollte ihm das Lübecker Amt nicht gefallen, lud er ihn zur Mitreise ein. Wie sich zeigte, gefiel der Posten beiden nicht, weil Buxtehude von dem Kandidaten, der ihn ersetzen sollte, forderte, seine noch ledige vierte Tochter, Anna Margareta, achtundzwanzig Jahre alt, zu heiraten, wie er selbst die Tochter seines Vorgängers Franz Tunder zur Frau genommen hatte. Zwei Jahre später, 1705, erschien Johann Sebastian Bach in Lübeck, zu Fuß von Arnstadt südlich Erfurt, wo er seit kurzem Organist an der Neuen Kirche war, um Buxtehude zu besuchen. Auch Bach verzichtete, nach dem Anblick der zehn Jahre älteren Anna Margareta, auf den Dienst an der Lübecker Orgel. Im übrigen war er schon mit seiner Cousine zweiten Grades, Maria Barbara Bach, versprochen, die er zwei Jahre nach dem Besuch bei Buxtehude heiratete. Zum Glück für Anna Margareta fand sich noch im Jahr von Bachs Verzicht ein weiterer Bewerber, Johann Christian Schieferdecker, dem an Buxtehudes Organistenamt so viel lag, daß ihn die Ehe mit der Tochter nicht schreckte. Bach kannte Hamburg noch aus der Zeit seiner Ausflüge als Internatsschüler des Michaeli-Klosters in Lüneburg einige Jahre zuvor. Es ist daher möglich, daß er auf der Wanderung nach Lübeck sein früheres Internat und dann auch Hamburg besuchte, so daß er Händel hätte treffen können. Doch beide sahen sich nie.

Falls es stimmt, was Mainwaring schreibt, daß Händel gleich nach Ankunft in Hamburg Schüler unterrichtet und im Orchester gespielt habe, um Geld zu verdienen, die Unterstützung der Mutter folglich nicht brauchte, sogar ihr einiges aus seinem Verdienst überlassen konnte, so müssen seine Umstände schon 1703 recht erträglich gewesen sein. Mattheson berichtet, er habe Händel mit dem Musikleben

Hamburgs bekannt gemacht, ihn zu Orgeln, in Opern und Konzerte geführt, ferner in ein Haus, in dem die Musik besonders gepflegt worden sei. Händel habe im Opernorchester die zweite Geige gespielt und bald auch das Cembalo. »Die meiste Zeit ging er damahls bey meinem seeligen Vater zu freiem Tische, und eröffnete mir dafür einige besondere Contrapunct-Griffe. Da ich ihm hergegen im dramatischen Styl keine geringen Dienste tat, und eine Hand die andere wusch.« Nachdem Händel für seinen Unterhalt gesorgt hatte, konnte er sich ungeteilt seinem Interesse widmen. Was er an Kompositionen von Halle in das urbane Hamburg gebracht hatte oder bei Improvisationen auf Orgel und Cembalo bot, klang Mattheson jedoch zu gelehrt. »Er setzte zu der Zeit sehr lange, lange Arien und schier unendliche Cantaten, die doch nicht das rechte Geschicke oder den rechten Geschmack, ob wohl eine vollkommene Harmonie hatten; wurde aber bald, durch die hohe Schule der Oper, gantz anders zugestutzet. Er war stark auf der Orgel: stärcker, als Kuhnau, in Fugen und Contrapuncten, absonderlich ex tempore; aber er wuste sehr wenig von der Melodie, ehe er an die hamburgische Opern kam.« Mattheson urteilte als Eleve der hohen Schule der Oper, in der Gesetze herrschten, die jeder beachten mußte, der beim Publikum reüssieren wollte. Arien mußten faßlich sein, die Melodie gefällig, die Effekte stark.

Vor allem lernte Händel durch das Studium der Partituren Reinhard Keisers, der in den Jahren seiner Direktion am Gänsemarkt allein siebzehn Opern schrieb. Charles Burney, der führende Musikkritiker Englands im 18. Jahrhundert, rühmte an Keisers Kantaten die kühne Modulation, den Einfallsreichtum und die neuen Ideen. Keiser selbst meinte, er habe aus kommerziellen Gründen komische, rustikale und parodistische Szenen und Charaktere, ja, sogar solche aus dem Hamburger Milieu, verwenden müssen, doch habe er bei allem musikalisch niemals Kompromisse gemacht, nur um dem geschmacklosen Publikum zu gefallen. Eben das wird ihm von der Nachwelt bestritten. Doch an die Maximen eines so erfahrenen Bühnenpraktikers, wie Keiser es war, mochte dieser sie selbst befolgen oder nicht, sollte Händel noch lange denken.

Während der Hamburger Jahre Händels erschienen von Keiser auf der Gänsemarkt-Bühne acht Opern, darunter »Die verdammte Staat-Sucht, oder Der verführte Claudius«, »Die über die Liebe triumphierende Weisheit oder Salomon« und »Die römische Unruhe oder Die edelmüthige Octavia«. Händel war bei der Einstudierung und Aufführung mancher dieser und anderer Opern, im Orchestergraben jetzt zumeist am Cembalo, reichlich beschäftigt. Keiser förderte das neue Talent. Warum sollte Händel nicht bald auch eine Oper für Hamburg schreiben? Natürlich hatte er noch viel zu lernen, schließlich war er in Halle mit Fugen und Kontrapunkt aufgewachsen, gelehrter Musik mithin, an der dem Hamburger Opernpublikum wenig lag. Aber wie dieser Händel lernte, mit welch rascher Auffassungsgabe und sicherem Zugriff, war eindrucksvoll. Der würde sein Pensum als Operndramatiker bald beherrschen. Freilich ohne ihm, Keiser, je den Rang abzulaufen. Das war auch Mattheson nicht gelungen.

Unterdessen hatte dieser Mattheson eine neue Oper geschrieben, »Die unglückselige Cleopatra«, auf einen Text von Friedrich Christian Feustking, einen der Hamburger Literaten, Intimfeind von Barthold Feind, Händels Bekanntschaft aus Halle. Händel dürfte als Schützling des Komponisten bei der Einprobung der neuen Oper mitgewirkt haben. Anfang Dezember 1704 ging über der »unglückseligen Cleopatra« der Vorhang auf. Ein Erfolg wurde von der Direktion innig herbeigesehnt, war doch die Oper, selbst unter dem wendigen Keiser, in größten finanziellen Nöten.

Über der »Cleopatra« kam es zwischen Mattheson und Händel zu einem Streit, der für diesen tödlich hätte enden können.

Mainwaring erzählt, Händel habe am zweiten Cembalo des Opernhauses den Anspruch erhoben, das erste zu spielen, jener aber, der dort saß, habe nicht habe weichen wollen, vielmehr Händel nach Schluß der Vorstellung vor dem Eingang aufgelauert und mit dem

Degen auf sein Herz gezielt, doch sei der Stoß von einer Partitur, die Händel bei sich getragen habe, aufgehalten worden.

Mattheson, der sich unter dem heimtückischen ersten Cembalisten, der nach Händels Leben trachtete, leicht wiedererkennen konnte, notierte 1760 in sein Handexemplar von Mainwarings Memoirs, es habe in der Hamburger Oper niemals mehr als ein Cembalo gegeben, wodurch sich Mainwarings Geschichte eigentlich schon erledige. Doch da war mehr. In seiner »Grundlage einer Ehrenpforte« hatte er zwanzig Jahre zuvor den Hergang wie folgt geschildert: »Am 5. Dec. obbesagten Jahres, da meine dritte Oper Cleopatra aufgeführet wurde, und Händel beym Clavicimbel saß, entstund ein Misverständniß; wie solches bey jungen Leuten, die, mit aller Macht und wenigem Bedacht, nach Ehren streben, nichts neues ist. Ich dirigirte, als Componist, und stellte zugleich den Antonius vor, der sich, wohl eine halbe Stunde vor dem Beschluß des Schauspiels, entleibet. Nun war ich bisher gewohnt, nach dieser Action, ins Orchester zu gehen, und das übrige selbst zu accompagniren: welches doch unstreitig ein jeder Verfasser besser, als ein anderer thun kann; es wurde mir aber diesesmahl verweigert. Darüber geriethen wir, durch einige Anhetzer, im Ausgange der Oper, auf öffentlichem Marckte, bey einer Menge Zuschauer, in einen Zweikampf, welcher für uns beide sehr unglücklich hätte ablauffen können; wenn es Gottes Führung nicht so gnädig gefüget, daß mir die Klinge, im Stossen auf einem breiten, metallenen Rockknopf des Gegners, zersprungen wäre. Es geschah also kein sonderlicher Schade, und wir wurden, durch Vermittelung eines der ansehnlichsten Rathsherren in Hamburg, wie auch der damahligen Opern-Pächter, bald wieder vertragen; da ich denn desselben Tages, nemlich den 30. Dec., die Ehre hatte, Händeln bey mir zu bewirthen, wonächst wir beide, auf den Abend, der Probe von seiner Almira beiwohnten, und bessere Freunde wurden, als vorhin.«

Damit nicht genug meldete sich 1776, also lange nach Matthesons Tod, mit John Hawkins noch ein Dritter, der vorgab, ebenfalls über das Hamburger Drama zwischen Händel und Mattheson Bescheid zu wissen. Hawkins nutzte in »A General History of the Science and

Practice of Music« das von Mainwaring geschilderte Szenario, um es weiter auszuschmücken. Der zweite Cembalist habe sich, nachdem Keiser wegen seiner Schulden Hamburg habe verlassen müssen, des ersten Cembalos bemächtigt. Händel, der bislang im Orchester die zweite Geige gespielt habe, und das »mit einer Bereitwilligkeit, die durch seine Unerfahrenheit mit der Welt kaum entschuldigt werden kann«, habe nun Anspruch auf die Operndirektion als Nachfolger Keisers erhoben, ein Anspruch, der auch vom Publikum unterstützt worden sei, das den Stellvertreter Keisers gezwungen habe, zugunsten Händels auf eine Bewerbung um das Amt zu verzichten. »Wir suchen nach dem Namen dieser Person; es hieß, er sei Deutscher gewesen; er war tief verletzt durch die Kränkung, die ihm widerfahren war: seine Ehre war verletzt, aber er tröstete sich mit dem Gedanken, daß es nur an ihm lag, diese wiederherzustellen, indem er seinen Gegner tötete, einen jungen Menschen an der Grenze zum Mannesalter, der weder jemals eine Waffe getragen hatte noch wußte, wie sie zu führen sei; und dies zu einer Zeit, als niemand in der Nähe war, um ihm beizustehen. Demgemäß folgte an einem Abend, nach Schluß der Opernvorstellung, dieser Meuchelmörder Händel und machte an einer günstigen Stelle einen Ausfall mit dem Degen gegen ihn; und hätte Händel nicht eine Partitur an seinem Busen getragen, um sie unter seinem Mantel mit nach Hause zu nehmen, fehlte nur wenig, daß der Stoß tödlich gewesen wäre.«

Nun sind also an dem Streit zweier Cembalisten weder Händel noch Mattheson beteiligt. Nun ging es, ohne daß Matthesons Name fällt, um die Nachfolge Keisers in der Direktion des Theaters. Um sich diese zu sichern, sei Mattheson sogar zum Mord bereit gewesen.

Da Händel sich zu dieser dunklen Affäre offenbar nicht selbst geäußert hat, bleiben uns nur seine Biographen. Was Mainwaring bietet, macht wenig Sinn. Bei ihm ist Händels Anspruch auf das erste Cembalo, hätte es zwei gegeben, nichts als Willkür. Wie sieht denn sein Anspruch aus? Folgten wir ihm, müßten wir schließen, Händel sei auf den ersten Cembalisten, also Mattheson, eifersüchtig geworden und habe sich als der musikalisch »Überlegene« vorgenommen, den Rivalen zu verdrängen, wohl mit Brachialgewalt, und daß bei Mattheson, statt daß er feige die Segel strich, böse Triebe erwachten, die ihm rieten, Händel mit dem Degen aufzulauern und selbst seinen Tod in Kauf zu nehmen. Was er damit auch Händel an Gesinnungslosigkeit unterstellte, und welche Ungereimtheiten er der Geschichte zumutete, war Mainwaring wohl gar nicht aufgegangen.

Die Fortspinnung seines Garns durch Hawkins verändert zwar nicht die Besetzung der Szene, aber die Motive der Darsteller. Es geht nicht mehr um den banalen Streit zweier Cembalisten, sondern um die Operndirektion. Damit wird aber das Maß, das die Geschichte verträgt, überschritten. Denn da Händel auch bei Hawkins, wie dieser zur Steigerung des Ruhmes seines Helden auch noch nachträgt, ein Knabe von wenig mehr als vierzehn Jahren war, ist sein Anspruch auf die Leitung der Oper gänzlich unglaubwürdig.

Was ist von Matthesons Schilderung zu halten? Händel konnte eigenwillig sein, aber Eigensinn gegen jede Vernunft sah ihm nicht ähnlich. Er dürfte einen Grund gehabt haben, Mattheson nicht das Cembalo zu überlassen, vielleicht hatte er sogar ein Recht aus einer Absprache. Ein Grund wäre schon gewesen, eine Oper, die wegen der Tänze, Ballette und Aufzüge leicht fünf Stunden oder länger dauern konnte, auch noch die letzte halbe Stunde am Cembalo zu begleiten.

Außer diesem Bericht Matthesons gibt es noch einen weiteren von seiner Hand, diesmal Händel gegenüber gar nicht generös, sondern boshaft nachtragend. Das Haus, in dem die Musik besonders gepflegt und in das Händel von Mattheson eingeführt wurde, war die Residenz des außerordentlichen Gesandten des englischen Hofes in Bremen, Hamburg und Lübeck, John Wyche. Sein Sohn, Cyril, war einer von Händels zahlreichen Schülern. Warum er es bald nicht mehr war, erfahren wir von Mattheson: »Den siebenden November dieses Jahres 1704. ließ der damalige Königl. Gros-Britannische Gesandte im niedersächsischen Kreise, Hr. Johann von Wich, unseren Mattheson, zur Unterrichtung seines Sohnes, welcher dem Vater hernach in der Würde gefolget ist, berufen, und, gegen ein ansehnliches Jahrgeld, zur allgemeinen Aufsicht der Erziehung, als Hofemeister, bestellen: welcher Beruf denn auch der wahre Anfang seines dauerhafften Glückes; aber zugleich eine Mitursache zu neuer Misgunst gewesen ist. Denn, es hatte vorhin ein gewisser, und schon genannter Mann (Händel) diesen Posten zur Helffte bekleidet, nemlich, so viel die Musik oder den Unterricht auf dem Clavier betraff; die Verrichtungen selbst aber einiger maassen versäumet (welches ihm vorgehalten und übel genommen wurde): daher er denn auf Mattheson einen heimlichen Groll warf, und mit demselben Groll, in der ersten Adventswoche, bey der letzten Vorstellung der Opera, Cleopatra, vor Weihnacht, loßbrach. Obbesagter Virtuose, welcher damahls, unter Matthesons Oberaufsicht, das Clavier schlug, wollte sich nicht allerdings bequemen, von demselben, in musikalischen Dingen, geziehmenden Befehl anzunehmen; darüber ihm aber, wie es zum Gefechte kam, bald übel mitgefahren wäre. Die weitern Umstände, samt der Versöhnung, sind bereits oben in einem andern Artickel erzählet worden.«

Das ist also der nachgeschobene Bericht »unseres Mattheson«, in dem er Händel »heimlichen Groll« unterstellte, weil er ihn als Musiklehrer bei Cyril Wyche ausgestochen habe. Nun war also die Degenaffäre kein »Misverständniß« mehr, sondern ging allein auf Händels Rechnung. Es mag sein, daß Händel kein guter Lehrer war – über seine Eignung und Neigung zu diesem Metier wird noch zu berichten sein. Das Perfide ist, daß Mattheson das angebliche Unvermögen Händels, Cyril Wyche am Cembalo angemessen zu unterrichten, zum Grund für den »heimlichen Groll« macht und Händel damit zum hinterhältigen Subjekt erklärt, um sein eigenes Verhalten in der Oper und beim folgenden »Gefechte« zu rechtfertigen.

Aus allem folgt, daß es jedenfalls zu keinem waffengleichen Zweikampf kam. Es war kein Duell, sondern ein unbeherrschter Überfall, mit Händel als Opfer. Daß dies so war, ist um so sicherer, als Mattheson in seiner »Ehrenpforte« an anderer Stelle selbstgefällig berichtet, wie er des öfteren Streit und Duelle gehabt habe. Von sich selbst in der dritten Person schreibt er dort: »Den ersten Kampf hielt er mit einem eifersüchtigen, und sonst wohlgeübten Räuffer, am 13. Jun. dieses 1702ten Jahrs. Es fielen hernach noch mehr dergleichen Händel vor.« Bald »erweckte ihm der Neid einen neuen Fehder. Mit demselben muste er am 9ten Julii einen förmlichen Zweikampf in offenem Felde halten.« Als ein inzwischen bestens geübter »Räuffer« ist er dann auch mit Händel verfahren.

Bei dieser Geschichte zeigt sich Mattheson in ungünstigem Licht. Er verschweigt, verdreht und unterstellt. Fast dreißig Jahre nach dem Vorfall hat er das Erlebnis offenbar immer noch nicht verwunden, sogar weniger denn je. Dieses verdrossene Nachkarten zeigt, daß er Händel Erfolg und Ruhm nicht gönnte. Freundschaft sieht anders aus. Bei Händel sind wir sicher, daß ein Befehl, wie »geziehmend« auch immer, die wirksamste Art und Weise war, ihn renitent zu machen, und das auch schon mit neunzehn Jahren. Um Befehlen zu gehorchen, hätte er auch in Halle bleiben können.

VON HÄNDELS KOMPOSITIONEN für Hamburg ist immerhin einiges erhalten, vor allem seine erste Oper »Almira, Königin von Kastilien«, sowie Teile aus den beiden letzten Opern für Hamburg, »Florindo« und »Daphne«. Von seiner zweiten Oper, »Die durch Blut und Mord erlangte Liebe, oder: Nero«, ist dagegen nichts überliefert. Zweifelhaft ist, ob seine Musik auf den Psalm »Laudate pueri dominum« in F-Dur schon oder noch in Hamburg während der ersten Jahreshälfte 1706 entstand oder erst in Italien in der zweiten Hälfte des Jahres. Die »Johannes Passion«, die ihm lange zugeschrieben wurde, ist nicht von ihm. Mainwaring berichtet, Händel habe während seiner Hamburger Zeit eine »beträchtliche Anzahl von Sonaten« geschrieben. Was aus diesen Stücken wurde, habe er nie erfahren, weil er so unvorsichtig gewesen sei, sie aus der Hand zu geben. Einige kammermusikalische Werke sollen gleichfalls in Hamburg entstanden sein. Was fehlt, sind Beweise. Schließlich meldet Charles Burney, er habe sich in Hamburg 1773 eine Manuskriptsammlung von Kantaten der bedeutendsten Meister aus der frühen Zeit des Jahrhunderts beschafft, und unter diesen seien zwei Kantaten Händels gewesen, von denen er zuvor nichts gewußt habe. »Und diese sind sehr wahrscheinlich in jener Stadt während seines Aufenthalts dort geschrieben worden, vor seiner Ankunft in England oder seiner Reise nach Italien.« Eine dieser Kantaten, mit einem obligaten lebhaften Cembalo-Part, sei um so wahrscheinlicher vom jungen Händel, als sich in ihr »kleine Freiheiten und Nachlässigkeiten« fänden, wie in seinen späteren Werken nicht wieder. Leider ist die von Burney erworbene Manuskriptsammlung verschollen.

Keine Zweifel an Händels Urheberschaft und Datierung gibt es dagegen bei der »Almira«, wenn auch das Autograph verlorenging. Die vollständigste Partiturabschrift, heute in der »Deutschen Staatsbibliothek« in Berlin, benutzte Georg Philipp Telemann bei einer Wiederaufführung der Oper in Hamburg im Jahre 1732.

Hamburg hatte die erste ständige deutsche Oper außerhalb eines Fürstenhofes. Sie war als »Opern-Theatrum« am 2. Januar 1678 eröffnet worden, mit dem Singspiel »Adam und Eva oder der Erschaffene, Gefallene und Aufgerichtete Mensch«, die Musik stammte von Johann Theile, der in seiner Jugend bei dem großen Heinrich Schütz in Weißenfels Kompositionslehre studiert hatte. Initiatoren dieser privaten Gründung waren der Ratsherr Gerhard Schott, der Jurist Peter Lütjens und der von Bach bewunderte Organist Johann Adam Reinken, die auch das erste Direktorium bildeten. Die Oper spielte in einem langgestreckten Holzbau, einem Schuppen ähnlich, es stand zwischen Jungfernstieg, Ecke Gänsemarkt und den Kolonnaden.

Für einen Komponisten, den es mehr zu weltlicher als geistlicher Musik hinzog, war die Hamburger Oper, mit ihrem künstlerisch hohen Niveau und in einem kosmopolitischen Ambiente, eine Attraktion erster Ordnung. Am Pult der zweiten Geige im Opernorchester und später über den Partituren am begleitenden Cembalo fand Händel Gelegenheit, die Opern seines Mentors Reinhard Keiser in allen Stimmen, in Aufbau und Entwicklung, auszuforschen.

Eine Oper auf deutscher Bühne begann mit einer Ouvertüre im

französischen Stil, also mit einer langsamen Einleitung, einem Allegro und einem langsamen Ausklang. Dann folgten in Serie über Stunden Arien für unterschiedliche Stimmlagen, jedoch vorzugsweise für Sopran oder Alt, dazu einige Duette oder Chöre. Die Arien wurden eingeleitet durch Ritornelle, also instrumentale Einlagen, und Rezitative, entweder »secco« nur durch das »Continuo« mit Cembalo und Baß, oder »accompagnato«, vom vollen Orchester, begleitet. Das Rezitativ trieb die Handlung voran, während die Arien »Affekte« beschrieben, also Liebe, Haß, Eifersucht, Enttäuschung, Rachsucht, Mut, Verzicht oder Triumph. Bei der Begleitung der Arien durch das Orchester wurden einzelne Instrumente, vorzugsweise Oboe oder Fagott, zur Kolorierung der Affekte solistisch verwandt. Keiser war Spezialist für die Darstellung von Affekten, in Arien trug er zur Steigerung des Ausdrucks gerne instrumentale Farben auf. Bei höfischen Szenen, und die meisten Opern spielten unter Majestäten, waren Tänze gefragt, auch diese, wie die Ouvertüre, nach dem Vorbild der Tänze am Hof des Sonnenkönigs in Versailles, der in allen Fragen der höfischen Mode den Ton angab. Die Oper galt nicht nur als musikalisches Erlebnis, sondern auch, und für viele noch mehr, als Fest fürs Auge und gesellschaftliches Ereignis. Besonders Staatsaktionen bei Hof, Hochzeiten oder Exekutionen wurden mit großem Aufwand und dem Publikum zu Gefallen so realistisch wie möglich inszeniert. Gerade die Hamburger Opern waren, wegen des bunt gemischten Publikums, ein Quodlibet des Geschmacks, wenn auch nicht immer des guten.

Viele Opern aus Händels Zeit blieben erfolglos, trotz teils schöner Musik, und das wegen ihres schlechten Textbuchs. Wohl suchte der Hamburger Opernbesucher an der Handlung von Keisers Opern nicht Lebenswahrheit oder Logik. Unwahrscheinlichkeiten störten ihn nicht, denn die gab es auch im Leben. Und »Logik« war eine Krücke für Philosophen und Pedanten. Viele Opern spielten zudem in einem Zauberreich, und dort galten eigene, oder keine, Gesetze.

Und doch gab es in einer Oper auch jener Zeit eine kritische Masse von Unsinnigkeiten, die ein Libretto besser nicht überschreiten sollte. Für Banalitäten gab es eine Grenze. Und an dieser Grenze wurde heftig gefochten. Im Streit zwischen Kunst und Kommerz waren sich die Librettisten spinnefeind. Es gab zwei Schulen. Die eine, vertreten durch Hinrich Hinsch, Heinrich Christian Postel oder Friedrich Christian Feustking, wollte das Publikum nur unterhalten und dadurch Parkett und Ränge füllen. Programmatisch erklärte Hinsch im Vorwort zu seiner von Keiser vertonten Oper »Die verdammte Staat-Sucht oder: Der verführte Claudius«, eine Oper solle das Publikum vergnügen, und dies ohne jeden Versuch, die Vernunft anzusprechen oder das Verständnis zu bereichern. Der Nachfolger Keisers als Pächter des Hamburger Opernhauses, Johann Heinrich Saurbrey, verfaßte nach Händels Abreise zu dessen hinterlassener Oper »Die verwandelte Daphne« ein Zwischenspiel in plattdeutscher Mundart. Zur Begründung schrieb er in einer Vorrede, er wisse nicht, »aus was Ursachen man anfängt einen kleinen Ekel unter denen Liebhabern zu spüren, und wann man hierüber genaue Nachfrage hält, so ist die Antwort: die Materien wären theils, und vornehmlich im Winter, gar zu lang, theils gar zu traurig, wann aber die Materien noch zu mehrer Melancholey Anlaß geben, suchte man lieber andre Zeitvertreibung. Es ist derohalben vor einem Jahr versuchet worden, ob lustige Sachen denen Herrn Zuschauern besser gefallen würden« – der Test hatte offenbar ergeben, daß die einnahmensenkende »Melancholey« der Liebhaber bei lustigen Sachen schwand. Die andere Schule sorgte sich um die Würde der Kunst. Zu ihr zählten sich Christian Friedrich Hunold, der sich »Menantes« nannte, und Barthold Feind. Dieser meinte, das Textbuch zu einer Oper müsse eigenen Regeln folgen. Er betonte die Bedeutung individueller Charakterzeichnung der handelnden Personen und forderte, daß bei Anreicherung eines historischen Stoffes durch fiktive Begebenheiten dennoch die geschichtliche Wahrheit im ganzen nicht leiden dürfe. Der Streit zwischen den Schulen wurde auf barocke Art mit Schmähungen ausgetragen.

In diesen Streit der Librettisten geriet auch Händel. Das Textbuch zu »Almira« hatte Feustking für Keiser verfaßt, der jedoch vor seiner

Abreise nach Weißenfels nur Teile vertont und das Libretto Händel überlassen hatte. Feustking hatte in Wittenberg Theologie studiert, war aber 1701, mit dreiundzwanzig Jahren, wegen offenbar wüster Verspottung eines Professors auf zehn Jahre der Universität verwiesen worden. Er war von reizbarem Temperament, was wohl auch der Grund war, daß ihm die Frau, die er heiraten wollte, am Altar das Jawort verweigerte – vielleicht hatte Feustking bei der Zeremonie den Pfarrer, die prospektiven Schwiegereltern oder, horribile dictu, sogar die Braut beschimpft. Während seiner Jahre in Hamburg, 1702 bis 1705, schrieb er über Altertumskunde, bildende Künste und Poesie und verfaßte Opernlibretti, dabei auch die »Cleopatra« für Mattheson, eine Vorlage, die wegen der Obszönität ihrer burlesken Szenen seinerzeit bekannt, bei vielen deshalb beliebt war. Feustking kehrte nach Ablauf des Studienverbots an die Wittenberger Universität zurück und erwarb dort 1719 den theologischen Doktorgrad.

Diesem Feustking nun sandte Christian Friedrich Hunold alias »Menantes« 1705 ein »Wolmeinendes Send=Schreiben«, das jedoch, wie sich bei den »bißherigen Poetischen und andere Streitigkeiten« zwischen den Parteien verstand, nichts weniger als wohlmeinend war. Hunold-Menantes und sein Freund Barthold Feind hatten zwei Arien aus Feustkings »Almira« nach der Musik bekannter Hamburger Gassenhauer auf der Bühne gesungen und dazu getanzt. »Da uns denn die Music so wohl/als Ihre Poetische Arbeit glückte/und sind wir versichert/wenn Sie gegenwärtig gewesen/Sie würden uns von ihre naturelle composition mehr obligation als Monsieur Händeln gehabt haben.« Was Hunold dem Feustking sagen wollte, aber wohl nicht deutlicher ausdrücken konnte, war, daß Feustkings Poesie für »Almira« besser zu Gassenhauern als zu der Musik Händels passe. Das war ein »Prosit« auf Händel, für das Feustking die Zeche zahlte. Übrigens bietet das verschrobene und nebulöse »Send=Schreiben« ein anschauliches Beispiel für den kläglichen Zustand der deutschen Sprache in jener Zeit.

Was Mainwaring über Händel und seinen Opernerstling »Almira« schreibt, ist ziemlich wirr. Keiser habe sich, wegen hoher Schulden, aus Hamburg heimlich davonstehlen müssen. Der Direktor des Theaters habe sich daher an Händel gewandt, und dieser habe seine erste Oper »Almeria« komponiert. Der Erfolg sei so glänzend gewesen, daß man die Oper dreißig Abende ohne Unterbrechung gegeben habe. Zu dieser Zeit sei Händel eben vierzehn Jahre alt gewesen. Noch nicht ganz fünfzehn, habe er seine zweite Oper, »Florinda«, geschrieben, und kurz danach »Nerone«, die beide ebenso viel Beifall wie »Almeria« erhalten hätten.

An dieser Darstellung ist fast alles falsch. Keiser war 1704 immer noch Direktor und Mitpächter des Theaters am Gänsemarkt und sollte es bis 1707 bleiben. Der Titel von Händels erster Oper ist »Almira«. Sie erlebte etwa zwanzig Vorstellungen. Händel war am Tage der Erstaufführung, dem 8. Januar 1705, neunzehn Jahre alt. Die zweite Oper war »Nero«, der Titelheld der dritten hieß »Florindo«. Und von Händels zweiter Oper »Nero« ist nur bekannt, daß sie ein Mißerfolg war. Mainwarings Fehlleistungen sind immerhin verständlich. Vermutlich dachte er an William Congreves Drama »The Mourning Bride« (Die trauernde Braut), das 1696 im Londoner Theater Lincoln's Inn Fields gegeben worden war. Die weibliche Hauptperson des Stückes, das gleichfalls in Spanien spielt, heißt »Almeria«. Und bei »Florinda« ist ihm wohl die gleichnamige Figur aus Händels für Florenz 1708 geschriebener Oper »Rodrigo« eingefallen.

Was verrät uns der andere Biograph, Johann Mattheson, über Händel und »Almira«? Mehr über sich selbst als über Händel: »Wie ein gewisser Weltberühmter Mann zum ersten mahl hier in Hamburg kam / wuste er fast nichts / als lauter regel=mäßige Fugen / zu machen / und waren ihm die Imitationes so neu / als eine fremde Sprache / wurden ihm auch eben so saur. Mir ist es am besten bewust / wie er seine allererste Opera / scenen=weiß zu mir brachte / und alle Abend meine Gedanken darüber vernehmen wollte / welche Mühe es ihm gekostet / den Pedanten zu verbergen.« Und weiter: »Händel führte darauf, An. 1705. den 8. Jenner, seine besagte erste Oper, Almira, Glücklich auf. Den 25. Febr. folgte der Nero. Da nahm ich mit Vergnügen Abschied vom Theatro, nachdem ich, in den beiden letzgenannten schönen Opern, die Hauptperson, unter allgemeinem Beifall, vorgestellet, und dergleichen Arbeit gantzer 15. Jahr, vielleicht schon ein wenig zu lange, getrieben hatte: so daß es zeit für mich war, auf etwas festeres und daurhaffteres bedacht zu seyn; welches auch, Gott Lob! wohl von Statten gegangen ist. Händel blieb indessen noch 4. bis 5. Jahr bey den hiesigen Opern, und hatte daneben sehr viele Scholaren.« Daß sich Händel als Novize bei Mattheson Rat holte, wie man für Hamburg eine Oper schrieb, ist durchaus glaubhaft. Wäre Keiser in Hamburg gewesen, Händel hätte wohl auch ihn gefragt. Muster für Händels »Almira« sind die Opern Keisers, nur natürlich wegen ihrer Qualität, aber auch, weil sich dies »politisch« gegenüber dem Prinzipal der Oper, von dem er abhing, von selbst verstand. Dagegen ist ein Einfluß Mattheson in der »Almira«, etwa aus seiner »Cleopatra«, die Händels Erstling unmittelbar vorausging, nicht nachzuweisen. Falsch ist auch, daß Händel nach der »Almira« noch vier oder fünf Jahre in Hamburg blieb – er reiste ein gutes Jahr nach der Erstaufführung der »Almira« nach Italien.

Das Libretto zu »Almira« von Friedrich Christian Feustking war keine Originaldichtung eigens für die Hamburger Oper. Der Stoff war 1691 in Venedig zum ersten Mal als Oper gegeben worden. Ruggiero Fedeli hatte auf das venezianische Libretto 1703 eine Oper für die Braunschweiger Bühne geschrieben. Als Keiser, der ständig nach geeigneten Textbüchern Ausschau hielt, von Fedelis Oper hörte, beauftragte er Feustking mit der Bearbeitung des Textbuchs. »Bearbeitung« für das Hamburger Publikum hieß, daß der italienische Text weitgehend ins Deutsche zu übersetzen war, während einige Arien, wohl mit Rücksicht auf das bunt gemischte Publikum oder wegen des Wohlklangs der Sprache, original auf italienisch gesungen wurden. Diese Übung hatte Keiser mit »Claudius« 1703 eingeführt, also in jenem Jahr, als Händel in Hamburg eintraf. Opern an den Höfen in Berlin und Dresden wurden dagegen ganz auf italienisch gesungen.

Publikum und Komponist erwarteten von einem Librettisten, daß er eine wechselvolle und affektgeladene Geschichte erzähle, gerade so wie in »Almira«. Liebe, Eifersucht, Staatsräson, Intrige, Verwicklungen, Verrat oder Verzicht waren die typischen Versatzstücke einer Oper. Acht Personen bestreiten die Handlung. Almira, Königin von Kastilien, will mit zwanzig Jahren die Regierung übernehmen und soll auf Wunsch ihres verstorbenen Vaters den Sohn des Fürsten Consalvo, Osman, heiraten. Doch Almira liebt ihren Sekretär Fernando, und Osman die Prinzessin Edilia. Als Almira glaubt, auch Fernando liebe Edilia, läßt sie ihn zum Tode verurteilen. Doch im letzten Augenblick erkennt Fürst Consalvo in Fernando seinen lange verschollenen und totgeglaubten zweiten Sohn. Die überglückliche Almira heiratet Fernando und erfüllt damit zugleich den Wunsch ihres Vaters. »Wir hoffen / der Himmel Wird nach dem Getümmel Uns wieder mit freudigen Blicken begrüssen / Verzuckern versüssen Die bittere Pein / Und lassen das Leben / So Amor gegeben / Verewiget seyn!« Mit diesem Gesang aller endet die Oper.

So viel zu den dramatischen Zuständen am Königshof von Kastilien. Noch ein Wort zu der Poesie Feustkings. Wie hat er den vorgegebenen Stoff bearbeitet? Er hatte erwartet, das Braunschweiger Libretto der Oper aus dem Italienischen ins Deutsche übertragen zu sollen, und nicht mehr. Aber Keiser verlangte Änderungen, die Feustking, nach eigener Aussage, in drei Wochen liefern sollte. Falls dies so war, würde es die kümmerliche Qualität der Übersetzung halbwegs erklären. Menantes und Feind trafen mit ihrer groben Kritik an Feustking nicht ganz den Falschen. Auch wer das italienische Original nicht kennt, wird zögern, Feustkings Übersetzung eines Rezitativs von Edilia, mit dem sie Osman bedenkt, für gelungen zu halten: »Verräther / daß dir Wetter / Sturm und Blitz Auff deine Scheitel krache / Und Zeus mit seines Donnersspitz Dein tückisch Hertz erwache.« In diesem Stil geht es durch die ganze Oper.

Nun zählt nicht, worüber die Nachwelt sich mokiert, sondern was dem Kenner Keiser für das Hamburger Publikum geeignet schien. Das Libretto bot in der Tat dramatische Szenen genug, um die Liebhaber der Oper bei Laune zu halten. Was zählte, war die Szene. Beim Gesang war der Text meistens sowieso nicht zu verstehen.

Händel hat mit der Oper wahrscheinlich im Herbst 1704 begonnen. Selbst wenn ihm das Libretto von Feustking nach Wort und Aufbau in manchem nicht gefallen haben sollte, wäre dieser kaum bereit gewesen, auf Änderungswünsche einzugehen, da Keiser die Vorlage gebilligt hatte. Und als Neuling beim Theater hatte Händel sicher den Wunsch, die Chance, für Deutschlands bestes Musiktheater seine erste Oper zu schreiben, nicht zu verpassen.

Zur »Almira« gibt es zwei Ouvertüren, eine in g-Moll, die wohl zuerst entstand und die, wie es scheint, nicht gespielt wurde, und eine zweite in B-Dur, die das Drama mit einem festlichen Adagio eröffnet, in dem eine aufwärts rollende Tonfigur, die mehrmals wiederkehrt, auf eine bewegte Handlung vorausweist. Das folgende Presto ist durchgängig im punktierten Rhythmus geschrieben. Formales Vorbild war die »Claudius«-Ouvertüre von Keiser, die Händel auch in späteren Werken noch zitieren sollte. Von den dreiundfünfzig Arien der Oper sind fünfzehn auf den italienischen Originaltext komponiert. Alle Arien dienen der Darstellung menschlicher Leidenschaften, wozu das Libretto den Personen in pausenloser Folge die Motive serviert, und folgen dem dreiteiligen Da-Capo-Muster, bei dem nach einem Mittelteil der erste Abschnitt der Arie variiert wiederkehrt.

Das Partiturbild ist denkbar einfach: Außer der Singstimme sind zumeist zwei Oboen, manchmal zwei Blockflöten, fast durchgängig erste und zweite Violinen, gelegentlich Viola und der Baß notiert, ausnahmsweise Pauken und Trompeten. In Almiras Arie im ersten Akt »Chi più mi piace« (Der mir gefällt) verwendet Händel, wie auch anderswo in dieser Oper, die Oboe zur Kolorierung solistisch. Ebenfalls »solo« spielen zwei Blockflöten in Edilias Arie im ersten Akt »Schönste Rosen«. Neben der Grundtonart der Oper B-Dur verwendet Händel häufig die Paralleltonart g-Moll, so vor allem in den elf Tänzen, die mit drei Ausnahmen in dieser Tonart geschrieben sind. Seltsam ist, daß er das Duett Edilia/Osman im dritten Akt »Mein Betrüben muß verschwinden« gegen die mit dem Text geweckte Erwartung in d-Moll komponierte, es sei denn, die Akteure glaubten ihren eigenen Worten nicht, was wegen der bevorstehenden Entzweiung beider so seltsam wiederum nicht wäre.

Die Sänger der Oper sind nicht sicher bekannt, mit Ausnahme von Mattheson als Darsteller des Fernando. Das Orchester mit etwa dreißig Musikern kam mit den Anforderungen der Händel-Partitur bequem zurecht.

Natürlich war »Almira« noch kein vollkommener Wurf, aber für einen Erstling erstaunlich. Händel war noch nicht imstande, das Potential an Dramatik, das eine Szene bieten konnte, zu erkennen oder zu nutzen. Viele Melodien sind kurzatmig, die Führung der Singstimme oft instrumental empfunden. Händel ist zu sehr dem Muster Keisers verpflichtet, um das musikalische Material inspiriert zu nutzen, frei damit zu spielen. Doch gibt es bedeutende Ausnahmen, wie die Eifersuchtsarien Almiras und Edilias, die den Affekt schon zu einer Intensität steigern, die auch bei Keiser selten war. Johann Sebastian Bach entlehnte aus »Almira« die ersten Takte der Baßarie Raymondos in c-Moll »Gönne nach den Thränen=Güssen« für die Sopranarie in e-Moll »Laßt der Spötter Zungen schmähen« der Kantate Nr. 70 »Wachet! betet!«, die er 1716 in Weimar schrieb.

Mit etwa zwanzig Aufführungen war »Almira« ein großer Erfolg. In Hamburg geschah es das erste Mal, daß Händel mit einer Oper ein städtisches Theaterpublikum im Sturm eroberte. Venedig und London sollten folgen. Keiser konnte mit den Einnahmen an der Theaterkasse, trotz hoher Kosten für die Ausstattung, zufrieden sein. Er hatte mit der Wahl Händels als Opernkomponist für Hamburg gut gezielt.

WAS HÄNDEL BIS ZU SEINER ABREISE gegen Mitte 1706 trieb, ist nicht bekannt. Er habe »eine beträchtliche Zahl von Sonaten« komponiert und »sehr viele Scholaren« gehabt. So war er wohl doch nicht der säumige Lehrer, als den Mattheson ihn beschrieb; in der besseren Hamburger Gesellschaft, die sich für ihre Kinder eine Musikerziehung leisten konnte, hätte sich die Unzufriedenheit des englischen Residenten John Wyche mit Händels mangelhafter Leistung bei seinem Sohn Cyril bald herumgesprochen. Vermutlich war es so, daß Mattheson den Musikunterricht bei Cyril übernahm, nachdem er Ende 1704 mit John Wyche übereingekommen war, den Sekretärsposten zu übernehmen, was im Januar 1706 denn auch geschah. Was lag für John Wyche näher, als seinen künftigen Sekretär, mit Blick auf die baldige enge Zusammenarbeit, schon jetzt auch als Musikerzieher seines Sohnes zu nutzen, zumal er womöglich bereits wußte, daß Händel nicht in Hamburg bleiben wollte?

Ob Händel als nun bekannter Opernkomponist noch einmal zum Instrumentalspiel in den Orchestergraben zurückkehrte, wissen wir nicht. Das Haus mußte außerdem wegen finanzieller Schwierigkeiten öfter und länger schließen. Zwar meint Mattheson, Händel sei nach 1705 »noch 4. biß 5. Jahr bey den hiesigen Opern« geblieben und habe »daneben« sehr viele Schüler gehabt. Das stimmt nicht, denn Händel verließ Mitte 1706 Hamburg. Mattheson kann jedoch an die Kompositionen für die Oper gedacht haben. Anzunehmen ist, daß Händel für diese Kompositionsaufträge bezahlt wurde, schlimmstenfalls wird Keiser ihn wegen der Budgetnöte auf später vertröstet haben. Jedenfalls konnte er mit den Einnahmen aus dem Unterricht »sehr vieler Scholaren« noch am sichersten rechnen.

Mainwaring behauptet, Händel habe in Hamburg zweihundert Dukaten gespart, die Geldsendungen an die Mutter in Halle und die eigenen Ausgaben nicht eingerechnet. Der »Dukat« war eine Münze aus fast reinem Gold, erstmals 1284 in Venedig geschlagen, bald über ganz Europa verbreitet und 1559 im Heiligen Römischen Reich Deutscher Nation zur offiziellen Goldmünzeinheit erklärt. Natürlich wurde mit dem Dukaten als wertbeständiger Handelsmünze von europäischem Rang besonders in einer Kaufmannsstadt wie Hamburg gerechnet, und es verwundert nicht, daß die Hamburger Münze noch bis 1872 als die letzte in Deutschland Dukaten prägte. Zweihundert Dukaten können viel oder wenig sein, je nachdem, für welchen Zweck sie bestimmt sind. Die Summe reichte sicher nicht, um einen jungen Mann auf längere Zeit zu versorgen, der zwar mit Geld umgehen konnte, aber auch einigen Aufwand treiben mußte, wollte

er in der Gesellschaft, in der er Erfolg suchte, nicht als »armer Schluk-
ker« gelten. Zweihundert Dukaten könnten aber für eine Reise, selbst
über die Alpen nach Italien, und für den Unterhalt dort auf kurze
Zeit gerade gereicht haben.

Möglich ist auch, daß Händel einen Kredit aufnahm, nicht von
der Halleschen Verwandtschaft, sondern von Hamburgern, wie dem
Kaufmann Johann Wilhelm Sbüelen, mit dem er noch viele Jahre
später in Verbindung stand, am ehesten in geschäftlicher. Wahrscheinlicher aber ist, daß er sich von der Bank, bei der er seine Ersparnisse eingezahlt hatte, einen Kreditbrief an eine italienische Bank
ausstellen ließ

Noch ein Weiteres ist möglich. Händel »eräugete sich die Gelegenheit, mit dem von Binitz eine freie Reise nach Italien anzutreten«,
heißt es bei Mattheson. Über diesen »von Binitz« ist nichts weiter bekannt. Es kann durchaus sein, daß ein Herr »von Binitz«, der nicht
alleine nach Italien reisen wollte, in Händel den ebenso angenehmen
wie anregenden Begleiter fand und ihm »eine freie Reise« anbot. Es
sähe Händel nicht unähnlich, sich zur Annahme einer Gefälligkeit
bitten zu lassen, ohne sich dadurch das Geringste zu vergeben und
die gefällige Person obendrein noch zu verpflichten, als sei nicht diese, sondern er selber der Wohltäter.

Mainwaring, der von einem Herrn von Binitz gar nichts weiß, erzählt eine andere Geschichte. Danach sei Händel in Hamburg mit
dem Prinzen von Toscana, Bruder des regierenden Großherzogs
Gian Gastone de' Medici, bekannt geworden. Der Prinz sei ein großer Liebhaber der Musik und der Künste gewesen und habe öfter beklagt, daß Händel nichts über die Kultur Italiens wisse. Er habe ihm
eine umfangreiche Sammlung italienischer Musik gezeigt und ihn
bedrängt, ihn, den Prinzen, nach Florenz zu begleiten. Händel habe
erwidert, daß er in der italienischen Musik, die der Prinz ihm gezeigt
habe, nichts von hoher Kunst finden könne. Sie sei vielmehr derart
durchschnittlich, daß die Sänger schon Engel sein müßten, um sie
ihm schmackhaft zu machen. Der Prinz habe dazu nur gelächelt und
Händel geraten, nach Italien zu kommen, um sich dort mit Stil und

Gusto der italienischen Musik auszusöhnen. Darauf nun Händel: Was er vom Prinzen über den Ruhm der Italiener in den Künsten gehört habe, sei für ihn Anreiz genug, eine solche Reise zu unternehmen. Der Prinz habe entgegnet, Händel könne ihn begleiten, ohne daß ihn dies etwas koste. Händel habe gedankt, aber entschieden, mit eigenen Mitteln zu reisen. »Dieser edle Geist der Unabhängigkeit, der ihn fast von Kind an beherrschte, verließ ihn nie, selbst nicht in den bedrückendsten Zeiten seines Lebens«, versichert uns Mainwaring.

Es dürfte stimmen, daß Händel in Hamburg mit einem Medici zusammentraf. Aber mit welchem? Der Prinz von Toscana war Gian Gastone de' Medici. Sein Bruder war der Erbprinz Ferdinando de' Medici, der Vater war Großherzog Cosimo III. de' Medici. Vermutlich wurde Händel mit Gian Gastone bekannt, der 1706 fünfunddreißig Jahre alt war und auf Anordnung seines Vaters seit 1697 mit der zehn Jahre jüngeren Anna Maria Franziska, der Tochter des verstorbenen Herzogs Julius Franz von Sachsen-Lauenburg, verheiratet war. Anna war nach kurzer erster Ehe mit Pfalzgraf Philipp von Neuburg Witwe geworden und hatte eine Tochter. Gian Gastone und Anna Franziska lebten, auf Wunsch der jungen Frau, auf Schloß Reichstadt (heute: Zákupy), einem böhmischen Besitz, etwa siebzig Kilometer nördlich von Prag, den Anna von ihrem Vater geerbt hatte, der dort 1689 verstorben war. Reichstadt war seit Beginn des Jahrhunderts im Besitz der Familie – der Großvater Annas, Julius Heinrich von Sachsen-Lauenburg, hatte Reichstadt 1632 durch Heirat erworben. Annas Vater starb in dem Moment, als er, seit einigen Jahren verwitwet, auf dem Weg in sein Stammland war, das Herzogtum Sachsen-Lauenburg vor den Toren Hamburgs, um sich in Deutschland zwecks Zeugung eines männlichen Erben nach einer passenden ehelichen Verbindung umzusehen. Die umfangreiche Bagage war schon auf Schiffe verladen, die von Lobositz und Tetschen elbabwärts bis Lauenburg segeln sollten, da starb der Herzog. Die Häuser von Kursachsen, Mecklenburg-Schwerin, Kurbrandenburg, Wettin und Braunschweig-Lüneburg meldeten umgehend Ansprüche auf das nun herrenlose Herzogtum an. Der Beute am nächsten war Georg Wilhelm, Herzog zu Braunschweig und Lüneburg, der das Ländchen im Handstreich militärisch besetzte. Als auch er ohne männliche Nachkommen 1705 starb, fiel Sachsen-Lauenburg an das Kurfürstentum Hannover. Doch ging der Streit um den Besitz des Herzogtums, an dem sich auch Anna und ihre Schwester beteiligten, noch lange weiter. Es ist daher möglich, daß Gian Gastone, mit oder ohne Anna, im Zuge des fortschwelenden Erbstreits um das Herzogtum Sachsen-Lauenburg auch in das nahe Hamburg kam, dort Händel kennenlernte und ihn beredete, nach Italien zu reisen. Die förmliche Einladung jedoch kam nicht von ihm, sondern von seinem Bruder, dem musikliebenden Ferdinando de' Medici, der am Hof seines Vaters in Florenz die Regierungsgeschäfte führte. Doch wird Gian Gastone seinem Bruder die Einladung Händels empfohlen haben. Ferdinando machte sich in der Musikgeschichte einen Namen, weil in seinem Auftrag Bartolomeo Cristofori im Jahre 1709 das »Gravicembalo col piano e forte« baute, das später »Pianoforte« hieß. Cristofori hatte zehn Jahre lang mit der neuartigen Hammermechanik experimentiert. Bei ihr werden Hämmer von einem Stößer beim Tastenanschlag angestoßen und gegen die Saiten geschleudert. Drei der überaus kunstvoll gebauten Hammerflügel Cristoforis aus den Jahren 1720 bis 1726 sind erhalten.

Der Niedergang der Medici unter Cosimo III., der zum Unglück für Florenz dreiundfünfzig Jahre lang regierte, war nicht aufzuhalten. Als er 1723 starb, war Ferdinando als der erklärte Erbe schon seit zehn Jahren tot. Mit dem nun als Nachfolger ausgerufenen, von Anna schon lange getrennt lebenden und 1737 kinderlos sterbenden Gian Gastone erlosch die ruhmreiche Herrschaft der Medici. Das Großherzogtum Toscana fiel an das Haus Habsburg.

In Hamburg fand Händel ein größeres Maß an Freiheit. Mit dem Abschied von Halle ließ er das Reglement, das ihm der Vertrag mit dem strengen Vorstand der reformierten Domkirche auferlegt hatte, hinter sich, ebenso wie ein Universitätsstudium, das ihm die Zeit für seine Berufung nahm. Hamburg besaß keine Universität, seit 1613 aber ein »Akademisches Gymnasium«, als Stufe zwischen Schule und Universität, das den Studenten in zwei Semestern ein allgemeinbildendes Pensum bot, bevor sie sich je nach Neigung gelehrten Spezialinteressen zuwandten. Junge Hamburger, die sich den Wissenschaften widmen wollten, gingen daher an benachbarte Universitäten, so auch nach Halle, das Händel ohne Grad und Abschluß eben verlassen hatte.

Wer nach Hamburg ging, konnte dort anderes lernen als akademisches Buchwissen oder die Regeln wissenschaftlicher Disputation. Hier konnte einer lernen, was einen erfolgreichen Kaufmann auszeichnete: schnelles Kopfrechnen, ordentliche Buchführung, Wendigkeit, Geistesgegenwart, Kaltblütigkeit, Vorsicht und Voraussicht, gepaart mit dem Mut zum Risiko. Hier konnte auch einer wie Händel lernen, auf seiner Lebensreise mit Sextant und dem Senkblei der Vernunft gründlich Standort, Strömung und Tiefen zu berechnen, um unbeschwert vor günstigen Winden zu segeln, so es Gott gefiel. Anders als Halle war Hamburg eine wohlhabende Stadt. Reichtum war keine Schande, weil manches von dem, was der Hamburger Kaufmann oder Reeder am Handel verdiente, für wohltätige oder kulturelle Zwecke gestiftet wurde. Vermögen wurden gewonnen, in Sturm, Brand oder Spekulation verloren und wiedergewonnen. Der durch seine Briefe von Reisen in Europa bekannte Johann Caspar Riesbeck schrieb zu Ende des 18. Jahrhunderts nach einem Besuch in Hamburg, es gebe dort viele Leute, die mehrmals bankrott gemacht hätten, aber immer wieder in die Höhe gekommen seien. »Mit der nämlichen Leichtigkeit, womit der Hamburger fällt, arbeitet er sich auch wieder empor.« Wenn auch formell noch unter der Hoheit der dänischen Krone, war Hamburg doch eine »freie« Stadt, faktisch regiert von seinen Bürgern. Wegen der Nähe zum Meer waren die

Hamburger weit weniger provinziell als die Bürger der meisten Städte im Reich, weil sie besser wußten als diese, wie es »draußen« war, besonders in England, das dem Kontinent das Muster einer gerechteren Staatsverfassung zwischen Monarchie und Republik vorlebte, eine zu Wohlstand, Macht und Ansehen gelangte Handelsnation.

Nachhaltige Freundschaften schloß Händel in Hamburg wohl nicht. Jedenfalls nicht mit Mattheson. Nachdem er sich in Hamburg eingelebt hatte, wurde ihm dieser zunehmend lästig. Vor allem muß ihn die Erwartung gestört haben, er habe ihm, wegen seiner Talente und Gefälligkeiten, nun ein besonderes Maß an Hochachtung und Dankbarkeit zu erweisen. Händel dürfte bald gemerkt haben, daß Matthesons Fähigkeiten als Komponist, trotz allen Fleißes, beschränkt waren. Um so seltsamer mußte ihm sein, daß Matthesons Werke niemand so enthusiastisch beurteilte wie Mattheson selber. Seine Zeit als Musikkritiker und Musiktheoretiker, die seinen Nachruhm vor allem begründete, war noch nicht gekommen; seine erste Schrift, »Das neu=eröffnete Orchestre«, erschien erst 1713. Da Händel an Theorie wenig lag, ist nicht anzunehmen, daß er nach Kenntnis dieser Schriften Mattheson günstiger beurteilt hätte. Vermutlich hat er auch später in dem Verfasser, sollte er von ihm überhaupt etwas gelesen haben, nur jenen Mattheson wiederentdeckt, den er schon kannte. Händels wenige Londoner Briefe an Mattheson, immer von diesem angemahnt, haben das Flair diplomatischer Artigkeit, das mit wahrer Freundlichkeit nicht verwechselt werden sollte. Händel wollte mit Mattheson möglichst wenig zu tun haben, was diesen erst recht in Wallung brachte.

Mattheson bemerkte an Händel eine Eigenschaft, von der nicht sicher ist, ob sie ihm gefiel: »Anfangs spielte er die andre (zweite) Violine im Opern-Orchester, und stellte sich, als ob er nicht bis fünfe zählen könnte, wie er denn von Natur zum dürren Schertz sehr geneigt war.« Und in einer Fußnote fügte er hinzu: »Ich weiß gewiss, wenn er dieses lieset, er wird im Hertzen lachen: denn äuserlich lacht er wenig.« Was meinte er mit dem »dürren Schertz«? War über Händels Scherze nicht zu lachen, oder waren sie Ausdruck eines »trockenen Humors«, der eine Gesellschaft, eben weil der Scherzende selbst »trocken« bleibt, am ehesten erheitert?

Es wäre ungerecht, allein Mattheson anzulasten, daß es mit Händel nicht zur Freundschaft kam. Die Geschichte dieser Beziehung erzählt auch einiges über Händel. Er mochte es nicht, wenn man ihm zu nahekam. Daher die Aura von Distinktion, mit der er sich umgab und die für Mattheson nichts als blanker Hochmut war. Händel konnte abweisend sein, wenn ihm aufdringliche Menschen oder aufgedrängte Umstände nicht paßten. Er war kein Mensch, der leicht Freundschaften schloß. Stärker als der Wunsch nach Freundschaft war sein Verlangen nach Unabhängigkeit.

Zu Händels Bekanntschaften in Hamburg gehörten, neben »obbesagtem« Mattheson, Keiser, den Leuten von der Oper, den Librettisten, dem Hause Wyche, den Organisten, den Instrumentalisten des Collegium musicum und den vielen Schülern samt familiärem Umfeld, der Kaufmann Johann Wilhelm Sbüelen und eine »Mlle Sbülens«, wie sie in einem Brief Händels an Mattheson von 1705 heißt. Vielleicht war sie die Tochter oder eine weitere Verwandte des Kaufmanns. Da über Händels Beziehungen zu Frauen so wenig bekannt ist, schon gar nicht von ihm selbst, ist die Versuchung groß, ihm eine vertrautere Beziehung zu dieser Dame anzudichten. Die Umstände, unter denen der Name des Mädchens fällt, geben jedoch für die Annahme einer Liebelei, mit Händel als Galan, nichts her. Händel hatte in einem von nur drei Briefen, die von ihm in deutscher Sprache überliefert sind, Mattheson nach Amsterdam geschrieben, wegen der kritischen Zustände beim Theater solle er nicht wie geplant weiter nach England, Frankreich und Italien weiterreisen, sondern bald nach Hamburg zurückkehren. Damit er, Händel, Gelegenheit habe, seine »Schuldigkeit, durch derselben Einholung, mit Mlle Sbülens, zu erweisen«, bat er um Nachricht, wann er von Amsterdam abreisen werde, um dadurch die Zeit seiner Ankunft zu erfahren. Das klingt, als sei »Mlle Sbülens« mehr Mattheson als Händel zuzuordnen, sei es in romantischer, künstlerischer oder geschäftlicher Funktion. Jedenfalls liegt ein solcher Schluß näher als die Vorstellung,

Händel habe sich von »Mlle Sbülens«, selbst bei der »Einholung« seines Freundes Mattheson – das »Duell« sollte zum Jahresende erst noch folgen – nicht trennen wollen.

Was zog Händel nach Italien? Daß ein Deutscher zum Studium nach Italien ging, war zwar nicht die Regel, aber auch keine Ausnahme. Von den drei großen sächsisch-thüringischen Komponisten des 17. Jahrhunderts, nämlich Samuel Scheidt, Johann Hermann Schein und Heinrich Schütz, war nur dieser in Italien gewesen, und das Studium dort mußte ihm fast aufgezwungen werden. Johann Sebastian Bach, Johann Kuhnau, Johann Schelle, Johann Theile und Friedrich Wilhelm Zachow blieben in Deutschland, nicht immer aus Neigung, sondern der Not gehorchend. Andere freilich besuchten Italien, so Johann Jacob Froberger, Johann Caspar Kerll, Nicolaus Adam Strungk und, aus Händels Bekanntschaft, Johann Philipp Krieger.

Was Händel zur Reise nach Italien bewog, war der bei vielen deutschen Musikern elementare Wunsch, das »Geburtsland der Musik«, von dem er so viel gehört hatte, nun auch selbst kennenzulernen, besonders wegen der Oper, die hundert Jahre zuvor in Florenz aus dem antiken Drama entstanden war. Was Händel in Weißenfels und Hamburg an Opern hörte und bald selber schrieb, war ein Allerlei aus disparaten Stilen, mit deutschen, französischen und italienischen Elementen, in Hamburg gelegentlich noch versetzt mit plattdeutschen Moritaten. Was bei dieser Volksbelustigung verlorenging, war die Oper als Kunstwerk. In der italienischen Oper war Medium des musikalisch Schönen die Melodie. Doch die Entdeckung der Melodie hatte im protestantischen Deutschland, mit seinen Kantoren und Organisten, die gewohnt waren, mit Fugen, Chorälen und Kantaten Gott zu preisen, eben erst begonnen. Keiser und Mattheson vertraten in Hamburg den »modernen Stil«, der nach italienischem Vorbild der Melodie den Vorzug gab.

Die Empfindungen Händels vor seiner Abreise nach Italien waren jedoch zwiespältig, und das von Mainwaring berichtete Gespräch zwischen Händel mit dem Prinzen, mit Händels Vorbehalten gegen die italienische Musik, wirkt glaubhaft. Doch Italien hatte schon manchen Skeptiker aus dem nebligen Norden bekehrt, was auch Händel bald erfahren sollte.

Entschieden wurde sein Abschied von Hamburg schließlich durch den absehbaren Niedergang der Hamburger Oper, der nach Keisers Rücktritt denn auch bald einsetzte. Weitere Opern nach Art der »Almira« oder des »Florindo« zu schreiben wäre für Händel leicht gewesen. Aber gerade das schreckte ihn. Er war gekommen, um zu lernen. Als es nun nichts mehr Neues zu lernen gab, verließ er die Stadt.

ITALIEN

FLORENZ
ROM
NEAPEL
VENEDIG

1706 – 1710

Heerzüge
Über den Brenner
»Rodrigo«
Papst und Kaiser
Römische Gönner
Kantaten und geistliches Konzert
Das Oratorium
Jahrhundert der Kastraten
»Agrippina«
Vittoria
Rückkehr

Als Händel 1706 nach Italien aufbrach, reiste er in einen Krieg.

Die Häuser Bourbon und Habsburg stritten schon seit 1701 um die Herrschaft über Spanien und seine Besitzungen in Europa und Übersee, nachdem der letzte spanische Habsburger, Karl II., kinderlos gestorben war. England, Holland und Frankreich hatten sich auf diesen Fall schon 1698 durch einen Teilungsvertrag vorbereitet. Dort waren sie sich einig geworden, daß der Sohn des Kurfürsten von Bayern, Prinz Joseph Ferdinand, den spanischen Thron mit den Spanischen Niederlanden und den spanischen Kolonien erben sollte, Spaniens italienische Besitzungen dagegen zwischen Österreich und Frankreich zu teilen seien. Kaiser Leopold I. schien diesem Plan zuzustimmen, da der bayerische Prinz sein Enkel war. Joseph Ferdinand starb jedoch 1699 noch im Kindesalter, und so zeichneten die drei Mächte des ersten Teilungsvertrags nun einen zweiten, der dem österreichischen Erzherzog Karl, zweiter Sohn Leopold I., den spanischen Thron samt den Niederlanden und den Kolonien zusprach, Frankreich aber jetzt nicht nur Neapel und Sizilien, sondern noch weitere spanische Besitzungen in Italien. Leopold lehnte diesmal jedoch jede Teilung ab. Karl II. selbst hatte, gegen die Interessen seines eigenen Hauses Habsburg, testamentarisch bestimmt, daß Spanien ungeteilt an den Enkel Ludwig XIV., Prinz Philipp von Anjou, fallen solle. Ludwig XIV. rief ihn denn auch als Philipp V. zum König von Spanien aus und besetzte die Spanischen Niederlande. Sofort bildeten sich zwei Allianzen: Die eine um Frankreich mit den Kurfürsten von Bayern und Köln sowie den Herzögen von Mantua und Savoyen, wobei dieser allerdings 1703 die Fronten wechselte. Die andere mit England, Preußen, dem Kurfürstentum Hannover und Portugal.

Der Spanische Erbfolgekrieg dauerte zwölf Jahre und ging, nach vier blutigen Schlachten, mit den Friedensschlüssen von Utrecht, Rastatt und Baden in den Jahren 1713 und 1714 zu Ende. Weder die Bourbonen noch die Habsburger gewannen die Beute ungeteilt. Philipp von Anjou wurde zwar als König von Spanien anerkannt; doch mußte Frankreich sich verpflichten, beide Länder niemals unter einer Krone zu vereinigen. Österreich erhielt die Spanischen Niederlande, das Königreich Neapel, nicht jedoch Sizilien, sowie Mailand, Mantua und Mirandola. Mit der Teilung der spanischen Erbschaft hatte sich England, das zur Wahrung des Gleichgewichts auf dem europäischen Festland in den Krieg gezogen war, als wahrer Sieger behauptet – in dem eben begonnenen Jahrhundert sollte es zur ersten Weltmacht aufsteigen.

Seit Kriegsbeginn war Oberitalien Schauplatz der Kämpfe. Schon 1701 kämpften französische und kaiserlich-österreichische Truppen im Gebiet zwischen Verona, Ferrara, Parma und Mailand. Die ersten Jahre vergingen mit Truppenbewegungen und gelegentlichen Geplänkeln. Dem kaiserlichen Feldherrn, Prinz Eugen, war es 1705 nicht gelungen, dem Herzog von Savoyen, der in Turin von französischen Truppen belagert wurde, zu Hilfe zu kommen, weil ihm der französische Marschall Vendôme bei dem Versuch, vom Gardasee nach Westen durchzustoßen, mit überlegenen Kräften stets den Weg verlegt hatte. Nun sollte das Jahr 1706 die Entscheidung bringen. Anfang Juli setzte Prinz Eugen mit seinen Truppen nördlich von Ferrara über den Po und erreichte in einem Eilmarsch von vierunddreißig Tagen, immer verfolgt vom französischen Heer, Turin, das seit zwölf Wochen eingeschlossen war. Am 7. September 1706 gelang es dem Prinzen, vor Turin das französische Heer zu schlagen. Danach brauchten die Kaiserlichen aber noch drei Monate, um die Franzosen aus den von ihnen gehaltenen dreiundzwanzig festen Plätzen in Piemont und der Lombardei zu vertreiben.

Wann reiste Händel? Mainwaring nennt noch nicht einmal das

Jahr. Händel selbst vermerkte auf dem Deckblatt eines Bandes mit Vokalduetten von Agostino Steffani: »G. F. Hendel, Roma 1706«. Und der Römer Francesco Valesio notierte am 14. Januar 1707 in sein Tagebuch: »Es ist ein Sachse in dieser Stadt eingetroffen, der ein ausgezeichneter Cembalospieler und Komponist ist, der heute sein überragendes Können auf der Orgel von St. Giovanni (in Laterano) zeigte, zum Erstaunen aller.« Damit ist aber immer noch nicht klar, ob Händel 1706 in Rom eintraf, weil wir nicht wissen, ob er seinen Eintrag auf dem Notenband nach dem alten, dem Julianischen, Kalender datierte oder nach dem neuen, der 1582 von Papst Gregor XIII. für die katholische Christenheit verkündet worden war und in Italien sowie den deutschen Ländern unter katholischer Herrschaft seit jener Zeit auch galt, im protestantischen Deutschland, also auch in Brandenburg, dagegen erst seit 1700. Nach altem Brauch konnte »1706« auch einen Tag während der ersten zwölf Wochen des folgenden Jahres 1707 bedeuten, weil das Jahr erst am 25. März, dem »Tag der Verkündung Mariae«, begann und nicht am 1. Januar – auch diese Änderung brachte erst die Gregorianische Kalenderreform. Vor dem Jahr 1700 hätte ein Deutscher in einem protestantisch regierten Land die Spanne vom 25. März 1706 bis zum 24. März 1707 entweder mit der Jahreszahl »1706« oder auch, falls ein Tag während der ersten zwölf Wochen von 1707 gemeint war, mit »1706/7« bestimmt.

Was gilt bei Händel? Es ist anzunehmen, daß er, sechs Jahre nach Einführung des neuen Kalenders im protestantischen Deutschland, mit der Gregorianischen Datierung vertraut war, zumal der Kalenderwechsel auf der Schule in Halle ein Thema im Unterricht gewesen sein wird.

Demnach reiste Händel 1706 von Hamburg ab und erreichte Rom gegen Jahresende. Wegen der militärischen Operationen in Oberitalien ist es wahrscheinlich, daß er nicht eher aufbrach, als bis der Krieg entschieden war. Das geschah am 7. September 1706 vor Turin. Händel wird während jenes Jahres über den Kriegsverlauf in Italien ständig unterrichtet gewesen sein. Denn eine Handels- und Hafenstadt wie Hamburg war mit den neuesten Nachrichten stets gut versorgt.

Wenn wir annehmen, daß er Deutschland nicht verließ, ohne zuvor Mutter und Schwestern in Halle zu besuchen, könnte er von dort in der Postkutsche in weniger als drei Wochen über Nürnberg, München, Innsbruck, den Brenner-Paß, Bozen, Trient, Rovereto, Verona, Mantua, Modena und Bologna nach Florenz gereist sein, sollte nicht doch ein Gönner, Prinz oder Kaufmann, ihn zur Mitreise in einem schnelleren und bequemeren Reisewagen eingeladen haben. Der Weg über den Brenner war die traditionelle Route deutscher Italienfahrer.

Hätte er auch auf dem Seewege nach Genua, Lerice oder Livorno reisen können? Wegen der unberechenbar wechselnden Winde und der Stürme, zumal im Herbst, hätte das allerdings lange dauern können. In jedem Falle waren Seereisen für »Landratten« nicht nur unbequem und gefährlich, sondern konnten, je nach Dauer der Reise und Art der Unterbringung auf dem Schiff, auch noch teuer werden. Schiffe waren ganz aus Holz gebaut, Kiel, Streben und Spanten aus Eiche, der Rumpf aus Pinie. Da die Plankennähte auch bei sorgfältigem Kalfatern, dem Abdichten der Fugen mit Baumwolle und Pech, nie ganz dicht waren, drang Wasser ein, das durch ständiges Pumpen entfernt werden mußte. Zur Besatzung gehörten Kapitän, Schiffsmeister, Steuerleute, Proviantmeister, Zimmermann und Matrosen, bis zu sechzig auf einem Schiff von dreihundert Tonnen. Die Mannschaft lebte von Schiffszwieback, Trockengemüse und gesalztem Fleisch; doch die bei der Ausreise in Holzfässer eingelagerten Lebensmittel verdarben bald. Frischwasser wurde wie das Fleisch in Holzfässern mitgeführt und war bald ungenießbar. Raum war rar, Ladung und Proviant mußten oft noch auf dem Oberdeck verstaut werden, für die Matrosen blieb für Schlaf und Aufenthalt das Zwischendeck, wo man sich auf oder zwischen den Packen für die Hängematte ein Plätzchen suchte, was nicht nur eng und unbequem, sondern bei Seegang wegen der aus der Verstauung sich lösenden Frachtteile auch noch gefährlich war. Unter Deck war die Luft dumpffeucht oder stickigheiß, mangelnde Hygiene und schlechte Ernährung sorgten für Krankheiten oder gar Epidemien, häufig war

90

Typhus, in tropischen Zonen starben viele Matrosen an Malaria und Gelbfieber. Auf langen Fahrten war der Skorbut mit Zahnfleischfäulnis, Zahnverlust und Immunschwäche ein ständiger Gast – erst Mitte des Jahrhunderts fand der Schotte James Lind in den Zitrusfrüchten das Mittel, der Krankheit vorzubeugen oder sie zu kurieren. Wegen der Feuergefahr wurde auf dem Oberdeck gekocht, und auch das Rauchen war nur hier erlaubt, Feuer für die Pfeife spendete die Flamme eines Dochts, der von einem Posten bewacht wurde. Natürlich waren die Molesten auf einer kurzen Seereise weniger drückend, und es gab Schiffe, die zur Unterbringung hochmögender und gutzahlender Passagiere in der »Hütte« im Heck des Oberdecks mit der Kajüte des Kapitäns eingerichtet waren. Als Frachtsegler in Küstennähe hatte sich seit über hundert Jahren die zuerst in Holland gebaute »Fleute« bewährt, mit hohen Masten, schmalen Segeln und mittlerem Tiefgang, damit leichter zu manövrieren und für die landnahe Schiffahrt besonders geeignet. Kaum anzunehmen, daß Händel sich, weder hochmögend noch bemittelt, einen Platz auf einer Fleute hätte leisten können.

Reisen ins Mittelmeer waren auch deshalb nicht populär, weil die Schiffe häufig von türkischen Korsaren vor der nordafrikanischen Küste oder Malta aufgebracht und die Passagiere, sollten sie die Kaperung heil überstanden haben, entweder für hohe Summen zum Rückkauf angeboten oder, falls niemand für sie zahlte, auf einem der Sklavenmärkte wie Algier oder Tripolis öffentlich versteigert wurden. Vom Schrecken der Sklaverei unter den osmanischen Muslimen hatte Europa, durch Berichte freigekaufter oder entflohener Christen, ein genaues Bild, etwa durch Johann Frisch in »Schau-Paltz Barbarischer Sclaverey: Worauff Unter Beschreibung der 4 vornehmsten Raub-Städte, Als: Algiers, Thunis, Tripoli und Salee. Derselben Regierung / Raubereyen / Sitten und andere seltzame Begebenheiten und Zufälle vorgestellet werden: Vornehmlich aber / die überaus grausahme Barbarische Leibes=Straffen und das elende kümmerliche Leben welches die Christen bei den Türcken und Ungläubigen leiden / ausstehen und ertragen müssen«, ein Band von fast sechshundert Seiten mit zahlreichen Kupfertafeln, in Hamburg 1694 bei Thomas von Wiering im Druck erschienen.

Händel besuchte zum ersten Mal ein Land mit einer anderen Sprache. Mattheson meinte, er habe »Italiänisch, Frantzösisch und Engländisch auf seinen Reisen gründlich erlernet«. Auch wenn er nie in Frankreich war, wird er das Französische auf seinen Reisen im Gespräch mit gebildeten Menschen vieler Länder erst »gründlich erlernet« haben. Es ist nicht ausgeschlossen, daß er in Hamburg italienischen Sprachunterricht nahm oder sich das Italienische allein beibrachte. Aus einem französisch geschriebenen Brief aus Hannover vom Juli 1711 an den in London lebenden deutschen Musiker Andreas Roner wissen wir, daß er sich auf seine nächste Englandreise mit Sprachstudien vorbereitete. Wahrscheinlich hat er sich die erste Zeit in Italien mit Französisch durchgeschlagen, der »lingua franca« der Gebildeten. Ob es ihm genügte, sich auf italienisch nur leidlich zu verständigen, oder ob er das Italienische bald soweit beherrschte, daß er es selbst in der höheren Konversation mit Fürsten und Kardinälen unbefangen verwenden konnte, wissen wir nicht.

DIE DREIEINHALB JAHRE HÄNDELS in Italien sind besser dokumentiert als die Zeit in Hamburg. Aber die Summe dessen, was die Nachwelt nicht weiß, ist immer noch viel zu groß. Bekannt sind seine Hauptstationen, aber nicht immer, wann er jeweils dort war und in welcher Folge. Als wahrscheinlich gilt, daß er 1706 zuerst nach Florenz reiste, weil er zum Hof der Medici durch die Vermittlung des Prinzen Gian Gastone und die Einladung seines Bruders Ferdinando das beste Entrée besaß. Von Florenz ging es wohl nach Rom, sodann wieder nach Florenz, von dort nach Venedig, zurück nach Rom, weiter nach Neapel, wieder nach Rom, erneut nach Florenz, dann ein zweiter Besuch in Venedig, womöglich ein weiteres Mal Rom und schließlich, nach einem letzten kurzen Aufenthalt in Florenz, zurück nach Deutschland. Die längste Zeit verbrachte er in Rom.

Händel war in Italien also nahezu ständig unterwegs. Wohl weil er schon bald wußte, daß er in Italien nicht auf Dauer bleiben würde, wollte er von der hohen musikalischen Kultur soviel wie möglich kennenlernen. Es scheint, daß er sich in Florenz bei seinem ersten Besuch 1706 nicht lange aufhielt. Bei Mainwaring ist zu lesen: »Wir verließen ihn (Händel) in dem Augenblick, als er sich eben nach Italien begab, wo er gleich nach dem Prinzen von Toscana eintraf. Florenz war sein erster Bestimmungsort, wie natürlicherweise vermutet werden kann. Denn er war Seiner Hoheit zu gut bekannt, um irgendwelcher Empfehlungen am Hof des Großherzogs zu bedürfen, zu dessen Palast er jeder Zeit freien Zugang hatte, und dessen Freundlichkeit er bei jeder Gelegenheit erfuhr.« Sein Talent habe die Neugier des Herzogs erregt, der von ihm nun auch Kompositionen erwartete. Wenngleich Händel sich der Schwierigkeiten dabei bewußt gewesen sei, zumal in einem fremden Land, wo Stil und Sitten von denen in Deutschland so sehr verschieden waren, habe er die Herausforderung angenommen und die Oper »Rodrigo« komponiert.

Bei diesem ersten Besuch in Florenz 1706 dürfte er in der Villa Medicea in Pratolino, einer kleinen Ortschaft nördlich von Florenz nahe Fiesole, eine Aufführung der Oper »Il gran Tamerlano« von Alessandro Scarlatti miterlebt haben. Dieser Alexander der Große der italienischen Barockmusik hatte schon drei Opern für die Medici und Pratolino geschrieben, so erst ein Jahr zuvor »Lucio Manlio l'imperioso«. Das Libretto zum »Gran Tamerlano« stammte vom Hofpoeten des Erbprinzen Ferdinando, Antonio Salvi, vermutlich derselbe, der ein Jahr später für Händel das Textbuch zu »Rodrigo«, nach einer fremden Vorlage, einrichten sollte. Fast jeden Abend gab Ferdinando in seiner Privatresidenz Konzerte, bei denen Händel wohl nicht nur Zuhörer blieb, sondern als Cembalist gastierte, wahrscheinlich auch mit eigenen Kompositionen.

Wenn Alessandro Scarlatti, der unterdessen in Rom lebte und später von Neapel nach ganz Europa wirkte, auch der bedeutendste unter den von Ferdinando protegierten Musikern war, so komponierten dort auch noch andere, wie Giovanni Cassini, der den Ruf hatte, der größte Organist seiner Zeit zu sein und der ausdrucksvolle, von kühner Chromatik geprägte Orgelmusik schrieb. Sodann Giuseppe Orlandini, der seit 1705 mit Oratorien und Opern für Gian Gastone bekannt geworden war, oder Francesco Antonio Pistocchi, Sänger und Komponist, zeitweise Kapellmeister am Hof des Markgrafen von Brandenburg in Ansbach. Dort empfahl ihn womöglich Karoline von Ansbach an Kurfürstin Sophie Charlotte nach Berlin weiter, wo es Pistocchi jedoch nicht lange hielt. Schließlich Antonio Veracini, Geiger und Komponist, der sich mit Oratorien und Kammermusik in Florenz einen Namen gemacht hatte. Berühmter wurde jedoch sein Neffe, Francesco Veracini, Geiger von europäischem Rang, damals sechzehn Jahre alt. Acht Jahre später trafen sich Händel und Veracini in London wieder, wo dieser erfolgreich konzertierte. Nach Aufenthalten an einigen europäischen Höfen erschien er 1733 erneut in London und schrieb dort vier Opern. Zwischen den Akten von Händels »Acis and Galatea« trat er 1741 solistisch auf. Der Umgang mit ihm muß delikat gewesen sein, er galt als Exzentriker, ja, sogar als ziemlich verrückt, weil er einmal während einer musikalischen Darbietung, die ihn zu sehr erregt hatte, aus dem dritten Stock eines Hauses gesprungen war, zum Glück ohne deformierende Folgen.

Auch in Florenz hat Händel sich wahrscheinlich, wie stets in einer fremden Stadt, wo er sich bekannt machen wollte, bald nach seiner Ankunft als Virtuose auf der Orgel vorgestellt. Kirchen gab es in Florenz in reicher Zahl, voran der Dom Santa Maria del Fiore, ferner Santa Trinità, San Michele und Santa Croce, auf dem westlichen Ufer des Arno Santo Spiritu, San Niccolò oder Santa Maria del Carmine. Die Orgel von Santa Felicità, zwischen Palazzo Pitti und Ponte Vecchio gelegen, wird Händel vermutlich besonders häufig gespielt haben – diese Kirche wurde von Erbprinz Ferdinando bevorzugt für musikalische Proben und Darbietungen genutzt.

Doch gab es in Florenz noch anderes, das ihn anzog. Da waren die weiten Plätze und grandiosen Paläste der Florentiner Renaissance, Galerien mit den herrlichsten Gemälden, Museen mit Skulpturen, Theater, Festungswerke wie die Fortezza da Basso, schattige Haine und Gärten, die Läden der Goldschmiede, Boote auf dem Arno, laute Märkte, die zum Wandern einladenden Hügel südlich der Stadt mit Pinien, Zypressen und Wacholder, junge Frauen in farbenfrohen Gewändern, die heiteren Feste des Landlebens, und über allem das magische Himmelsblau des toskanischen Herbstes.

Händels erster Oper für Italien gab Mainwaring den Titel »Rodrigo«, wohl weil ihm der Originaltitel, die heroisch-christliche Maxime »Vincer se stesso è la maggior vittoria« (Sich selbst besiegen ist der größte Sieg) als zu lang und daher für einen Operntitel nicht geeignet erschien. Rodrigo, König von Kastilien, feiert den Sieg seines Generals Giuliano über Evanco, den König von Aragon. Florinda, Giulianos Schwester, wirft Rodrigo vor, sie verführt und mit ihr einen unehelichen Sohn gezeugt zu haben. Sie verlangt, daß Rodrigo sie heirate und sich von seiner unfruchtbaren Gemahlin, Königin Esilena, trenne. Als Rodrigo von diesem Plan nichts wissen will, drängt Florinda ihren Bruder, ihn zu töten. Nach Kämpfen mit wechselndem Ausgang, Gefangenschaft, Todeserwartung und Versöhnung heiraten Florinda und Evanco, nun wieder König von Aragon, und Rodrigos und Florindas Sohn erbt Kastilien. Rodrigo und Esilena versichern sich ihre fortdauernde Liebe.

Verglichen mit »Almira« ist »Rodrigo« zwar nicht weniger reich an dramatischen Effekten. Doch wirken die Leidenschaften hier, unter der Sonne Italiens, weniger exaltiert. Der Plan des Stücks ist sorgfältiger angelegt, die Handlungsweise der Protagonisten ist plausibler, die Verwicklungen wirken weniger gezwungen. Es gibt bessere Libretti als das zu »Rodrigo«, und Händel sollte mit »Agrippina«, die er im kommenden Jahr für Venedig schrieb, eines der besten Textbücher seines gesamten Opernschaffens vertonen. Und doch zeigt auch »Rodrigo« menschliche Konflikte, die unser nachdenkliches Interesse wecken. Etwa Esilenas Verzicht auf Thron und Herrschaft zugunsten Florindas, oder das Ende der Oper mit der Krönung von Rodrigos und Florindas Sohn.

»Rodrigo« umfaßt eine Ouvertüre, acht Tänze, fünfunddreißig Arien, ein Duett und einen Chor, hat also achtzehn Arien weniger als »Almira«, was allein schon, wegen der Konzentration der Verwicklungen auf eine geringere Zahl von Szenen, auf eine bessere Qualität des Textbuchs schließen läßt. Durch die Nähe zum Lateinischen besitzt das Italienische, und besaß auch damals, trotz der Nachwirkungen des barocken Pompstils, eine natürliche Klarheit. Und dann ist nun einmal die italienische Sprache durch ihren Vokalreichtum für den Gesang wie geschaffen.

Gemessen an Händels späteren Opern ist »Rodrigo« zwar in manchem vielversprechend, aber aufs Ganze gesehen unausgewogen. Bei Schlüsselszenen fehlt mitunter die musikalisch adäquate Entsprechung. Bei Verdichtungen geht nicht immer die nach dem Libretto geforderte inspirierende Wirkung auf die Musik aus. Erwartungen nach stärkerer musikalischer Emphase bleiben oft unerfüllt. Insgesamt ist »Rodrigo« jedoch im musikalischen Duktus gelöster, »italienischer«, als »Almira«.

Es ist nicht bekannt, wo die Oper aufgeführt wurde, ob vor geladenen Gästen der Medici im Palazzo Pitti, an den der Giardino di Boboli grenzte, ein parkähnliches Gartengelände mit Statuen und Wasserspielen, oder auf der Bühne des Teatro Cocomero, zu dem der Zutritt jedermann freistand. Die Oper hatte Erfolg, aber mehr, wie es scheint, als ein lokales Ereignis. Mainwaring spricht eher sachlich von der »günstigen Aufnahme« in Florenz.

Also nicht mehr als ein Achtungserfolg? Von Ferdinando de' Medici sind Anweisungen an zwei Komponisten überliefert, Giovanni Perti und Alessandro Scarlatti, wo der Prinz beiden für Opern, die in seinem Auftrage geschrieben wurden, ästhetische Leitsätze mitgab: Opern sollten kurz sein, überlange Wiederholungen und instrumentale Ritornelle vermeiden, die Arien müßten so wenig pathetisch wie möglich, die Musik generell in ihren Anforderungen bescheiden, edel und, wenn es die Szene erlaube, heiter sein. Scarlatti wurde nach dieser diskreten Empfehlung, Zufall oder nicht, von Ferdinando als Opernkomponist für Florenz nicht mehr beschäftigt. Ob Händel mit seiner nicht immer unterdrückten Neigung zu deutscher Polyphonie und seiner Vorliebe für die Einbeziehung des Orchesters in die dra-

96

matische Ausdeutung der Charaktere das prinzliche Ideal von heiterer und edler Einfalt erfüllte, ist daher fraglich. Wäre Händel nämlich ein Komponist nach dem Gusto Ferdinandos gewesen, hätte ein weiterer Opernauftrag nahegelegen. Natürlich ist denkbar, daß es solche Projekte gab, daß Händel jedoch mit römischen Aufträgen zu sehr beschäftigt war. Aber bei seiner besessenen Liebe zur Oper und seiner enormen Schaffenskraft hätte es für eine Absage schon bessere Gründe geben müssen. Und dann noch dies: In seinem Empfehlungsschreiben an den Pfalzgrafen Carl Philipp in Innsbruck, das Ferdinando im November 1709 Händel vor der Abreise nach Venedig und für die schon geplante Rückkehr nach Deutschland mitgab, schildert er ihn als reichbegabt, mit ehrenhaften Gefühlen, von höflichen Manieren, einiger Sprachen mächtig und »in der Musik ein mehr als mittelmäßiges Talent«. War das eine scherzhafte Untertreibung? Daß also der Empfänger des Schreibens wußte, Ferdinando chiffriere ihm seine höchste Wertschätzung? Wahrscheinlich ist das nicht. Schließlich war Händel Musiker und weder Aspirant auf das Amt eines Erziehers junger Mädchen noch Diplomat oder Dolmetscher. Hätte er die ungeteilte Bewunderung Ferdinandos als Musiker und Komponist gehabt, hätte dieser seine hohe Meinung von ihm, in einer für Händels Zukunft so wichtigen Sache, deutlich und mit Emphase äußern können.

»ÜBER DAS TIROLER GEBIRG bin ich gleichsam weggeflogen. Verona, Vicenza, Padua, Venedig habe ich gut, Ferrara, Cento, Bologna flüchtig und Florenz kaum gesehen. Die Begierde, nach Rom zu kommen, war so groß, wuchs so sehr mit jedem Augenblicke, daß kein Bleibens mehr war und ich mich nur drei Stunden in Florenz aufhielt. Nun bin ich hier und ruhig und, wie es scheint, auf mein ganzes Leben beruhigt. Denn es geht, man darf wohl sagen, ein neues Leben an«, schrieb Goethe achtzig Jahre später, im Herbst 1786, in seiner »Italienischen Reise«. Auch für Händel wurde Rom die wichtigste Station seiner Jahre in Italien, wenn er es auch in Florenz nicht ganz so eilig hatte wie der flüchtige Olympier aus Weimar.

Der Ruf, den Händel sich in Florenz als Musiker erworben hatte, als Virtuose auf Cembalo und Orgel und als Komponist, sollte ihm nun den Weg in Rom ebnen. Der Ruhm neuer Talente verbreitete sich rasch im musikverliebten Italien. Die Musik, die von ihm erwartet wurde, sollte nach italienischem Geschmack sein, schwerblütige Importe waren nicht gefragt. Es ist anzunehmen, daß er mit Empfehlungsschreiben nach Rom reiste. Die Fürsprache eines Medici zählte viel, war doch ihre in Jahrhunderten erworbene Kompetenz als Kunstkenner unbestritten. Die Medici standen in laufender Korrespondenz mit den regierenden Häusern und der hohen Noblesse in ganz Italien, vor allem mit denen der Lombardei, Venedig und natürlich Rom, Sitz der katholischen Christenheit und Hauptstadt des benachbarten Kirchenstaates. Drei Mediceer waren Päpste gewesen. Zur Pflege guter Beziehungen mit Rom war das Haus Medici auch häufig im Kollegium der Kardinäle, das den Papst wählte, vertreten, nun durch Francesco de' Medici, einen Bruder des regierenden Großherzogs. Weil schon abzusehen war, daß die Kinder Cosimos III. kinderlos bleiben würden, drängte der Großherzog seinen Bruder, auf den Kardinalshut zu verzichten, eine Ehe einzugehen und einen Erben zu zeugen. Nur mit Überwindung folgte Francesco dem Ruf des Bruders, das Haus der Medici vor dem Untergang zu retten, trat 1708 als Kardinal zurück und heiratete eine weit jüngere Frau aus dem Hause Gonzaga. Wegen der heftigen Abneigung der Braut gegen den fünfzigjährigen Medici trennte das Paar sich gleich nach der Hochzeit, und Francesco starb ein Jahr später. Doch Ende 1706, als Händel mit Empfehlungen aus Florenz in Rom erschien, war Francesco noch ahnungslos und Kardinal.

Als Händel Ende 1706 über Siena nach Rom weiterreiste, war zwar der Krieg zwischen Habsburg und Bourbon entschieden; doch nun erhitzte sich der Streit zwischen Papst und Kaiser. Streit gab es schon seit dem Beginn des Pontifikats von Clemens XI. im Jahre 1700. Anlaß war immer noch der Spanische Erbfolgekrieg. Zu seinem Unglück und dem der Kirche hatte der Papst sich für den französischen Kandidaten, Philipp von Anjou, entschieden. Schon bei seinem Versuch, vom Gardasee aus Turin zu erreichen, waren die Truppen von Prinz Eugen bei Ferrara in den Kirchenstaat eingedrungen und hatten sich nach Kriegsbrauch mit Proviant versorgt, ohne viel zu fragen. Der Papst hatte gegen die Plünderungen und die Nutzung von Kirchen für militärische Zwecke scharf protestiert. Doch der junge und ehrgeizige Kaiser Joseph I., erst seit einem Jahr auf dem Thron, wollte dem Papst seine Parteinahme für Frankreich im spanischen Erbstreit nicht so bald verzeihen. Daher gingen die Beschlagnahmen durch die kaiserlichen Truppen auf kirchenstaatlichem Territorium fort. Bedrohlich für den Papst wurde es im Mai 1707, als die Kaiserlichen auf dem Weg nach Neapel, das sie als neue Herren in Besitz nehmen wollten, Rom passierten – der Papst, ohne eigene Divisionen, hatte sich dem Durchzug nicht widersetzen können. Zu einem weiteren Konflikt zwischen Wien und Rom kam es ein Jahr später, diesmal um das vom Kaiser vertretene angebliche Recht der Herzogtümer von Parma und Piacenza, sich aus der päpstlichen Oberhoheit zu lösen, und um den Besitz von Ferrara. Wenn der Papst gehofft haben sollte, Ludwig XIV. werde ihm bei der Verteidigung von Ferrara zur Hilfe kommen, sah er sich getäuscht. Auch andere Verbündete zeigten sich nicht. Eine Verwüstung Roms nach dem Beispiel des »Sacco« durch die Truppen Karl V. im Jahre 1527 schien nicht fern. Hatte sich Clemens XI. schon einmal politisch falsch entschieden, so unterlief ihm nun noch ein zweiter Fehler, als er den katholischen Sohn des vertriebenen englischen Königs James II. in seinem Anspruch auf den Thron von England öffentlich unterstützte. Königin Anne gab darauf der britischen Flotte im Mittelmeer Befehl, Rom zu beschießen. Clemens XI. mußte im Herbst 1708 erkennen, daß ihm keine andere Wahl blieb, als dem Kaiser nachzugeben. Kernpunkt war die Anerkennung des Rechts des Habsburger Kandidaten auf den spanischen Thron. Dieser Vertrag wurde im Januar 1709 unterzeichnet. Philipp V. in Madrid quittierte die Anerkennung seines Habsburger Widersachers Karl mit dem

Abbruch der Beziehungen zum Vatikan und der Sequestrierung aller kirchlichen Einkünfte in den Teilen Spaniens, über die er faktisch herrschte. Wieder einmal hatte der Papst die falsche Karte gespielt. Denn Philipp wurde durch die Friedensschlüsse von 1713 und 1714 allseits, also auch durch das Haus Habsburg, als legitimer Herrscher über Spanien anerkannt, nachdem der Habsburger Prätendent seinem verstorbenen Bruder Joseph I. als Kaiser Karl VI. im Jahre 1711 auf den Thron gefolgt war.

Wenn Händel in Rom im Januar 1707 »zum Erstaunen aller« auf der Orgel von San Giovanni in Laterano spielte, dann gewiß nicht ohne Dispens des höchsten Klerus. Denn die Basilika des Lateran, eine Gründung Kaiser Konstantins aus dem Jahre 324, galt als »Mutter und Haupt der Kirchen«. Erster maestro di capella wurde 1535 Palestrina, eigentlich Giovanni Pierluigi da Palestrina, als Meister des strengen Kirchenstils von nachhaltiger Wirkung. Wenn auch ein musikalisches Interesse des Kardinals Francesco de' Medici nicht belegt ist, so mag er doch Händel an vier musikliebende Kardinäle weiterempfohlen haben. Diese waren Carlo Colonna, seit Mai 1706 Kardinal, Sproß einer der ältesten und vornehmsten Familien Roms. Sodann Pietro Ottoboni, venezianischer Herkunft, noch keine vierzig Jahre alt und doch schon, dank der Fürsorge seines Onkels, Papst Alexander VIII., seit siebzehn Jahren im Schmuck des Purpurhutes. Ferner Benedetto Pamphili, Kardinal seit 1681, auch er aus einem römischen Patrizierhaus. Und schließlich Vincenzo Grimani, Venetianer wie Ottoboni, Gesandter der Habsburger beim Heiligen Stuhl und nach dem Abzug der Franzosen kaiserlicher Vizekönig von Neapel. Außer diesen vier Eminenzen traf Händel den Marchese Francesco Maria Ruspoli, einen der reichsten Männer Roms, 1709 von Clemens XI. zum Fürsten von Cerveteri erhoben.

Es scheint, daß Händels erster römischer Protektor Kardinal Carlo Colonna war. Wie die Korrespondenz Ferdinando de' Medicis mit dem Beauftragten der Familie in Rom zeigt, spielte Händel während des Jahres 1707 häufig im Stadtpalast seines Gönners, der Casa Colonna, das Cembalo. Die Familie Colonna war mit San Giovanni in Laterano seit dem 15. Jahrhundert und dem Pontifikat von Martin V., einem Oddone Colonna, besonders verbunden – der Papst hatte aus seinem Vermögen die kostbaren Marmorfliesen für den Boden des Kirchenschiffs gestiftet. So liegt auch gleich neben dem Chor der Kirche die Colonna-Kapelle.

Das musikalische Ambiente, das Händel in Rom Ende 1706 antraf, war von dem anderer Städte Italiens insofern verschieden, als die öffentliche Aufführung von Opern durch päpstliches Edikt untersagt war. Dieses Verbot galt von 1698 bis 1710 und wurde strikt überwacht. Der wachsende Zulauf zur Oper, vor allem der Bühnenauftritt von Frauen, war dem ebenso frommen wie resoluten Papst Innozenz XII. ein ständiges Ärgernis gewesen. Opernverbote in Rom hatte es auch schon früher gegeben, aber noch keines mit solcher Konsequenz. Das Teatro Tordinona wurde 1697 abgerissen, das Teatro Capranica mußte, nach umfassender Restaurierung, noch im Jahr seiner Eröffnung 1698 wieder schließen und blieb bis 1711 geschlossen, und der päpstlich verpönte Gesang auf der Bühne des Teatro Pace verstummte schon 1694. Papst Clemens XI. übernahm das Opernverbot seines Vorgängers und erneuerte es nach dem Erdbeben von 1703. Zudem lieferte ihm der Spanische Erbfolgekrieg, der Rom, Römer, Papst und Kirchenstaat in die schlimmste Bedrängnis brachte, noch einen weiteren Grund, den Opernbann zu verlängern.

Nach allem, was wir wissen, schrieb Händel für Rom mehr als einhundert Kantaten, zwei Oratorien und Kammermusik. Mainwaring zufolge komponierte er in Rom für Kardinal Pamphili auch »Il Trionfo del Tempo«. Ferner habe er »eine Art Oratorium mit dem Titel ›Resurrectione‹ und einhundertfünfzig Kantaten, neben Sonaten und anderer Musik« geschrieben. Vielleicht geben ihm, wegen der noch fehlenden Kantaten und der »anderen Musik«, weitere Funde in den Archiven eines Tages recht.

Die Kantate war ein Werk zumeist für eine Solostimme, in der Regel Sopran, begleitet vom Continuo oder vom Orchester. Die italienische Kantate war, anders als die deutsche protestantische Choralkantate, von weltlichem Genre, mit Schäfer und Schäferin in bukolischer Landschaft, mit Szenen aus der Antike oder der Göttin Diana auf der Jagd. Meister der Kantate war Alessandro Scarlatti. Die Form der Kantate variierte – sie konnte mit einem Rezitativ beginnen, gefolgt von Arie, Rezitativ und Arie, oder verlängert werden zu einer Kette weiterer Glieder durch ein drittes oder gar viertes Paar, mit jeweils Rezitativ und Arie.

Händel schrieb seine Kantaten zur Hälfte für die drei Kardinäle, die Mehrzahl der anderen für den Marchese Ruspoli. Musik von Händel erklang auch bei den Symposien der Academia dell'Arcadia, oft in den Gärten des Marchese. Diese Akademie, eine Vereinigung von Literaten zur Reinigung der italienischen Sprache vom barocken Schwulst, war 1690 von Verehrern der ein Jahr zuvor verstorbenen schwedischen Königin Christina und zu ihrem Gedenken gegründet worden. Christina, die 1654 auf ihren Thron verzichtet hatte und im folgenden Jahr zum katholischen Glauben konvertiert war, hatte seit 1668 in Rom gelebt und war Mäzenin vieler Künstler und Patronin glänzender Konzerte gewesen. Bald entwickelte die Akademie auch Regeln für Form und Sprache der Oper, die sich künftig an die drei Einheiten von Ort, Zeit und Handlung halten, Themen aus dem Schäferidyll der griechischen und römischen Antike behandeln, den Text in eine einfache Sprache fassen und Komik jeder Art vermeiden sollte – schließlich ging es bei der Opera seria um eine ernste Sache. Der Akademie gehörten auch Musiker wie Corelli oder Alessandro Scarlatti an. Händel wurde nicht Mitglied, weil er das offizielle Aufnahmealter von vierundzwanzig Jahren noch nicht erreicht hatte. Ob dies der einzige oder gar der wahre Grund war, daß Händel kein Arkadier wurde, steht dahin. Der Umgang mit lauter Theoretikern und Reformern, die sich gesuchte Namen aus der Antike beilegten, hätte ihm wohl kaum gefallen.

Als Händels beste Continuo-Kantate gilt »O numi eterni« (Oh ewige Götter), genannt »Lucrezia-Kantate«, geschrieben 1709 für Ruspoli. Nach der von Livius überlieferten römischen Sage wählt Lucrezia, die Frau des Lucius, den Freitod, als sie von Sextus, dem Sohn des Königs Tarquinius Superbus, entehrt wird. Die in vier Rezitativen und Arien komponierte Szene bietet ein vollkommenes Abbild von Reue, Verzweiflung, verletztem Stolz, Empörung und der Forderung nach Vergeltung. Die zweite Arie »Il suol che prema« (Soll der Boden, auf dem er geht) ist in ihrem Ausdruck wilder Rachgier, bei der ein Mensch schon nicht mehr bei Sinnen ist, unübertroffen. Herzstück der Kantate ist die Musik auf die Worte der dritten Arie »Ma il ferro che già intrepida stringo / alla salma infedel porga la pena« (Aber der Dolch, den ich schon ohne Zagen halte, soll dem treulosen Leib die Strafe bringen) – das weit ausschwingende, chromatisch getönte Melos enthüllt die Seele einer Frau, die aus verletztem Stolz nicht mehr leben will. Da sie sich an ihrem Verführer nicht rächen kann und ihre Schande nicht mehr ertragen will, tötet sie sich.

Vermutlich war Händels erste römische Kantate »Il delirio amoroso« (Der Liebeswahn), auf einen Text von Kardinal Pamphili, diesmal für Sopran und Orchester. Clori trauert um den toten Tirsi und folgt ihm aus Liebe in die Unterwelt. Eröffnet wird die Kantate von einer instrumentalen »Sonata« im Sechsachteltakt, mit einem Thema wie ein Hornsignal bei der Jagd. Die erste Arie »Un pensiero voli in ciel« (Ein Gedanke fliege zum Himmel) überläßt der Violine zweimal den Vortritt zu einem quirligen Solo. Der Arie »Lascia omai le brume vele« (Hol nun die dunklen Segel ein) folgt ein Tanz im Vierviertelakt, ein Entrée. Die Kantate endet mit einer Arietta im Stil eines Menuetts. Diese Kantate, wie viele andere Händels, gehört zu den modulierenden, da sie nicht in ein und derselben Tonart beginnt und endet oder um eine Tonart kreist, sondern von Arie zu Rezitativ und Arie die Tonart wechselt, um die wechselnden Affekte zur Steigerung der Dramatik voneinander abzuheben. So beginnt »Il delirio amoroso« in D-Dur, wechselt zu A-Dur und g-Moll und endet elegisch in e-Moll.

Das erste lateinische Kirchenwerk Händels ist das auf den 110. Psalm (in Martin Luthers Zählweise) »Dixit Dominus« (Der Herr sprach), komponiert für Kardinal Colonna zum »Fest unserer Lieben Frau vom Berge Carmel« in der Kirche Santa Maria di Monte Santo. Vollendet hat Händel dieses Meisterwerk an Kraft, Expression und Form im April 1707. Felix Mendelssohn-Bartholdy schrieb sich das Werk bei seinem Besuch in London 1829 ab. Mit der Besetzung für fünf Solostimmen, Chor und Orchester sprengt »Dixit Dominus« das Maß einer Kantate. Händel zeigt hier, wie bravourös er mit Vokalstimmen und Orchester schon im großen disponieren kann. »Dixit Dominus« beginnt mit einem raschen, von fallenden Sechzehnteln bestimmten Eingangsritornell, dem ein breit angelegter Satz folgt, wo die fünf Solisten mit Chor und Orchester laufend alternieren. Der Chor auf die Worte »Juravit Dominus« (Der Herr hat geschworen) setzt ein mit einem kurzen, harmonisch kühnen Grave, gefolgt von »Et non poenitebit eum« (Und es wird ihn nicht reuen), das piano verklingt. Eindrucksvoll ist vor allem der Mittelteil des sechsten Satzes, eines Chors mit Soli auf den Text »Conquasabit capita in terra multorum« (Er zerschmettert Häupter auf weiter Flur), wo das Volk gebannt die Häupter derer zu zählen scheint, die von der rächenden Hand des Herrn getroffen werden. Im anschließenden Chor »De torrente in via bibet« (Vom Bach am Wege trinkt er), einem Stück für zwei Soprane und Chor, beteiligt sich das Orchester prominent an der Ausdeutung des Textes. »Dixit Dominus« endet, nach einer machtvoll über drei Themen gesetzten »Gloria«-Fuge für Chor und Orchester, mit einem brausenden »Amen«.

Das Oratorium entstand mit Oper und Kantate in Italien gegen Mitte des 17. Jahrhunderts. Den Namen »oratorio« hat es vom Betsaal der Klöster. Der Heilige Filippo Neri leitete um die Mitte des 16. Jahrhunderts erbauliche Exerzitien als außerliturgische Übungen frommer Christen mit Lesungen, Predigten und Gebeten, wobei die Musik eine wachsende Rolle spielte. Schon bald versammelten sich die Übenden im Oratorio eines Klosters. Mit der Zeit wurden während dieser Exerzitien auch größere musikalische Werke geboten, so daß im folgenden Jahrhundert Oratorio nicht nur den Ort, wo zur frommen Einkehr Musik erklang, sondern zugleich Form und Gattung dieser Musik selbst bezeichnete. Man unterschied das Oratorio latino auf einen lateinischen und das Oratorio volgare auf einen italienischen Text. Erster und größter Meister des lateinischen Oratoriums jener Zeit war Giacomo Carissimi, der für seine Oratorien, die in der Fastenzeit gespielt wurden, in der Regel Texte aus dem Alten Testament wählte. Ein Erzähler berichtet das Geschehen, zu dem Vokalsolisten, Chor und Orchester die musikdramatische Anschauung liefern. Merkmal des in der Regel zweiteiligen Oratoriums war, daß es für die Andacht der Gläubigen außerhalb der Messe und ohne szenische Darstellung aufgeführt wurde. Besonders wurde das Oratorium in Bologna, Florenz und Rom gepflegt.

Händel schrieb in Rom zwei Oratorien: »Il Trionfo del Tempo e del Disinganno« (Der Triumph von Zeit und Entzauberung) auf einen Text von Kardinal Pamphili, aufgeführt 1707, und ein Jahr später »La Resurrezione« (Die Auferstehung) für den Marchese Ruspoli. Beide Oratorien enthalten eine Folge von Rezitativen, Arien und Duetten (»Il Trionfo«) oder mit Chören (»La Resurrezione«). Das Thema von »Il Trionfo« hat Händel noch lange beschäftigt, zuletzt zwei Jahre vor seinem Tod in einer Überarbeitung seines Jugendwerkes, nun mit dem Titel »The Triumph of Time and Truth« (Der Triumph von Zeit und Wahrheit).

»La Resurrezione« wurde am Abend des Ostersonntag 1708 in Ruspolis Palazzo Bonelli, an der Piazza dei Santi Apostoli und nahe der Trajanssäule, einem stattlichen Bau auf Fundamenten aus dem 13. Jahrhundert, mit einem gotischen Portikus und einer in Arkaden gegliederten Fassade, in großer Gala vor zahlreich geladenen Gästen aufgeführt. Das Orchester unter Leitung von Arcangelo Corelli, dem besten Geiger dieser Zeit und gefeierten Komponisten instrumentaler Werke, war mit fünfundvierzig Musikern bei weitem das größte, das für Händel in Rom spielte. »La Resurrezione« folgte auf Alessandro Scarlattis »La Passione« (Die Leidensgeschichte), das am Karfreitag im Palazzo della Cancelleria von Kardinal Ottoboni gegeben worden war. Die Solisten der Erstaufführung von »La Resurrezione« waren Margeritha Durastanti als Sopran und Darstellerin der Maria Maddalena, zwei Kastraten als Sopran und Alt, ein Tenor und ein Baß. Wegen des umgehenden Protestes von Papst Clemens XI. gegen den Auftritt einer Frau, also der Durastanti, mußte Marchese

Ruspoli für den Ostermontag einen Soprankastraten namens Filippo verpflichten, den ihm die exilierte und seit 1699 in Rom lebende frühere Königin von Polen, Maria Kazimiera, freundlich überließ.

»La Resurrezione« war 1708 der krönende Abschluß der römischen Fastenzeit. Es ist, mehr als »Il Trionfo«, fast eine Oper, nur fehlt die szenische Darstellung. Der Aufzug zum ersten Teil ist eine »Sonata« mit Oboensolo in festlichem D-Dur und lichtvoller Diatonik, eine freudige Antwort auf die Botschaft des Ostertages und zugleich, wegen der angstvoll-gepreßten Deklamation des Orchesters im anschließenden Grave, besinnliche Einstimmung. Im Gedächtnis bleiben vor allem die Arien der Maria Maddalena »Hò un non so che nel cor« (Etwas in meinem Herzen), des Lucifero »O voi dell' Erebo« (Oh Ihr vom Erebos – der Erebos war in der antiken Mythologie die Unterwelt) oder des San Giovanni »Caro figlio« (Lieber Sohn) mit dem bezaubernd die Stimme umspielenden Cello.

Über Händels Lebensumstände in Rom ist wenig bekannt. Wo wohnte er? Wir wissen nur, daß er 1707 und 1708 jeweils mehrere Monate lang, insgesamt wohl ein knappes Jahr, Gast in Ruspolis Palazzo Bonelli war, aber auch auf dessen erst kürzlich geerbtem Landgut in Vignanello bei Viterbo. Vielleicht haben die drei Kardinäle für eine passende Unterkunft gesorgt. Wer seinen Wert so gut kannte wie Händel und an eine gehobene Lebensweise trotz seiner Jugend schon Ansprüche stellte, wird es verstanden haben, seinen Gönnern klarzumachen, was er als angemessene Unterkunft verstand, und das ohne viele Worte.

Bis heute ist nicht klar, was Händel verdiente, weil in der Buchführung seiner Mäzene die Zahlung von Gehältern an ihn nirgends erscheint. Allerdings findet sich unter den Ausgaben der Casa Pamphili vom Juli 1707 eine Zahlung von vierundachtzig Scudi an Händel für die Komposition einer Kantate, vermutlich »Il consilio.« Ein sehr hohes Honorar, verglichen mit dem, was erstrangige Komponisten in

Rom von ihren Dienstherren an Gehältern bezogen – Corelli erhielt bei Kardinal Pamphili monatlich zehn Scudi. Wahrscheinlich hat Händel also mit Honoraren und der Menge der Aufträge weit mehr verdient als angestellte Musiker, selbst wenn diese nicht nur von ihren Gehältern lebten, sondern noch Nebenverdienste hatten. Der Zahlungsvermerk in den Pamphili-Büchern weist wohl auch mehr als die Vergütung für nur eine Kantate aus und zeigt, daß das Honorar in diesem Falle besonders hoch gewesen sein muß. Weitere Einträge finden sich in den Büchern über die Honorierung von Kopisten, die Händels Werke ins reine schrieben, oder die Miete von Bett und Tisch zu seiner Nutzung. Nach einem Buchungseintrag des Hauses Ruspoli von Anfang Mai 1708 wurden für die Verköstigung Händels und eines »Begleiters« fast vierzig Scudi bezahlt, ein ungewöhnlich hoher Betrag, erhielt doch die Durastanti zur Deckung aller Ausgaben monatlich zwanzig Scudi. Es sieht so aus, als sei die Schwäche für Essen und Trinken Händel schon von Jugend an eigen gewesen. Wer der Begleiter war, ist unbekannt.

Zu Händels neuen Bekannten in Rom gehörten auch Komponisten wie Antonio Caldara, Arcangelo Corelli und Alessandro Scarlatti, ferner Scarlattis Sohn Domenico. Vermutlich ist Händel diesem Domenico, genannt »Mimmo«, gleichen Jahrgangs, erstmals 1709 in Rom begegnet, weil Domenico in jenem Jahr Kapellmeister am Privattheater der polnischen Ex-Königin Maria Kazimiera wurde. Außer Opern, wie sein Vater, komponierte er in Italien und Spanien seine mehr als fünfhundert einsätzigen »Sonaten« für Cembalo. Mainwaring weiß zu berichten, daß Händel und Domenico von Kardinal Ottoboni eines Tages zu einem Wettstreit aufgefordert wurden. Es scheint, daß sich beide am Cembalo etwa gleich stark zeigten, mit leichten Vorteilen für Mimmo, daß Händel aber auf der Orgel deutlich besser war, was Domenico neidlos anerkannt habe. Händel habe noch oft mit großer Befriedigung von Domenico Scarlatti gesprochen, weil dieser, neben seinem großen Talent, den freundlichsten Charakter und die angenehmsten Umgangsformen gehabt habe. Diese achtungsvollen Gefühle seien von Domenico erwidert worden.

Denn er habe, wann immer der Name Händels in seiner Gegenwart gefallen sei, aus Verehrung für ihn über sich groß das Kreuz geschlagen. Zu den Komponisten, denen Händel in Rom begegnete, gehörten auch Francesco Gasparini, ein Schüler Corellis und Opernkomponist, und Agostino Steffani, Priester und päpstlicher Würdenträger in Deutschland, Komponist von Opern und Kammerduetten, Musikdirektor oder musikalischer Berater an den Höfen der Kurfürsten von Bayern, Hannover, der Pfalz und Mainz, gestorben 1728 in Frankfurt am Main. Händel hat Steffani, dessen Kammerduette er, wie wir sahen, seit Ende 1706 besaß, erstmals in Rom getroffen, er sollte ihn bald in Hannover wiedertreffen.

Von diesen Zeitgenossen unterschied sich der damals zweiundzwanzigjährige Händel schon durch sein Alter: Caldara war fünfzehn, Gasparini siebzehn, Scarlatti fünfundzwanzig, Steffani einunddreißig und Corelli gar zweiunddreißig Jahre älter als er. Was Händels römische Mäzene besonders entzückte, waren angeborenes Genie, unbekümmertes Machtgefühl und das Feuer der Jugend, Qualitäten, die ihn der zu hochverdienten Ehren gekommenen Konkurrenz vorgerückten Alters erst recht verdächtig machten, bei ihr jedenfalls Gefühle weckten, die sich, je nach Temperament, vom Entzücken mehr oder minder stark unterschieden. Es ist überhaupt die Frage, ob Händel je bei seinen Berufskollegen, mit denen er um den Beifall des Publikums rivalisierte, beliebt war, oder ob ihm daran jemals im geringsten lag.

Zu den neuen Bekannten gehörten nicht nur Komponisten, sondern auch Sänger und Instrumentalisten, mit denen er seine Werke aufführte. So auch Margeritha Durastanti, einige Jahre älter als er. Sie sang lange Zeit im Dienst des Marchese Ruspoli, wo Händel sie 1707 kennenlernte. Er schrieb einige seiner besten Kantaten für sie und die Rolle der Maddalena in »La Resurrezione«. Sie folgte ihm 1720 für eine Spielzeit und danach mehrmals wieder nach London. Händel muß sie sehr geschätzt haben, vor allem wegen der Reinheit und Kraft ihrer Stimme, aber auch, weil sie in unterschiedlichen Rollen auftreten konnte, zuverlässig war und sich ihm offenbar anzupassen wußte. Sie sang nicht nur Heroinen, sondern auch Helden – in

Hosenrollen. Tenöre hatten noch zu Beginn des 18. Jahrhunderts auf der Opernbühne keine Konjunktur. Der Sopran konkurrierte nicht mit dem Tenor, sondern mit dem neutralen Soprankastrat. Durastantis äußere Erscheinung war ernüchternd, für den in London, auch für Händel, schreibenden Opernlibrettisten Paolo Rolli, einen boshaften Intriganten, war sie ein »Elefant«. Auch Charles Burney beschrieb ihre Gestalt als »grob und maskulin«. Aus ihrem Privatleben ist bekannt, daß ihr in Rom einmal ein Papagei davonflog, der sich jedoch wieder einfand, daß ihr bei der Rückkehr von England in Italien Juwelen im Wert von fünfhundert Pfund gestohlen wurden, die sich nicht wieder einfanden, und daß sie in ihrer Ehe mit Signor Casimiro Avelloni in London 1721 eine Tochter zur Welt brachte. Nach ihren letzten Auftritten in London 1734 verliert sich ihre Spur im Treibsand der Geschichte.

Schließlich folgten drei Instrumentalisten, die Händel in Rom traf, ihm gleichfalls nach London. Es waren die Brüder Pietro und Prospero Castrucci, Geiger, von denen Pietro später Konzertmeister von Händels Opernorchester wurde, sowie Pietro Amadei, Cellist und Komponist.

WOHL AUF EINLADUNG SEINES VIERTEN geistlichen Gönners, Kardinal Vincenzo Grimani, reiste Händel Anfang Mai 1708 nach Neapel. Der Tag der Abreise läßt sich ungefähr datieren, weil in den Büchern des Hauses Ruspoli für Anfang Mai vermerkt ist, das Bett von »Monsu Endel« sei an den Verleiher, Signor Ebreo, zurückgegeben worden.

Für einen Ausflug nach Neapel, etwa zweihundertfünfzig Kilometer südlich von Rom, über Frosinone, Ceprano, Cassino und Capua, war der Frühling die rechte Zeit. Ferien von Rom paßten auch sonst nicht schlecht, weil der neuerliche Konflikt des Papstes mit Österreich und England an Schärfe täglich zunahm, wegen der Schwäche des Kirchenstaates ein Streit mit nur zu gewissem Ausgang.

Händels Reise nach Neapel im Gefolge des Kardinals war mehr als eine bloße Lustpartie. Der Herzog d'Alvito, aus altem neapolitanischem Geschlecht, traf Vorbereitungen für seine Verehelichung mit Donna Beatrice Sanseverino. Zu diesem glanzvollen Ereignis war Händel mit der Komposition der Musik für »Aci, Galatea e Polifemo« beauftragt worden. Der unbekannte Librettist hatte sich eines Stoffes bedient, den Ovid in den »Metamorphosen« behandelt. Es ist die sizilianische Sage vom Schäfer Acis, Sohn von Pan und Symäthis. Acis liebt die Nymphe Galatea. Doch der Zyklop Polifemo, Sohn des Poseidon, der Galatea gleichfalls begehrt, überrascht die beiden Liebenden und zermalmt Acis mit einem Felsen. Sein Blut verwandelt Galatea in einen Fluß am Fuße des Berges Ätna, der seinen Namen trägt: »Acis«, oder sizilianisch »Jaci«. Eine ebenso schöne wie durch die liebende Verwandlung des Acis rührende Geschichte, sehr populär in ihrer Zeit und von Händel in England 1718 als »Acis and Galatea« ein weiteres Mal vertont. Es ist nicht sicher, ob Händel diese »Serenata« in Neapel schrieb oder den Hauptteil schon in Rom komponiert hatte, jedenfalls lebte er fürstlich im Palast des Herzogs, wo er »mit freier Tafel, Kutsche und allen übrigen Bequemlichkeiten versehen war«, so der informierte Mainwaring, der aber mit der Behauptung, Händel habe über einen Palast nur für sich allein verfügen können, vielleicht ein wenig übertreibt. Bei der Vermittlung des Kompositionsauftrags soll eine »Donna Laura« hilfreich gewesen sein. Diese war vermutlich Aurora Sanseverino, Herzogin von Laurenzano, die Mutter der Braut. Wann immer im Umkreis Händels ein weiblicher Name fällt, gerät die Phantasie der Biographen augenblicklich in Bewegung. Weil jedoch bei Donna Laura ähnliche Kommentare Mainwarings wie zuvor bei Vittoria Tarquini fehlen, wären schon Spekulationen zuviel, er hätte mit Donna Laura in Neapel, in Sichtweite des brodelnden Vesuv, eine intime Beziehung gehabt.

Ein weiterer Anlaß für seine Reise nach Neapel war die Berufung seines Gönners, Kardinal Grimani, zum Vizekönig von Neapel durch Kaiser Joseph I. Die offizielle Einführung des neuen Habsburger Statthalters war am 1. Juli 1708. Es ist nicht bekannt, ob bei diesem

Anlaß Musik von Händel erklang. Denkbar ist, daß er nichts eigens für diese Gelegenheit komponierte, sondern ein schon früher komponiertes Werk aufführen ließ. Möglich ist aber auch, daß der neue Vizekönig entschied, als werbende Geste die Musik eines Neapolitaners aufzuführen oder auch ein Werk Scarlattis, der noch im selben Jahr bei Kardinal Grimani in Neapel Dienste nahm.

Schon seit Mitte des 16. Jahrhunderts war Neapel eine Hochburg der Musikpflege. Die Oper war freilich kein endemisches Gewächs, sondern venetianischer Herkunft. Dennoch wurde die Neapolitanische Schule für die Oper in Europa beinahe während des ganzen 18. Jahrhunderts zu einem hochgeschätzten Gütezeichen, vor allem durch die reiche musikalische Begabung, das organisatorische Talent und die dominierende Persönlichkeit Alessandro Scarlattis, der von 1708 bis zu seinem Tode im Jahre 1725 die Neapolitanische Schule auf ihren Gipfel führte.

Die von ihr vertretene Opera seria wurde seit Mitte des 16. Jahrhunderts allmählich die Domäne von Kastraten. Sie beherrschten die Opernbühnen Europas seit etwa 1650 ein volles Jahrhundert. Opera seria war ein musikalisches Drama, bei dem die führenden Rollen in der Regel von Kastraten gesungen wurden. »Primo uomo« in einer Opera seria war das Synonym für einen Kastraten. Den Aufstieg verdankten sie der katholischen Kirche, genauer: dem wortgewaltigen Verkünder der Christenlehre, dem Apostel Paulus. »Die Frauen sollen in den Versammlungen schweigen«, heißt es bündig im ersten Korintherbrief. Und an Timotheus: »Die Frau lerne in der Stille in aller Untertänigkeit. Zu lehren aber gestatte ich ihr nicht, noch auch, sich über den Mann zu erheben, sondern sie soll stille sein.« Die Kirche nahm dieses paulinische Gebot wörtlich: Die Frau durfte in der Kirche nicht nur nicht reden, sondern schon gar nicht singen. Unter Papst Sixtus V. wurde es Frauen auch 1588 noch untersagt, auf einer Bühne aufzutreten. Selbst wenn Paulus der Frau nur verboten hatte, in theologischen Fragen mitzureden, so blieb es im Kirchenstaat dabei, die Frau solle in der Öffentlichkeit »stille sein«, gleich wo. Dieses Schweigegebot öffnete den Kastraten, Wesen frei vom Fluch der Verführbarkeit durch die Frau, Kirchen und Bühnen, steigerte die Nachfrage in ganz Europa und schuf einen der absonderlichsten Kulte aller Zeiten.

Die Neapolitanische Schule lehrte nicht nur die Regeln für Form und Essenz der Opera seria. Neapel war auch eine Schule für Kastraten, noch vor Bologna die bedeutendste Italiens. Wer von armen Eltern stammte und als Kind eine schöne Stimme besaß, hatte gute Aussicht, Aufnahme in eines der Konservatorien zu finden, allerdings erst nach einer barbarischen Prozedur: der Kastration, also der Entfernung der Hoden, in der Regel im Alter zwischen sechs und neun Jahren, nicht allein zur Vermeidung des Stimmbruchs, sondern auch, um der Stimme selbst noch im Mannesalter Reinheit, Geschmeidigkeit, Ausdruck und Kraft bis in die höchsten Register zu sichern. Zur Unterhaltung der Konservatorien sangen die Zöglinge im Chor bei religiösen Feierlichkeiten in Kirchen oder bei weltlichen im Palast des Vizekönigs und beim hohen Adel. Da nur Qualität gut bezahlt wurde, war es notwendig, die Schüler gründlich in Musik und Gesang zu unterweisen. Wohl viertausend Knaben wurden im 18. Jahrhundert zum größeren Ruhm der Musik kastriert, die meisten in Neapel, eingeliefert zumeist von den eigenen Eltern. Die begabtesten, die mehr erwarten ließen als das Talent von Chorknaben, kamen zu Gesangslehrern, die ihnen in einem gnadenlosen Pensum über Jahre hin die Hochtechnik und Eleganz des Gesangs beibrachten. Zu den bedeutendsten Lehrern gehörten Nicola Porpora in Neapel und Antonio Pistocchi in Bologna. Die intensive Schulung bewirkte, daß sich der Brustkorb und damit die Kapazität der Lunge übernormal ausdehnte, sodaß die besten Kastraten eine Note mit großer Kraft über eine Minute lang halten konnten. Manche beherrschten einen Umfang von dreieinhalb Oktaven. Hinzu kam die artistische Anwendung von Koloratur und Triller. Eine spezielle Eigenart der Kastraten war, daß sie auf der Opernbühne zumeist nur hölzern agierten, wohl weil sie mit ihrer Stimmkontrolle zu sehr beschäftigt waren.

Das musikverliebte Publikum Europas war bezaubert, es meinte Engel zu hören, und wer den Gesang eines der großen Kastraten einmal erlebt hatte, der glaubte, es könne keinen schöneren Gesang auf dieser Welt geben. Der schreckliche Preis, den die »Entmannten« (evirati) für die Unterhaltung des Publikums zahlten, kümmerte die wenigsten. Die Stimme der Kastraten war wohl das feinste jemals für die Musik geschaffene Instrument. Händel kannte die Großen ihres Fachs, sie sollten später in seinen Londoner Opern singen. Es waren Carlo Broschi, genannt Farinelli, sodann Francesco Bernardi, alias Senesino, ferner Giovanni Carestini oder Cusanino und Niccolò Grimaldi, kurz Nicolino. Für Kastraten schrieb Händel seine anspruchsvollsten Arien, für ihre Gagen sollte er sich fast ruinieren.

Es wird angenommen, daß Händel gegen Mitte Juli 1708 von Neapel nach Rom zurückkehrte. Noch am 12. Juli beendete er in Neapel das Terzett für zwei Soprane, Baß und Continuo »Se tu non lasci amore, mio cor« (Wenn du nicht von der Liebe läßt, mein Herz). Zahlungen an Musiker zeigen, daß am 14. Juli eine Kantate Händels im Hause Ruspoli aufgeführt wurde, ob allerdings unter seiner Leitung, ist nicht bekannt. Sollte er am 14. Juli tatsächlich in Rom dirigiert haben, müßte er von Neapel in Windeseile Tag und Nacht gereist sein. Charles Burney berichtet 1770 aus Venedig, sein italienischer Begleiter sei schwer erkrankt, er habe daher eine Nachricht zu dessen Verwandten nach dem zweihundert Meilen entfernten Mailand geschickt, so daß diese in vier Tagen in Venedig sein könnten. Neapel liegt einhundertfünfzig Meilen von Rom entfernt, zweieinhalb Tage für die Reise sind daher schon knapp gerechnet. Besonders aber stört die Vorstellung, Händel sei nur eine Woche vor der Hochzeit des Herzogs d'Alvito, für die seine Serenata bestimmt war, aus Neapel abgereist, habe also die Leitung bei der ersten Aufführung seiner Komposition anderen überlassen. Eine präzise Rekonstruktion der Abläufe ist nach bald dreihundert Jahren nicht mehr möglich. Zahlungsvermerke des Hauses Ruspoli über Ausgaben für Händel vom 10. Juli bis 19. September 1708 besagen noch nicht, daß Händel ab 10. Juli oder kurz danach schon wieder in Rom war. Denkbar, daß der Marchese Ruspoli, der am 17. Juni von Vignanello wieder in Rom war, seinen »Monsu Endel« dringend bei sich wünschte. Aber doch wohl nicht so dringend, daß er in Kauf genommen hätte, durch die Rückberufung Händels den Herzog und mit ihm den neuen Vizekönig zu brüskieren. Wahrscheinlicher ist daher, daß Händel seine Serenata am 19. Juli noch in Neapel leitete und dann nach Rom zurückreiste. Was ihm Ruspoli offenbar nachsah; denn Händel lebte noch weitere Monate in seinem Hause.

DIE LETZTE STATION IN ITALIEN war Venedig. Zu welchem Zeitpunkt er Rom verließ, ist nicht sicher, einiges spricht für Mitte September 1708. Danach verschwindet er, für über ein Jahr, aus dem Fadenkreuz der Biographen.

Mutmaßungen über seinen Aufenthalt gibt es zwar; aber es fehlen die Beweise. Blieb er etwa noch bis November 1708 bei Ruspoli? Reiste er von Rom geradewegs nach Florenz? Was komponierte er? Wovon lebte er? Eine Kantate, »Il Pianto di Maria« (Die Tränen Marias), die Ende März 1709 in Siena aufgeführt wurde, ist nicht von ihm, seine Anwesenheit dort zu dieser Zeit also nicht plausibel. Ob Händel überhaupt nach Mitte September 1708 und vor seiner Ankunft in Venedig noch einmal in Florenz war, ist auch nicht zweifelsfrei belegt. Das Empfehlungsschreiben von Erbprinz Ferdinando bietet nur ungenaue Hinweise. Schließlich weiß auch Mainwaring nichts von einer Reise Händels nach Florenz zu dieser Zeit. Vielmehr sei Venedig sein nächstes Ziel gewesen. Sollte Händel also im November 1709, als Ferdinando seine Empfehlung für ihn schrieb, nicht in Florenz, sondern schon in Venedig gewesen sein, so hätte ihm das Schreiben bequem über den Geschäftsträger der Medici in Venedig zugestellt werden können.

Als er Ende 1709 in Venedig eintraf, war eben Giovanni Cornaro zum neuen Dogen gewählt worden. Immer noch galt in der »Serenissima Repubblica« die Verfassung aus dem 13. Jahrhundert. Nur die, welche einer der sechshundert Patrizierfamilien angehörten, deren Name im »Libro d'oro« (Goldenes Buch) verzeichnet war, hatte Zutritt zum Großen Rat, der den Dogen auf Lebenszeit wählte – »Doge« leitete sich her vom lateinischen »dux« (Führer). Dem Dogen beigegeben war der Kleine Rat, aus dem sich die Signoria entwickelt hatte, ein Kollegium, das den Staat faktisch regierte. Diese oligarchische Herrschaftsstruktur sicherte Venedig über Jahrhunderte ein hohes Maß an Stabilität, Bedingung für den sieghaften Aufstieg. Bis zum 15. Jahrhundert war Venedig die bedeutendste Seemacht im Mittelmeer, durch den Levantehandel zu Reichtum gekommen. Aber die Eroberung von Konstantinopel durch die Osmanen 1453, die Entdeckung Amerikas durch Columbus 1492 und die Öffnung des Seeweges nach Indien 1498 führten zu einer bald spürbaren Verlagerung der Handelsströme. Gewinner dieses Gezeitenwechsels war Portugal. Und die osmanische Expansion dehnte sich aus. Schon 1573 hatte Zypern den Türken überlassen werden müssen, einhundert Jahre später, 1670, ging nach verlustreichen Kämpfen, die den Staatsschatz der Republik erheblich schwächten, auch Kreta verloren. Der glänzende Sieg gegen die Türken in der Seeschlacht von Lepanto 1571 unter Juan d'Austria, bei der Cervantes eine Hand verlor, brachte keine nachhaltige Wende. Zwar gelang es noch einmal, im Frieden von Karlowitz 1699, die Türken zur Aufgabe des ehemals venezianischen Morea, der peloponnesischen Halbinsel, zu zwingen. Aber schon 1715 rückten sie wieder ein. Danach erlahmte Venedigs Kraft, bis 1797 der letzte Doge durch Napoleon abgesetzt wurde.

Doch blieb Venedig, im Niedergang nicht weniger als zuvor, eine Stadt der Kunst, voran der Musik. Hier wirkte Claudio Monteverdi dreißig Jahre lang bis zu seinem Tode 1643. Hier lebte Antonio Vivaldi – er hatte zwar 1709 seine Stelle als Maestro di violini am Pio Ospedale della Pietà verloren, sollte aber schon 1711 in dieses Amt wiedergewählt werden. Händel könnte ihm begegnet sein.

Venedig war besessen von Musik. Charles Burney bemerkte bei einem Besuch, wo nur in Venedig zwei Menschen Arm in Arm spazierengingen, schienen sie sich in Gesang zu unterhalten. Musik war überall: auf den Plätzen, Straßen, Gassen und Feldern, in den Palästen, Hütten, Tavernen, Gärten und auf dem Wasser. In den Salons,

Akademien und Theatern gab es Konzerte, in den Kirchen präludierten Orgeln und jubilierten Knabenchöre, in den Klöstern psalmierten die Mönche. Aber erst die Oper! Venedig besaß die meisten Theater aller italienischen Staaten, bei stürmischem Zulauf. Der Wohlklang einer Stimme, die Brillanz einer Kadenz, die Melodie einer Arie versetzten Männer und Frauen in einen Taumel von Wonne und Ekstase.

Es ist ziemlich sicher, daß Kardinal Vincenzo Grimani Händel den Auftrag zur Komposition der Oper »Agrippina« vermittelte oder verschaffte. Die Grimanis waren eine jener Familien, deren Name im Goldenen Buch verzeichnet war. Zwei Grimani waren Dogen gewesen: Antonio, von 1521 bis 1523, bei seiner Wahl siebenundachtzig Jahre alt, der älteste Doge Venedigs, Wiederhersteller des Campanile in seiner Amtszeit als Prokurator von San Marco. Der andere war Marino, der von 1595 bis 1606 amtierte, einer der reichsten Männer der Republik. Zwei Jahre nach seiner Wahl zum Dogen krönte Marino seine Ehefrau mit Pracht zur Dogaressa, was zuvor nur zweimal in der Geschichte Venedigs geschehen war, nämlich 1451 unter Pasquale Malpiero und 1556 unter Lorenzo Priuli. Der Doge bewohnte den mit Kunstschätzen reich geschmückten, in Galerie und Arkaden gegliederten gotischen Palast an der Piazza. Er repräsentierte, in kostbar besticktem Purpurmantel und mit der hornförmig aufgebogenen Brokatmütze, fürstlich den Stadtstaat, und weil er nicht viel Macht besaß, blieb ihm das Amt auf Lebenszeit. Vor Vincenzo Grimani waren schon zwei seiner Vorfahren Kardinäle gewesen. Der Palazzo Grimani, erbaut 1539 in prominenter Lage am Canal Grande, der Hauptverkehrsader der Stadt, und nahe dem Ponte Rialto war ein Gebäude von mächtiger Größe mit imposanter Fassade. Die Grimanis besaßen in Venedig drei Theater, das größte war das Teatro Grimani a San Giovanni Grisostomo.

Dort wurde zu Beginn der Fastenzeit 1709, also um den 26. Dezember, Händels Oper »Agrippina« aufgeführt. Das gedruckte Libretto nennt weder die Namen des Verfassers des Textbuchs noch auch den des Komponisten. Ob daher Kardinal Grimani, wie bisher behauptet, auch der Vater des Librettos zu »Agrippina« war, ist nicht bewiesen – wenn zutrifft, was Carlo Vitali in seiner Studie meint, daß die als Druckerlaubnis an Kardinal Vincenzo Grimani für das Textbuch zu »Agrippina« bekannte Urkunde eine klare Fälschung sei.

»Agrippina« war nach »Rodrigo« Händels zweite, und letzte, Oper in Italien. Die Oper behandelt einen Stoff, der von Tacitus in den »Annalen« und von Sueton in »Divus Claudius« überliefert ist. Die Personen der Oper sind Agrippina, Ehefrau des römischen Kaisers Claudius, ihr Sohn Nero, Adoptivsohn des Claudius, ferner der römische Senator und Freund Neros, Otho, und die schöne Poppea, die alle drei begehren. Die Oper zeigt die Intrigen Agrippinas, die ihren Sohn zum Nachfolger von Claudius machen will, sowie die Werbung der Männer um Poppea. Nach vielen Verwicklungen entscheidet Claudius, Otho solle Poppea heiraten und Nero sein Nachfolger werden, was unter dem Jubel aller denn auch geschieht.

Der Librettist bewegt sich im historischen Kontext ziemlich ungeniert, wobei die Chronologie der Ereignisse seine geringste Sorge ist. Die Oper endet zu einer Zeit, wenn alle Beteiligten noch leben, was sich historisch bald ändern sollte: Claudius wurde von Agrippina vergiftet, Nero eignete sich die mit Otho verehelichte Poppea an, die nach einem Fußtritt Neros mit einer Fehlgeburt niederkam, was sie nicht überlebte, Agrippina wurde auf Befehl ihres Sohnes ermordet, Nero endete durch Selbstmord, ebenso Otho, der nach seinem Tod drei Monate Kaiser gewesen war.

Mit ihren einundvierzig Arien übertrifft »Agrippina« der Zahl nach das Arienaufgebot der meisten italienischen Opern jener Zeit. Die Handlung hastet von Szene zu Szene, und die Musik geht dieses Tempo mit, indem sie nur eine Handvoll Da-Capo-Arien zuläßt. Bei der Zeichnung der Charaktere gelingen Händel glänzende Porträts und Stimmungsbilder, wie das der Agrippina, in der Premiere gesungen von Margeritha Durastanti, in der Arie »Pensieri, voi mi tormentate« (Gedanken, ihr quält mich) zum Ende des zweiten Aktes. Sie zeigt Agrippina im Widerstreit zwischen dem Wunsch zur Macht und ihrem Gewissen, ein Zwiespalt, der in einem knappen Streicher-ritornell durch unisono geführte, erratisch von Pausen unterbrochene und in wechselnder Lautstärke gespielte Tonfolgen beklemmend beschrieben wird.

Insgesamt zeigt »Agrippina«, was Händel während weniger Jahre in der Sprache der italienischen Oper gelernt hatte. Er verwendete musikalische Phrasen und Melodietakte aus eigenen oder gelegentlich, was niemanden störte und kein Gesetz verbot, auch fremden Werken, wenn er sicher war, daß sie gefielen. Bei dem umjubelten Erfolg, und fast dreißig Aufführungen waren selbst bei der Musikbegeisterung der Venezianer ungewöhnlich, half auch, daß der Stoff aus Claudio Monteverdis Oper »L'Incoronazione di Poppea« (Die Krönung der Poppäa), erstmals aufgeführt in Venedig 1640, schon vertraut war. »Viva il caro Sassone!« (Es lebe der liebe Sachse!) skandierte die begeisterte Menge. Mit diesem Triumph verließ Händel im Februar 1710 Italien.

FÜR HÄNDEL BLIEB AM ENDE der italienischen Jahre die Entdeckung von Schönheit und Macht der menschlichen Stimme. Er verdankte Italien ein neues Verständnis der Melodie, die nicht, wie in Deutschland, instrumental empfunden war und sich im polyphonen Gefüge gegen andere Stimmen behaupten mußte, sondern die sich in weitgespannter, vom eigenen Auftrieb getragener Kantilene aussang.

In der Oper wurde die Stimme zum vollkommenen Interpreten menschlicher Affekte. Zu diesem Gesamtkunstwerk aus Musik, Wort, Handlung und Raum drängte sich das Publikum aller Stände. Nur durch die Oper konnte einer wie Händel, mit seinem resoluten Herrschaftswillen, in die Breite wirken. Sein angeborener Sinn für Form entwickelte sich in Italien, auch durch die Anschauung der mächtigen Bauwerke aus Antike und Renaissance, organisch weiter. Zur Form gehörte schließlich, bei allem Willen zu eigenem Ausdruck, stets Maß zu halten.

118

Als maßlos Lernender wurde Händel in Italien dennoch nicht zum Italiener. Mainwaring schreibt, seine Kompositionen seien von einer solchen »Größe und Überlegenheit« gewesen, daß sie die Werke der besten italienischen Meister als vergleichsweise unbedeutend hätten erscheinen lassen. »Etwas in seiner Kompositionsweise war so völlig verschieden von dem, an was die Italiener gewohnt waren, daß die, die selten oder niemals Schwierigkeiten hatten, die Musik anderer Komponisten zu spielen, bei ihm häufig nicht wußten, wie sie mit der seinen verfahren sollten.« Unitalienisch war eine in Händels Musik spürbare elementare, umweglose Kraft. Hier war einer, erkannten die Italiener mit sicherem Instinkt, der genial Sprache und Formen ihrer Musik nutzte, aber aus einem wesensfremden Geist. Werke wie »Dixit Dominus«, »La Resurrezione« oder »Agrippina« hätte kein Italiener schreiben können. Es macht Italien alle Ehre, daß es diesen Deutschen, der sich so sehr von ihnen unterschied, wie einen der Seinen gelten ließ.

Die Jahre in Italien waren für Händel eine überaus ertragreiche Lehrzeit. Er behielt, was er in Deutschland gelernt hatte, und lernte dazu. Oder auch: Er blieb, der er war – und wurde ein anderer.

Sein Wachstum im Verständnis von Welt und Menschen in den Jahren der Reife erschließt sich uns aus den in Italien entstandenen Werken, die glücklicherweise in großer Zahl erhalten sind. Was aber fehlt, sind Selbstzeugnisse. Aus fast vier Jahren in Italien ist keine einzige Zeile von seiner Hand überliefert, kein Brief, kein Billet, keine Notiz – nichts. Wir müssen daher versuchen, uns aus dem, was wir aus zweiter Hand über Händel wissen oder aus seinem Umfeld erfahren, eine Vorstellung des Menschen in jenen Jahren zu machen.

Was zunächst auffällt, ist ein enormer Fleiß. Das Quantum an Noten übersteigt die Produktion seiner Zeitgenossen um ein Vielfaches, und dazu kommt noch, was von seinen italienischen Kompositionen verschollen ist. Eine einzige Kantate, »Cor fedele in vano speri« (Treues Herz, vergeblich hoffst du), hat im Autograph fünfhundertvierundsechzig Seiten. Dabei zeigen die meisten Autographe – wurde das Werk aufgeführt, und das gilt wohl für jedes – noch erhebliche Korrekturen, Zusätze oder Streichungen. Oft komponierte Händel noch ein anderes Werk zur selben Zeit. Parallel vollzogen sich Aufnahme und Aneignung all dessen, was er brauchbar fand. Schließlich das Spiel auf Orgel und Cembalo bei unzähligen Anlässen oder die Leitung von Proben. Aus allem ergibt sich das Bild eines Menschen, der bei vulkanischer Hitze wie besessen Musik produzierte oder aufnahm, als ein organischer, lebensnotwendiger Vorgang, wie das Ein- und Ausatmen.

Pausen in diesem Prozeß wird es gegeben haben, am ehesten auf den Reisen kreuz und quer durch Italien. Händel liebte das Reisen, und er nahm dabei Strapazen und Gefahren auf sich: Hitze, Kälte und Regen, bodenlose Straßen, Ungeziefer, Krankheiten, Gauner, Diebe, Räuber, ungefederte, noch nicht einmal in Lederriemen eingehängte Kutschen, elende Gasthöfe, Unfälle. Nichts war ihm zu weit oder zu unbequem, wenn es galt, Musik zu hören, von der er sich versprach, daß sie ihm Neues bieten könne. Vielleicht blieb ihm auch nicht erspart, was Goethes Vater, Johann Caspar, auf seiner Italienreise 1740 widerfuhr – Überschwemmungen hinderten Caspar tagelang an der Weiterfahrt, Bauern mußten die Kutsche wegen unbefahrbarer Wege über einen Berg tragen, vor der nächsten Stadt erwartete ihn eine vierwöchige Quarantäne, weil man ihn für pestkrank hielt. Einhundertsechzig Jahre vor ihm reiste Michel de Montaigne zu Pferd, mit Diener und Packesel, von Bordeaux nach Rom. Wenn er auch das Reisen liebte, Strapazen auf dem Wege kaum einmal erwähnte und die Landschaften Italiens seine Freude waren, so gefiel ihm doch nicht alles, was er sah. Fleisch gebe es nur halb so viel wie in Frankreich und Deutschland, Bohnen würden roh, Erbsen und Mandeln grün und Artischocken ungekocht gegessen, die Wirtshäuser seien schlecht, die Fenster dort ohne Glas, wenn man zum Schutz gegen Sonne und Wind die hölzernen Läden schließe, sitze man im Dunkeln, die Betten seien elend, die Wäsche schmutzig und zerrissen, der Wein auf dem Lande von dürftiger Qualität, die Wege wegen der Banditen unsicher, der Aufenthalt in den Städten teuer, die Zöllner unverschämt, und in ganz Italien habe er keine einzige schöne Frau gesehen.

120

Über Händels Bekanntschaft mit Frauen in diesen Jahren erfahren wir wenig. Alles in allem sind es drei: Vittoria Tarquini, Aurora Sanseverino, Herzogin von Laurenzano, und Margeritha Durastanti. Dazu noch die Sängerinnen, die seine Werke aufführten und die zumeist dem Namen nach bekannt sind. Mutmaßungen über Beziehungen sind erlaubt, bleiben aber, mangels Kenntnis näherer Umstände, akademisch. Einer Romanze am nächsten kommt noch die Bekanntschaft mit Vittoria, die, wenn Mainwaring zu glauben ist, vom Florentiner Erbprinzen Ferdinando Urlaub erbat und nach Venedig reiste, wo sie in einem der Theater sang, nicht jedoch in Händels »Agrippina«. Kryptisch bemerkt Mainwaring: »Bei der Aufführung der ›Agrippina‹ gaben ihre Neigungen (zu Händel?) ihren Talenten (welchen?) neuen Glanz. Händel schien fast so groß und majestätisch wie Apollo, und es lag der Absicht der Dame durchaus fern, ebenso grausam und widerstrebend zu sein wie Daphne.« Also doch?

Es hat verwundert, daß Händel, bei seinen Erfolgen, nicht länger in Italien blieb oder sich dort sogar auf Dauer niederließ, wie er es später in England tat. Händel sei, so Mainwaring, nun lange genug in Italien gewesen, um sich selber die Frage zu beantworten, warum er hierher gekommen war, und er habe begonnen, an seine Rückkehr nach Deutschland zu denken. Nicht daß er beabsichtigt habe, das Reisen aufzugeben; denn seine Neugier sei noch lange nicht gestillt gewesen. Händel hatte offenbar erkannt, daß ihm Italien nichts Neues mehr bringen werde. Der Triumph von Venedig war der beste denkbare Abschluß.

Doch mögen auch weitere Gründe bei dem Entschluß zur Abreise mitgespielt haben. Mangelnde Anpassungsfähigkeit war allerdings keiner. Es fiel ihm leicht, dem Gastland zuliebe die Schreibweise seines Namens bald nach seiner Ankunft in »Hendel« zu ändern; ähnlich verfuhr er später in England. Ein solches Zugeständnis war leicht gemacht. Anders war es mit dem religiösen Bekenntnis. Händel war Lutheraner. Bei Mainwaring lesen wir, daß er in Rom von einem Geistlichen bedrängt wurde, Katholik zu werden, er habe erwidert, daß er, wo er schon mit einer anderen Konfession geboren sei, auch mit dieser sterben wolle. Mütterlicherseits Nachfahre lutherischer Theologen, hätte er durch einen Bekenntniswechsel nach seinem Verständnis Verrat an seiner Familie geübt. Mit dem gescheiterten Bekehrungsversuch war aber zugleich über seine langfristigen beruflichen Aussichten nicht nur im Kirchenstaat, sondern wohl auch im übrigen Italien entschieden. Vielleicht hätte sich ein angemessener Dienst für ihn gefunden; aber er hätte Intrigen wenig entgegensetzen können, so wenig wie Ariosti als Mönch am protestantischen Berliner Hof. Mit einer festen Anstellung war aber ohnehin so bald nicht zu rechnen – nicht in Rom bei Kardinal Ottoboni, wo Arcangelo Corelli die Musik besorgte, nicht bei Marchese Ruspoli, der Mitte 1709 Antonio Caldara als maestro di capella verpflichtet hatte, und nicht in Florenz, wo Giacomo Perti für die Medici seit 1707 drei Opern geschrieben hatte, eine weitere war schon für den Herbst 1710 zur Aufführung in Pratolino vorgemerkt. Was blieb da noch für ihn?

Es mag auch sein, daß ihm das hitzige Temperament der Italiener fremd blieb, oder daß ihm die Kleinstaaterei nicht gefiel, wie er sie schon aus Deutschland kannte, mit Zollschranken überall und dem ewigen Streit der Fürsten, in dem die Landeskinder nur als Soldaten taugten.

Als Händel Italien verließ, war er ein Mann mit Ansprüchen, ein Herr. Er war von großer und kräftiger Gestalt, mit angenehmen Manieren, gewandt in mehreren Sprachen, selbstsicher und respektiert. Was er in bloß fünfundzwanzig Jahren schon an Vollkommenem geschaffen hatte, sollte doch nur erst der Anfang gewesen sein.

HANNOVER & LONDON

1710 – 1728

»Act of Settlement«
Zwischenspiel in Hannover
Kulturemissär und politischer Informant
»Rinaldo« und »Amadigi«
Thronfolge der Hannoveraner
Königliche Gunst
»Brockes-Passion«
Cannons
»Acis and Galatea«
»Royal Academy of Musick«
Status und Einkünfte
»South Sea Bubble«
Seßhaft
Meisteropern
Abgesang
Ein Bürger Englands

Das englische Parlament erließ am 12. Juni 1701 den »Act of Settlement« (Regelungsgesetz), wonach die Krone, sollten König William III. oder seine legitime Thronfolgerin, Prinzessin Anne, ohne Nachkommen sterben, auf die Kurfürstenwitwe Sophie von Hannover und auf deren protestantische Nachkommen übergehen werde.

Initiator des Gesetzes war William selbst, der 1689, nach der Vertreibung des zum Katholizismus übergetretenen Stuart, König James II., mit seiner Gemahlin Mary, ältere Tochter des Königs und Schwester Annes, zur Rettung des Protestantismus in England an die Macht gekommen war. Seit ihrem Tod im Jahre 1694 regierte William allein. Die Ehe war kinderlos geblieben. Die nächste in der Thronfolge war Prinzessin Anne, seit 1683 mit Prinz Georg von Dänemark verheiratet. Sie war wie Mary Protestantin geblieben. In ihrer Ehe hatte sie siebzehn Schwangerschaften, davon eine Totgeburt, eine lebensunfähige Frühgeburt, zwölf Fehlgeburten und zwei lebensschwache Kinder, die schon bald nach der Geburt starben. Nur ein Kind überlebte die ersten zehn Jahre – William, Duke of Gloucester, geboren 1689. Doch nach einem Fest zu seinem elften Geburtstag erkrankte das Kind und starb im Juli 1700. Ein halbes Jahr zuvor hatte Anne ihre letzte Fehlgeburt gehabt. Nach dieser Tragödie einer Ehe war nicht anzunehmen, daß die nun fünfunddreißigjährige »gute Königin Anne« und Georg von Dänemark noch einen Erben zeugen würden. Der schon länger leidende Georg starb 1708.

Und dann gab es die »jakobitische Gefahr«, also die Absicht einer nicht geringen Zahl von Schotten und Engländern, den vertriebenen James wieder auf den Thron zu bringen, oder nach seinem Tode 1701 seinem Sohn, James Edward, geboren in London 1688 im Jahr der königlichen Flucht, zur Herrschaft über England zu verhelfen. Gegen solche Pläne sollte das Regelungsgesetz als Barriere wirken. Nach dem Willen des dritten William, der als Generalstatthalter der Republik der Niederlande und als englischer König sein Leben im Kampf für die Sache des Protestantismus gegen das katholische Frankreich verbraucht hatte, sollte England, koste es, was es wolle, protestantisch bleiben.

Zur Erbschaft von Anne, die im März 1702, nach dem Tode von William an den Folgen eines Reitunfalls, Königin wurde, gehörte nun auch dieses Regelungsgesetz, das ihr ganz ungelegen war. Sie trug sich immer noch mit Selbstvorwürfen, weil sie ihrem Vater nicht ins Exil nach Frankreich gefolgt war. Nach dessen Tod war nun James Edward, sein Sohn aus zweiter Ehe mit Maria von Modena, der Halbbruder von Anne, für die Jakobiten der rechtmäßige Thronfolger. Unter dem Einfluß von Beratern, die der konservativen Partei der Tories nahestanden und den Stuarts zuneigten, schien die Königin zeitweise bereit, den Thronfolgeanspruch ihres Halbbruders, sollte dieser protestantisch werden, zu unterstützen. Als sich dieser jedoch bestimmt vernehmen ließ, er wolle Katholik bleiben, und Anstalten machte, sich die Krone mit Gewalt zu holen, gab Anne diesen Plan, sollte sie ihn jemals ernstlich erwogen haben, sogleich und vollständig auf. Doch war ihr die Vorstellung, Sophie von Hannover oder ihren Sohn, Kurfürst Georg Ludwig, auf dem englischen Thron zu sehen, dadurch nicht sympathischer geworden, selbst nicht durch den Umstand, daß sie und Sophie als Nachkommen von König James I. blutsverwandt waren.

Bevor Händel im August 1710 nach England kam, nahm er Dienste als Kapellmeister am Hof des Kurfürsten Georg Ludwig von Hannover.

Über seine Kontakte während der Jahre in Italien zu Personen von Einfluß jenseits der Alpen sind wir kaum unterrichtet. Immerhin erfahren wir von Mainwaring, Händel sei bei seinen Besuchen in Venedig mit solchen Persönlichkeiten sehr wohl bekannt geworden. Einer war Johann Adolf Freiherr von Kielmansegg, Oberststallmeister am kurfürstlichen Hof von Hannover, der mit Sophie Charlotte Gräfin von Platen-Hallermund verheiratet war, einer illegitimen Tochter des verstorbenen Kurfürsten Ernst August von Hannover und damit Halbschwager des nun regierenden Kurfürsten. Oder der schon erwähnte Agostino Steffani mit seinen Verbindungen zu den Höfen der Kurfürsten von Hannover und der Pfalz. Schließlich Charles Montagu, Earl of Manchester, von Juli 1707 bis Oktober 1708 bevollmächtigter Gesandter Englands in Venedig, der bis zum Beginn des Spanischen Erbfolgekrieges Botschafter in Paris gewesen war. Denkbar ist auch, daß Händel im Herbst 1707 dem Bruder des Kurfürsten von Hannover, Ernst August, in Venedig begegnete. Venedig war für den Adel ganz Europas mit seinen Lustbarkeiten, Oper, Karneval und Kurtisanen ein gerne frequentierter Vergnügungspark. Wegen der Vorherrschaft der italienischen Oper und ihrer enthusiastischen Pflege in Venedig, war die Stadt zu einem »Horchposten« für die Souveräne nördlich der Alpen geworden, die sich hier nach Komponisten und Sängern für ihre Hoftheater umsahen. Es ist anzunehmen, daß Händel mit Ernst August, Kielmansegg und Steffani wegen eines Dienstes am Hof von Hannover erste, unverbindliche Gespräche führte. Denn es gab über Ferdinando de' Medici auch Verbindungen zum Kurfürsten Johann Wilhelm von der Pfalz und seinem Anhang – Anna Maria Ludovica de' Medici, die ältere Schwester von Ferdinando, war die Gemahlin des Pfälzer Kurfürsten, und ein pfälzischer Verwandter war auch Carl, Prinz von Pfalz-Neuburg, der als kaiserlicher Statthalter von Tirol in Innsbruck residierte und an den Händel das Empfehlungsschreiben Ferdinandos mit sich führte. Eine weitere Verbindung zu den Pfälzern führte über Anna von Sachsen-Lauenburg, die Witwe eines Pfalzgrafen, nun Ehefrau von Gian Gastone de' Medici.

Weitreichende Folgen hatte Händels Bekanntschaft mit Charles Montagu. Es mag sein, wie Mainwaring meint, daß er es war, der Händel aufforderte, nach London zu kommen, wo es seit kurzem eine italienische Operngesellschaft gab.

Noch war es nicht soweit. Statt dessen ließ Händel sich Mitte Juni 1710 zum Kapellmeister des Kurfürsten von Hannover ernennen, mit einem Jahresgehalt von eintausend Reichstalern, vermutlich auf Drängen und Empfehlung der drei Hannoveraner Bekannten aus Venedig.

Die Zwischenstation in Hannover auf dem Wege nach England ist eine der seltsamsten Episoden seines Lebens. Was wollte er in Hannover? Eines jedenfalls nicht: bleiben. Hannover bot ihm einen Dienst, der ihn kaum beschäftigte, ein Gehalt, mit dem sich gut leben ließ, und sehr viel freie Zeit. Und die nutzte er, um schon mehrere Monate später, vermutlich im Spätherbst 1710, nach London zu reisen.

Es lohnt sich, einen Blick auf den Vertrag zu werfen, auf den sich Händel in Hannover mit dem kurfürstlichen Hof einigte. Mainwaring behauptet, Händel habe über den Freiherrn von Kielmansegg das großzügige Angebot des Kurfürsten zunächst abgelehnt, da er bei einem Posten wie diesem weder den Kurfürsten von der Pfalz in Düsseldorf, wie versprochen, besuchen könne, noch auch London, was er sich schon lange vorgenommen habe. Der Kurfürst habe erwidert, Händel könne bei ungekürzter Besoldung nach Belieben »Urlaub für ein Jahr oder auch länger« nehmen. Unter diesen günstigen Bedingungen habe er schließlich das Angebot dankend angenommen. Wie sich zeigte, reiste Händel zwar an den kurpfälzischen Hof nach Düsseldorf, jedoch nur, um dem Kurfürsten dort mitzuteilen, daß er nicht in seine Dienste treten könne, was protokollarisch und politisch korrekt war, weil Ferdinando de' Medici ihn dorthin empfohlen hatte.

Händels Ziel war England. Die Verhältnisse dort waren ihm, wie jedem Gebildeten in Europa, gegenwärtig: Nach dem allgemein erwarteten baldigen Tod von Königin Anne würde dort mit dem Regelungsgesetz von 1701 das Haus Hannover herrschen. Was konnte also klüger sein, als beim Hof von Hannover Dienste zu nehmen, sich den künftigen Herren zu empfehlen, die Berliner Bekanntschaft mit Prinzessin Karoline von Ansbach, unterdessen Gemahlin des Erbprinzen Georg August von Hannover und vielleicht schon bald englischen Kronprinzen, zu erneuern und mit dem ebenso klangvollen wie bedeutungsschweren Titel eines kurfürstlich-hannoverschen Kapellmeisters schon jetzt in London, eingeführt und protegiert vom Earl of Manchester, mit einem eigenen Werk die Chancen als Opernkomponist zu testen.

Was aber dachte der Kurfürst? War er ein Philanthrop, der stellungslose Musiker unterhielt? Er verpflichtete einen Komponisten, der Opern schreiben wollte, eben in Italien mit »Agrippina« Triumphe gefeiert hatte und der nun an einen deutschen Hof geriet, wo wegen der Kürzung des kulturellen Haushalts infolge des sich immer noch hinziehenden Krieges mit Frankreich keine Opern gespielt wurden. Als Händel in Hannover eintraf, war ein Dienstvertrag mit dem Hof noch keineswegs sicher. Kurfürstenwitwe Sophie schrieb ihrer Enkelin, der preußischen Kronprinzessin Sophie Dorothea, daß die Hofmusik des preußischen Königs mit Händel als Kapellmeister bedeutend gewinnen würde. Sie fügte hinzu, Händel gehe nach Düsseldorf, um am pfälzischen Hof eine Oper zu komponieren. Beschäftigung hätte es für Händel in Deutschland also gegeben, nur gab es sie offenbar nicht in Hannover. Über seinen Kompositionen aus der Zeit in Hannover liegt ein tiefer Schatten. Mainwaring behauptet, Händel habe in Hannover zwölf Kammerduette komponiert, wobei er womöglich meint, daß zwölf in Hannover aufgeführt wurden. Das wäre für einen so rastlos Schaffenden wie Händel eine dürre Bilanz, selbst wenn wir unterstellen, daß er einiges in London schrieb, was für Hannover, und in Hannover, was für den pfälzischen Hof in Düsseldorf bestimmt war; denn schließlich zeigte sich der Kurfürst dort für erwiesene Dienste mit einem Tafelservice erkenntlich. Daß es nur so wenige Handschriften aus der Hannoveraner Zeit gibt, ist um so erstaunlicher, als so vieles aus Italien erhalten ist und sich nicht erklären läßt, warum Händel seine Kompositionen für den kurfürstlichen Hof in Hannover nicht ebenso aufbewahrt haben sollte – hätte es sie denn gegeben. Es ist auch nicht bekannt, daß er den Verlust von Kompositionen aus diesen Jahren später einmal bedauert hätte.

Es ist daher anzunehmen, daß die Verpflichtung Händels als kurfürstlicher Kapellmeister im wesentlichen einem Zweck diente, der sich aus dem Vertrag selbst nicht erschloß. Genauer: Wenn Händel nach England gehen wollte, dann meinte der Kurfürst, daß Händel nach England gehen sollte.

Wie aber konnte Händel dem Kurfürsten in London nützlich sein?

Auf doppelte Weise. Einmal sollte sein Erscheinen von Königin und Adel als besondere Aufmerksamkeit des Vertreters der künftigen königlichen Familie verstanden werden. Händel gehörte, neben Alessandro Scarlatti und wenigen anderen, schon jetzt unter den Opernkomponisten Europas zu den besten des Fachs. Das wußten die Engländer, die schon damals mit Vorliebe in das sonnige und mit antiken Kulturschätzen gesegnete Italien reisten. Händel war also ein hannoversches Präsent an England, gleichsam ein Beitrag zur kulturellen Entwicklungshilfe, wie auch die Sopranistin Elisabetta Pilotti-Schiavonetti, gleichfalls in kurfürstlichen Diensten und in Hannover ebenso unterbeschäftigt wie Händel.

Zum anderen sollte er, der es so famos verstand, sich bei hohen Herrschaften einzuführen, durch seine neuen Verbindungen melden, was er über die Zustände in England erfuhr, vor allem über die Gesundheit der Königin, für Sophie und den Kurfürsten ein Thema von allerhöchstem Rang, was aus Briefen deutlich wird, die der diplomatische Vertreter des kurfürstlichen Hofes in London, Christoph Friedrich Kreyenberg, 1713 nach Hannover richtete. Kreyenberg stand unter dem Eindruck, der Kurfürst habe Händel ungnädig aus seinem Dienst entlassen, vielleicht wegen der für den englischen Hof zur Feier des Sieges über Frankreich geschriebenen »Utrechter Te

Deum« und »Jubilate«, und daß dieser die Form der Entlassung als kränkend empfand. Kreyenberg bedauerte, daß man ihm keine Zeit gegeben habe, zwischen dem Kurfürsten und Händel zu vermitteln, es wäre ein Leichtes gewesen, beide Seiten zufriedenzustellen. Händel sei mit dem Leibarzt der Königin, gemeint war John Arbuthnot, eng bekannt und habe ihm, Kreyenberg, in der Vergangenheit schon durch Unterrichtung über beiläufige Bemerkungen jenes Arztes zur Gesundheit der Königin Wichtiges mitgeteilt. Dafür habe der Arzt, unterrichtet durch Händel, die stets überaus interessierte Königin mit den letzten Nachrichten aus Hannover bedient. Einen Monat später schrieb Kreyenberg, er habe Händel überzeugen können, daß er beim Kurfürsten keineswegs in Ungnade sei und daß er nichts zu befürchten habe, wenn es zum Thronwechsel komme. Die Vermutung liegt nahe, Kreyenberg habe die politischen Interessen seines Herrn bei der »Entlassung« Händels nicht durchschaut.

Der Kurfürst durfte also mit der Wahl Händels als eines Kulturemissärs und politischen Informanten zufrieden sein, erst recht, als es diesem erwartungsgemäß in kürzester Zeit gelang, Königin Anne vorgestellt zu werden. Mehr noch: Der eben erst zugereiste Händel wurde vom Hof beauftragt, die Festmusik zum Geburtstag der Königin am 6. Februar 1711 zu schreiben und aufzuführen, womit er die englischen Komponisten verdrängte. Nach dem zeitgenössischen Bericht über dieses Ereignis war die Königin mit der »exzellenten Musik des berühmten Mr. Hendel« ungemein zufrieden. Dabei war sie nicht gerade für ihre Liebe zur Musik bekannt. Um ihr einen erst kürzlich eingetroffenen deutschen Musiker vorzustellen, bedurfte es gewiß der Protektion durch Vertreter des hohen Adels, und bei der Vermittlung von deren guten Diensten mag die diplomatische Mission der Hannoveraner in London geschickt beigetragen haben.

Das Jahr 1710 brachte in England bedeutende Veränderungen, die das ohnehin schon rege Interesse der Kurfürstenwitwe Sophie und ihres Sohnes an den Vorgängen dort noch steigerten. Zuverlässige Meldungen über dic neue Entwicklung waren willkommener denn je. Königin Anne hatte im April ihrer um fünf Jahre älteren Freundin, Sarah Jennings, Duchess of Malborough, das Vertrauen entzogen und sie aus dem Hofdienst entlassen, weil sie die Anmaßung, mit der sie sich weigerte, bei Rat oder Wünschen noch königliche Einwände hinzunehmen, nicht länger ertragen konnte. Die Folge war, daß Sarahs Ehemann, John Churchill, Duke of Malborough, Englands gefeierter Sieger in den Schlachten gegen Frankreich, gleichfalls in Ungnade fiel. Als sich der Schatzkanzler und Leiter der Regierung seit 1702, Sidney, Earl of Godolphin, standhaft weigerte, auf Drängen der Königin, die ihn schätzte, Malborough öffentlich abzuschwören, wurde auch er entlassen. Die neue Regierung wurde von den Tories geführt, mit den Whigs eine der beiden Parteien, die sich dreißig Jahre zuvor im Kampf um die Thronfolge von James II. gebildet hatten. Whig und Tory waren ursprünglich Schimpfwörter. Whig leitet sich vermutlich her von dem schottisch-gälischen »whiggamor«, was einen Viehtreiber bezeichnete und war politisch auf jene gemünzt, die religiöse Toleranz, den Sieg über Frankreich und eine konstitutionelle Monarchie der protestantischen Hannoveraner wollten. Die Tories, irisch für Viehdiebe, verweigerten dagegen den »Dissenters«, also den Nicht-Anglikanern, die Ausübung ihres Kults, wandten sich mit dem Landadel, der gegen Steuererhöhungen allergisch war und auf den sie sich stützten, gegen die Fortsetzung des Festlandkrieges und spielten durchaus nicht geheim mit dem Gedanken, die Stuarts wieder auf den Thron zu bringen. Der neue Führer der Regierung war der gemäßigte Tory Robert Harley, Earl of Oxford. Bei den vorgezogenen Parlamentswahlen im Oktober 1710 gewannen die Tories erheblich an Sitzen hinzu und besorgten bis zum Tod von Königin Anne 1714 die Regierungsgeschäfte.

Keine drei Wochen nach der Geburtstagsmusik für die Königin ging Händels Oper »Rinaldo« in Szene. Schauplatz war das Queen's Theatre am Londoner Haymarket.

In jenen Jahren hatte London zwei Theater: Das 1705 eröffnete Queen's Theatre, dessen Direktion vom Hof die Erlaubnis erhalten hatte, das Haus mit dem königlichen Titel zu schmücken, ohne daß damit die Krone zu seinem Unterhalt auch nur einen Shilling beigetragen hätte. Das andere hieß Drury Lane und war dreißig Jahre älter. Während das Drury Lane ausschließlich Schauspiele zeigte, hatte sich der rührige Besitzer des Queen's Theatre das exklusive Recht zur Aufführung italienischer Opern verschafft, weil er sich davon ein Geschäft versprach. Das Queen's Theatre faßte knapp tausend Personen, Vorstellungen gab es an zwei Abenden der Woche.

»Rinaldo« spielt zur Zeit des ersten Kreuzzuges gegen die Sarazenen. Godfrey, der General des christlichen Heeres, gewinnt die Unterstützung Rinaldos, eines legendären Kriegshelden, indem er ihm die Hand seiner Tochter Almirena verspricht. Unter Rinaldos Führung besetzen die Christen Palästina und belagern König Argantes in Jerusalem. Die Geliebte des Argantes, die Zauberin Armida, schließt Rinaldo durch Magie in ein Schloß ein, aus dem er jedoch von Godfrey, nach Konflikten und Verwirrungen in Serie, befreit wird und an der Spitze des christlichen Heeres Jerusalem stürmt. Rinaldo heiratet Almirena, König Argantes und Armida, nun im Ehebund vereint, bekehren sich zum Christentum.

Mehr noch als in »Agrippina« kürzte Händel die für das englische Publikum unverständlichen italienisch gesungenen Rezitative, sodaß atemlos eine Arie der anderen folgt. Rinaldos »Cara sposa« (Teure Braut) in e-Moll mit einem ausgesponnenen Ritornell sang der Soprankastrat Nicolini unter bewegtem Beifall. Die am stärksten durchgebildete Figur der Oper ist die der Zauberin Armida. Ihre Da-Capo-Arie »Ah, crudel« (Ach, Grausamer) beginnt mit einem Adagio in g-Moll, in dem ein punktiertes Zweiunddreißigstelmotiv Seufzer und Klagen, ein Septimsprung zu Beginn ihre seelische Erregung umschreiben, die sich im folgenden Presto wegen der vermeintlichen Untreue des Argantes zur Empörung steigert.

Obwohl er bei der Ouvertüre und den meisten Arien auf schon in Italien Erprobtes zurückgriff, eroberte »Rinaldo« das Londoner Publikum im Sturm. Es war ein Sieg, so vollständig und glänzend wie der Malboroughs und des Prinzen Eugen über das Heer Ludwig XIV. auf den Feldern von Malplaquet ein Jahr zuvor. Mit über fünfzig Aufführungen in London war »Rinaldo« seine erfolgreichste

Oper überhaupt. Schon im März 1711 wurde sie in Dublin gespielt, als erste Oper in italienischer Sprache auf irischem Boden. Die Popularität der Arien war auch ein Geschäft für die Musikverleger, und die erste Sammlung erschien schon im April 1711 bei John Walsh, der Händels Werke in den kommenden Jahrzehnten publizieren sollte.

Mit einem Schlag war Händel eine gefeierte Größe, wenn auch noch kein gemachter Mann. Mit ihm war zu rechnen. Für das englische Publikum stand fest, daß er, als er zur Jahresmitte nach Hannover reiste, um dort wieder seine Dienste aufzunehmen, nach London zurückkehren werde. Königin Anne, will man Mainwaring glauben, ließ Händel Geschenke übergeben, mit dem gnädig angedeuteten Wunsch, ihn bald wiederzusehen.

Wir wissen nicht, was ihn dieses Mal so lange in Hannover hielt, immerhin fast eineinhalb Jahre. Bekannt ist aus einem französisch geschriebenen Brief Händels an den in London lebenden Andreas Roner nur, daß er in Hannover Englisch lernte. Wenn auch kaum als Komponist gefordert, so dürfte er doch als Kapellmeister musikalische Darbietungen bei Hofe geleitet sowie zum Vergnügen Ihrer Hoheiten, voran der Kurprinzessin Karoline, auf Cembalo und Orgel gespielt haben.

Nach so langer Zeit drängte er wegen einer zweiten Englandreise wieder auf Urlaub, der ihm vom Kurfürsten, eingedenk seiner vertraglichen Zusage von 1710, auch gewährt wurde, unter der Bedingung, daß er »innerhalb angemessener Frist« nach Hannover zurückkehre, wohl nicht so sehr wegen seiner kapellmeisterlichen Pflichten, sondern vor allem, um dem Kurfürsten über die Lage am englischen Hof zu rapportieren. Die beste Gelegenheit zur Abreise bot die jährliche Herbstjagd des Kurfürsten in Göhrde, einem weitläufigen Forst zwischen Lüneburg und Dannenberg. Händel wird, wie schon einige Male zuvor, erneut über Halle gereist sein, um seine Mutter und Dorothea Sophie, die einzige nun noch lebende Schwester, zu sehen und als Pate seine Nichte Friedrike aus der Taufe zu heben. In London wird er im November 1712 eingetroffen sein. Zu seinem Dienst in Hannover kehrte er nicht wieder zurück, auch nicht nach »angemessener Frist«. Statt dessen folgte ihm keine zwei Jahre später sein kurfürstlicher Dienstherr.

Zurück in London, schrieb Händel für das Queen's Theatre noch zwei Opern: Das Schäferspiel »Il pastor fido« (Der treue Hirte), und »Teseo«. Ob »Lucio Cornelio Silla«, eine eher flüchtige Arbeit, im Queen's Theatre lief, ist unbekannt, womöglich wurde sie privat gegeben. Obgleich im Queen's Theatre wie bei »Rinaldo« an Maschinen, Requisiten, Bühnenbildern, Kostümen und Dekorationen nicht gespart wurde, blieb ein Erfolg ähnlich dem des »Rinaldo« aus. »Il pastor fido« war zwar kein Fehlschlag, aber Händel holte sie sich 1734 noch einmal zur Überarbeitung vor und servierte sie den Londonern erneut, diesmal mit mehr Erfolg.

Das nach dem Tod der Königin in »King's Theatre« umbenannte Haus am Haymarket brachte schließlich im Mai 1715 die Erstaufführung der Zauberoper »Amadigi di Gaula« (Amadigi von Gallien). Die Zauberin Melissa liebt den Helden Amadigi. Dieser ist jedoch schon Oriana, der Tochter des Königs der glücklichen Inseln, verbunden. Das Quartett vervollständigt Dardano, Prinz von Thrakien, der Oriana gleichfalls liebt, doch nicht darüber spricht. Melissa schließt Oriana in ein Schloß ein, das von einem Feuerring umgeben ist. Amadigi will Oriana retten und gelangt durch den Feuerwall zum Schloß, Dardano jedoch nicht. Melissa unterwirft nun die Liebenden schweren Prüfungen. Als sich Dardano mit Melissas Hilfe Orianas bemächtigen will, tötet ihn Amadigi. Nun droht Melissa den Liebenden mit dem Tode. Doch da erscheint der Geist des edlen Dardano und schützt beide vor Melissas Zauberkraft. Melissa tötet sich selbst, und Amadigi ist mit Oriana endlich in Liebe vereint. Stärkster Charakter ist Melissa, ihre Auftrittsarie »Ah! spietato! e non ti muove un affetto si constante« (Ach! Erbarmungsloser! und dich bewegt nicht ein solch beständiges Gefühl) in e-Moll zeigt die Breite der Empfindungsskala. Auch die Rolle der Oriana ist mit einigen vorzüglichen Arien bedacht, dann erst folgen die männlichen Partien, eine Tendenz, die sich in Händels Opern wiederholen sollte. »Amadigi« ist eine seiner besten Opern und nach dem Urteil von Charles Burney ein Werk »mit mehr Erfindungskraft, Vielfalt und vorzüglicher Musik als irgendeines der musikalischen Dramen Händels«. Die Oper gewinnt auch durch das nach einem französischen Stoff geschickt gearbeitete Textbuch von Niccolò Haym, ein italienischer Komponist, Librettist und Cellist deutscher Abstammung, der für Händel einige der besten Libretti arrangierte. In »Amadigi« zeigte er mit dem Instinkt des Theatermenschen, wie Konflikte entwickelt werden müssen, damit die Spannung beim Publikum von Akt zu Akt steigt. Händel ließ sich von der Vorlage spürbar inspirieren. Für Applaus sorgten auch der opulente Bühnenzauber und der Sopran des Kastraten Nicolini in der Titelrolle, der unterdessen aus Italien wieder zurückgekehrt war. Mit »Amadigi« endete 1715 Händels erste Londoner Opernserie.

Doch schrieb er in England nicht nur italienische Opern, sondern auch schon Musik auf englische Texte. Die Geburtstagsode auf Königin Anne »Eternal source of light divine« (Ewige Quelle göttlichen Lichts) konnte wegen der sich wiederholenden Erkrankungsschübe der Königin nicht aufgeführt werden. Mit großer Besetzung gegeben wurden dagegen Händels »Te Deum« und »Jubilate« zur Feier des Friedens mit Frankreich. Schauplatz der Aufführung am 7. Juli 1713 war St. Paul's Cathedral, von dem ersten Architekten Englands, Sir Christopher Wren, entworfen, ein mächtiger Kuppelbau nach dem Vorbild des Petersdoms in Rom, die anglikanische Herausforderung an den römischen Katholizismus. Das musikalische Aufgebot für das in englisch gesungene »Te Deum« war glänzend, voran mit dem Chor der seit den Tagen von König Henry V. im 15. Jahrhundert berühmten Chapel Royal, der Hauskapelle der königlichen Familie im St. James's Palace, dazu die Instrumentalisten der königlichen Hofmusik. Obwohl die Königin auch dieses Mal nicht erscheinen konnte, waren Adel, hoher Klerus und die Abgeordneten des Unterhauses, voran die friedenswilligen Tories, zahlreich erschienen. Sie verließen freudig die Dankfeier zum Preise Gottes, der es so gut mit England meinte, und lobten Händel, der eine solch grandiose Musik endlich auf Worte geschrieben hatte, die jeder verstand. Auch der Dank der

136

Königin blieb nicht aus. Denn Händel erhielt aus dem Staatsschatz eine jährliche Pension von zweihundert Pfund Sterling. Zugleich entließ ihn der Kurfürst, weil er einem Kapellmeister, der sich für ein Leben in England entschieden hatte, nicht noch weiter ein hohes Gehalt zahlen wollte, um so weniger, als ihm gewiß berichtet worden war, daß Händel sich Mitte 1713 in London schon sicher etabliert hatte.

In der Zeit zwischen der Rückkehr nach London 1712 und der Ankunft des neuen Königs 1714 entstanden auch Händels erste »anthems« für Soli, Chor und Orchester oder Continuo auf biblische Psalmen für die Chapel Royal, zumeist in der Fassung des »Common Book of Prayer and Administration of The Sacraments, and other Rites and Ceremonies of the Church: After the Use of the Church of England« (Buch für das gemeinsame Gebet und die Sakramentsspende, samt anderen kirchlichen Riten und Zeremonien: Nach dem Gebrauch der Kirche von England), erstmals erschienen in London bei Edward Whitchurche 1549. Dazu gehörten »O sing unto the Lord a new song« (O singet unserem Herrn ein neues Lied) und »As pants the hart for cooling streams« (So wie der Hirsch nach kühlenden Bächen lechzt). Das englische anthem hatte sich von liturgischer Chormusik auf Bibeltexte im 16. Jahrhundert zu einer konzertanten Kirchenkantate entwickelt, maßgeblich durch den Einfluß von Henry Purcell, dem bedeutendsten englischen Komponisten, der das anthem um Soli und Orchester erweitert und Ritornelle eingeführt hatte. Diesem Muster folgte nun Händel. Dem Charakter der anglikanischen Staatskirche folgend sind Händels anthems keine von pietistischer Frömmigkeit erfüllte Zwiesprache der gläubigen Seele mit Gott, sondern das machtvolle Bekenntnis einer in Gottes Namen vereinten Gemeinschaft, die sich mit Preis, Bitte und Dank in Demut an ihren Schöpfer wendet. Händels anthems sind mehr als bloße Repräsentationskantaten, spiegeln aber, anders als die bürgerliche Innigkeit in der deutschen Choralkantate, den freien, stolzen und sieghaften Geist der englischen Nation.

Nach langen Leiden starb Königin Anne am 1. August 1714. Sie war neunundvierzig Jahre alt.

Noch am selben Tage wurde Georg Ludwig, Kurfürst von Hannover, nach dem Regelungsgesetz von 1701 als George I. zum neuen König von »Großbritannien und Irland« ausgerufen. Seine Mutter, die Kurfürstenwitwe Sophie, im Regelungsgesetz als erste bei der Thronfolge genannt, war nur Wochen zuvor im Alter von vierundachtzig Jahren verstorben. Auf einem ihrer Spaziergänge in den Gärten von Herrenhausen war sie vor einem Regen in einen Pavillon geflüchtet, dort zusammengebrochen und in Augenblicken verschieden, ganz wie sie es sich immer gewünscht hatte: ohne Arzt, ohne Priester und ohne Schmerzen.

Der neue König war als Kurfürst von Hannover an das Regieren und Kriegführen schon gewohnt. Durch seine Ehe mit Sophie Dorothea von Celle war das Herzogtum Braunschweig-Lüneburg-Celle 1705 an das Haus Hannover gekommen. Diese Ehe war eine europäische Skandalgeschichte seltener Art. Zuerst vernachlässigt, dann unwürdig behandelt, hatte sich Sophie Dorothea mit dem Grafen Philipp von Königsmarck, einem Obersten der Garde, zur Flucht entschlossen. Doch der Plan wurde entdeckt. Der Graf verschwand auf immer, so gut wie sicher mit Wissen oder sogar auf Befehl des Kurfürsten ermordet. Seine Gemahlin schloß der Kurfürst unter strenger Bewachung in das Schloß Ahlden ein. Dort verbrachte die unglückliche Frau, Mutter des späteren Königs George II. von England, der seinen Vater, George I., wegen des Verbrechens an der Mutter bitter haßte, und der Königin Sophie Dorothea von Preußen, die Mutter Friedrichs des Großen, die letzten zweiunddreißig Jahre ihres Lebens.

Ende September 1714 traf der neue König in London ein. Schon der Privy Council, der Geheime Staatsrat, hatte Königin Anne dazu beredet, die seit 1710 von den Tories geführte Regierung unter Robert Harley, Earl of Oxford, zu entlassen und Charles Talbot, Duke of Shrewsbury, einen überzeugten Whig, zu beauftragen. Das war der erste Schritt zur vierzigjährigen Herrschaft der Whigs unter den beiden ersten Hannoveraner Georges. Die Whigs hatten sich dem Hause Hannover durch die energische Unterstützung ihres Thronfolgeanspruchs nach dem Regelungsgesetz nachdrücklich empfohlen. Überdies waren sie von dem soldatischen Mut beeindruckt, den George I. als Kurfürst von Hannover auf den Schlachtfeldern des Spanischen Erbfolgekrieges bewiesen hatte. Der lange Kampf zwischen Krone und Parlament um die Macht war seit der »Glorious Revolution« von 1688 zugunsten des Parlaments entschieden. Die königliche Macht wurde nun durch das Regelungsgesetz noch weiter eingeschränkt, obwohl der König, wie sich bald zeigte, einige der Klauseln durch Nichtbeachtung ignorieren konnte. Widerpart des Parlaments war nun weniger der König als das Kabinett, dies um so mehr, als George I. nicht gut genug Englisch sprach, um es in einer ihm fremden Umwelt mit den Lords und den Abgeordneten des Unterhauses, den Commons, aufzunehmen. Der erste leitende Minister des neuen Whig-Kabinetts wurde Earl James Stanhope, und er blieb es bis 1721, als für zwanzig Friedensjahre der Stern von Robert Walpole, Earl of Orford, aufging. Der Preis für das Bündnis des Königs mit den Whigs war die geschworene Feindschaft der Tories. Ihr radikaler Führer, Henry St. John, Earl of Bolingbroke, floh vor einer drohenden Anklage zu dem Stuart-Prätendenten James III. nach Frankreich und wurde sein Staatssekretär. Wenngleich der »Act of Union« (Vereinigungsgesetz) von 1707 zwischen England und Schottland eine Art staatsrechtlicher Einheit geschaffen hatte, konnten sich viele Schotten mit dem »hergelaufenen« protestantischen Hannoveraner noch weniger abfinden als die englischen Tories. Versuche der Stuarts von 1689 und 1708, sich mit Gewalt wieder zu den Herren Englands zu machen, waren gescheitert. Nun kam es im Sommer 1715 zum dritten Versuch, der fast geglückt wäre. Nur mit Mühe gelang es, die Aufständischen zu schlagen. Als James III. im Dezember 1715 in Schottland eintraf, war es für seine Sache schon lange zu spät. Zu der jakobitischen Revolte in England kam es nicht. Nach dieser Niederlage blieb die Herrschaft der Hannoveraner für die nächsten dreißig Jahre unangefochten.

Wo finden wir Händel in dieser Zeit großer Veränderungen? Nach dem Bericht von John Hawkins lebte er seit 1712 zunächst bei einem

»Mr. Andrews« aus Barnes, einem borough (Wahlbezirk) im Süd-
westen Londons, in der Grafschaft Surrey nahe Richmond Park und
Wimbledon. Dieser nicht weiter bekannte Mr. Andrews hatte auch
ein Londoner Stadthaus, wo Händel logierte. Im Sommer 1714 verbrachte er offenbar einige Monate auf dem Landsitz in Surrey. Seine
Hauptwohnung während der drei Jahre von 1713 bis 1716 war Burlington House am Piccadilly, das Stadtpalais des kunstliebenden und
als talentierter Hobbyarchitekt bekannten Richard Boyle, Earl of
Burlington, und seiner verwitweten Mutter Juliana.

»Verlegenheiten« bei der Ankunft des neuen Herrschers in London Mitte September 1714, von denen Hawkins wissen will, gab es
für Händel nicht. Und schon gar nicht kann stimmen, was Mainwaring berichtet, daß nämlich Händel, zu Boden gedrückt von schlechtem Gewissen, seinem großzügigen Gönner, dem neuen König, so
schlecht gedient zu haben, sich nicht getraut habe, bei Hof zu erscheinen; eine Erklärung für den in Hannover versäumten Dienst sei
nicht einfach, eine Entschuldigung zu finden unmöglich gewesen.
Aus dieser peinlichen Lage sei er jedoch bald befreit worden, mit
mehr Glück, als er vielleicht verdient habe. Mainwarings Nothelfer
ist Freiherr von Kielmansegg, der alles zur Zufriedenheit richtet, indem er den König zu einer Bootsfahrt auf der Themse animiert und
Händel auffordert, für diese sommerliche Lustpartie eine Musik zu
schreiben, um den Herrscher zu versöhnen, und daß er seine Absicht
auch glücklich erreicht.

Mainwaring hätte sich seine Entrüstung über den pflichtvergesse-
nen Händel sparen können. Weder hatte Händel einen Vertrags-
bruch begangen, noch war auch das »Utrecht Te Deum« von 1713 ein
Grund für »Verlegenheiten«. Denn bei dem ersten Dankgottesdienst
im Beisein von George I. in der Chapel Royal am 26. September
1714 wurde, nach einer Meldung der Tageszeitung »The Post Boy«,
ein »Te Deum« von Händel gespielt, was allein schon eine Verstimmung des Königs ausschließt. Aber nicht nur das: Mit hoher Wahr-
scheinlichkeit war das »Te Deum« eben jenes »Utrecht Te Deum«,
dessen Komposition durch Händel den Kurfürsten angeblich so sehr

verärgert hatte. Immer noch gilt, daß beim königlichen Dankgottesdienst im September das kürzere »Caroline Te Deum« in D-Dur von Händel gespielt wurde. Damit verträgt sich aber nicht, daß sein späterer Oratorientexter, Charles Jennens, auf seiner Abschrift des »Caroline Te Deum« handschriftlich vermerkte, dieses sei von Händel für die Ankunft der »Princess Caroline« geschrieben worden. »Princess« war Karoline noch 1714, Königin wurde sie erst 1727. Als Prinzessin traf sie in London Mitte Oktober 1714 ein, und auch für sie wurde ein »Te Deum« von Händel gespielt, und zwar, wie sonst, das »Caroline Te Deum«. Dann aber wurde für den König ein anderes »Te Deum« von Händel gegeben, und dieses war das »Utrecht Te Deum«, weil das »Chandos Te Deum« in B-Dur noch nicht komponiert war. Mit Recht wäre der König verärgert gewesen, wäre ihm ein »Te Deum« gespielt worden, das für die Ankunft seiner Schwiegertochter geschrieben war, die er schon deshalb nicht leiden konnte, weil er den Ehemann dieser Dame, seinen eigenen Sohn, gründlich verabscheute. Damit erledigt sich die Legende von des Königs »Mißfallen«. Zumal der Kunstgriff mit der »Wassermusik« kein solcher war, weil es zu der Themsefahrt erst im August 1717 kam, mithin fast drei Jahre nach Ankunft des Königs in England, zu einer Zeit also, wo dieser mit Händel, auch im Verständnis seiner beiden frühen Biographen, schon lange versöhnt war. Das beständige Wohlwollen von George I. zeigt auch eine der ersten königlichen Ordres, mit der er die von Königin Anne gewährte Pension von jährlich zweihundert Pfund Sterling bestätigte. Und schon Mitte Januar 1715 erschien der König im King's Theatre zu einer Aufführung des »Rinaldo«.

Das rechte Verständnis der Vorgänge zwischen dem Kurfürsten-König und seinem Kapellmeister ist für unser Urteil über Händel bedeutsam. Hätte er nämlich die Verstimmung des Kurfürsten und künftigen englischen Königs durch eine unerwünschte Parteinahme für Königin Anne riskiert, wäre dies bei dem, was für seine Zukunft in England auf dem Spiel stand, die dümmste Tat seines Lebens gewesen. Doch zu einer solchen Dummheit war Händel, der gewohnt war, jeden seiner Schritte mit Umsicht zu planen, schlicht nicht fähig.

Mit wem Händel in den ersten Londoner Jahren gesellschaftlich verkehrte, ist im einzelnen nicht bekannt. Natürlich gehörten zu seinem Umgang das Personal im magischen Umkreis der Oper, die Direktion, Aaron Hill und Johann Jakob Heidegger, Textdichter wie Niccolò Haym, die Sängerinnen und Sänger, die Musikanten des Orchesters oder die »gentlemen« (offizieller Titel der erwachsenen Sänger, im Gegensatz zu den »children«) des Chors der Chapel Royal. Wann immer möglich, spielte er die Orgel, am liebsten die von St. Paul's, und wenn er einen Abend dort gespielt hatte, ging er mit einigen der Zuhörer zur nahen Queen's Arms Tavern in St. Paul's Churchyard, um dort auf dem Cembalo weiterzuspielen. Die Queen's Anne Tavern war ein beliebter Treffpunkt, später Sitz von Freimaurerlogen.

Händels Umgang mit englischen Musikern dürfte sich auf das Notwendigste beschränkt haben, wie er zu Berufskollegen auf Distanz hielt. Der begabteste der englischen Komponisten jener Zeit war der um zehn Jahre jüngere Maurice Greene, der für Händel beim Orgelspiel in St. Paul's noch den Blasebalg trat, später jedoch von Händel ostentativ mit Verachtung gestraft wurde. Vermutlich hatte Greene versucht, ihn bei Hof auszustechen. Daß Händel bei einem, der sich zu so etwas unterstand, keine Umstände machte, versteht sich. Greene blieb mit seinem Versuch denn auch auf der Strecke – die königliche Familie hielt, für dieses Mal in seltener Eintracht, geschlossen zu Händel, weil er der größere Komponist, wohl auch, weil er Deutscher war. Andere englische Komponisten versuchten erst gar nicht den Aufstand oder gaben bald auf. Vom Londoner Musiker Thomas Arne wird erzählt, er habe Händel stets als einen »Tyrannen und Usurpator« betrachtet, gegen den er häufig rebelliert habe, nur leider ohne alle Wirkung.

Händel war nicht der einzige und nicht der erste deutsche Musiker in London. Schon 1685 war Gottfried Finger nach England gekommen und hatte Musik zu Komödien und Farcen von William Congreve, Colley Cibber, John Dryden oder George Farquahr geschrieben; zwanzig Jahre später war er nach Deutschland zurückgekehrt. Johann Ernst Galliard, Sohn eines französischen Vaters, 1687

142

in Celle geboren und Schüler bei Agostino Steffani, war, als Lüne-
burg-Celle 1706 an Hannover fiel, nach England gegangen und
Kammermusiker bei Prince George of Denmark, dem Gemahl von
Königin Anne, geworden. Ein anderer Musiker aus Sachsen war Johann Friedrich Lampe, der 1725 nach London kam und Opern
schrieb. Ein Deutscher in London mit hohem Ansehen und Verdien-
sten war der Preuße Johann Christoph Pepusch, geboren 1667. Er
soll nach England gegangen sein, als er Zeuge einer Hinrichtung
ohne Verfahren und Urteil wurde, vollstreckt an einem preußischen
Offizier wegen angeblicher Gehorsamsverweigerung. Pepusch, in
London in den ersten Jahren des 18. Jahrhunderts erschienen, war
Komponist und Musiktheoretiker, zudem geschickt auf mehreren Instrumenten. Sein größter Erfolg als Komponist war seine Mitwirkung an »The Beggar's Opera« (Die Bettleroper), 1728 in Lincoln's
Inn Fields unter begeistertem Applaus eines Publikums aus allen
Ständen aufgeführt. Pepusch gab um 1730 das Komponieren auf und
widmete sich dem Unterricht sowie dem Studium und der Aufführung alter Musik.

VIER JAHRE NACH SEINER ZWEITEN ANKUNFT in London nahm
Händel Mitte 1716 Urlaub für einen Besuch in Deutschland. Der
König war am 7. Juli 1716 in sein Kurfürstentum abgereist, das er seit
der Thronbesteigung in England in Personalunion regierte. Der jakobitische Aufstand war im Februar 1716, mit der Flucht von James
III. von Schottland nach Frankreich, kläglich gescheitert, die Herrschaft des Königs außer Gefahr. Nachdem das Parlament der Ausreise des Königs zugestimmt hatte, verließ dieser beschwingt die Insel,
in Erwartung heiterer Tage auf Schloß Herrenhausen, zugleich ungemein erleichtert, die Gesellschaft der bizarren Engländer für eine
Weile los zu sein.
Händel folgte dem König wenige Tage später, ob auch auf königliche Kosten in seinem nachziehenden Gefolge, ist nicht bekannt; je-

doch eher nicht, war er doch kein Mitglied des königlichen Haushalts. Aber er konnte sich eine Reise nach Deutschland aus eigenen Mitteln bequem leisten. Seine Einkünfte aus den Spielzeiten der Oper beim King's Theatre seit 1711 waren erheblich gewesen. In der ersten Spielzeit hatte er über achthundert Pfund Sterling, in der zweiten vierhundertdreißig Pfund verdient, danach dürfte es nicht wesentlich weniger gewesen sein – von brotloser Kunst hielt Händel zeit seines Lebens nichts. Im März 1716 hatte er genug verdient, um bei der »South Sea Company« fünfhundert Pfund anzulegen, zumal ihm der König im Oktober 1715 für seine Dienste als kurfürstlich-hannoverscher Kapellmeister fünfhundert Reichstaler hatte nachzahlen lassen. Wie angenehm Händels finanzielle Umstände waren, wird klar, wenn wir seine Einkünfte etwa mit denen des Hausverwalters des Earl of Bedford, eines Herrn namens George Collop, vergleichen, der bis zu seinem Tode 1682 einhundert Pfund jährlich verdiente und damit sich selbst und seine Familie besser als nur redlich unterhielt. Oder denken wir an Mattheson, der als Sekretär des englischen Gesandten in Hamburg, John Wyche, zweihundert Reichstaler Jahressalär bezog, wobei seine zweihundert Taler von den einhundert Pfund des Herrn Collop im Wert fast um das Doppelte übertroffen wurden. Und doch sah sich Mattheson nach den mageren Jahren an der Hamburger Oper endlich auf sicherem Fuße, und dies so sehr, daß er sich rühmte, er könne sich nun »die teuerste Tafel der Stadt« leisten.

Händel besuchte in Halle seine Familie und sah dort zum letzten Mal seine Schwester Dorothea Sophia, die im August 1718 mit dreißig Jahren sterben sollte. Aus ihrer Ehe mit Michael Dietrich Michaelsen hinterließ sie neben Johanna Friederike, Händels Patenkind und späterer Haupterbin, auch den zweijährigen Sohn Emanuel Carl, der aber nur noch zwei Jahre lebte.

Von Halle reiste Händel nach Ansbach weiter und sah dort seinen Studienfreund Johann Christoph Schmidt, der seinen glücklosen Wollhandel gerne aufgab und ihm bald nach London folgte. Ob Händel über Hamburg kam und andächtiger Gast an Matthesons »teuerster Tafel der Stadt« war, wissen wir nicht. Sicher ist nur, daß er

Ende 1716 oder Anfang 1717 in London für Mattheson und Hamburg die Passion »Der für die Sünden der Welt gemarterte und sterbende Jesus«, bekannt als die »Brockes-Passion«, schrieb. Das anspruchsvolle Werk wurde in der Karwoche 1719 von Mattheson aufgeführt, gemeinsam mit drei anderen Passionswerken, einem eigenen, einem von Telemann und einem von Reinhard Keiser. Brockes wollte sich nicht öffentlich äußern, welches das beste sei, die Nachwelt hat es leichter. Johann Sebastian Bach fertigte 1720, als Hofkapellmeister des Fürsten Leopold von Anhalt in Köthen, für sich eine Abschrift, wobei er die erste Hälfte selber schrieb, die zweite besorgte seine junge zweite Frau, Anna Magdalena. Die Brockes-Passion bewegt sich in der Tradition der protestantischen deutschen Kirchenmusik. Es dominieren die Chöre, ganze achtzehn, es gibt Rezitative, Arien und Duette. Feierliche Choräle spenden Trost und Hoffnung, wie jener in G-Dur »Ach wie hungert mein Gemüthe«. Recht fern ist uns heute die wunderliche Sprache des damals gefeierten Brockes, sie erinnert so sehr an die Opernlibretti des erregbaren Theologen Feustking, daß man versucht ist, von einer Hamburger Poetenschule zu sprechen. Texte wie »Was Bärentatzen, Löwenklauen trotz ihrer Wuth sich nicht getrauen« oder »Wisch' ab der Tränen scharfe Lauge, steh', selige Seele, nun in Ruh!« erinnern an manche der Peinlichkeiten in »Almira«. Was Händel nicht hinderte, eine Musik zu schreiben, die sich selbst neben Bachs Passionen ehrenvoll behauptet, ein um so größeres Verdienst, als sein Interesse schon lange nicht mehr der deutschen Kirchenmusik galt, sondern der italienischen Oper.

Nur noch ein einziges Mal schrieb er Musik auf deutsche Worte. Es waren dies neun »Deutsche Arien« aus der Gedichtsammlung »Irdisches Vergnügen in Gott« des inzwischen als Hamburger Ratsherr zu irdischen Ehren gekommenen Dichters Brockes. Entstanden sind diese Arien wohl in den Jahren 1725 und 1726. Im Vorwort seiner gesammelten Gedichte bemerkte Brockes, »der weltberühmte Virtuose, Herr Hendel«, habe diese Arien »auf eine ganz besondere Arth in die Music gesetzt«. Händel schrieb die neun Arien für Sopran, obligates Instrument, wohl Violine, und Basso continuo. Die meisten

Gedichte preisen die Schönheit der Welt als Schöpfung eines allgütigen Gottes, und die Freude an dieser Schönheit als gottgefällig. Brockes' allegorische Poesie liest sich etwas besser als die oft gespreizte und brodelnde Bildersprache seiner Leidensgeschichte. Doch gibt es auch in diesen Arien Merkwürdigkeiten genug. Händel hat das nicht gestört; denn er schrieb eine ebenso einfache wie gefällige und ausdrucksvolle Musik.

Der Reise nach Deutschland folgten seit Sommer 1717 Händels Jahre auf Cannons, einem prächtigen Palast nahe Edgware in der Grafschaft Middlesex bei London. »Middlesex« war in frühen Zeiten das Land zwischen den Siedlungsgebieten der Ost- und Westsachsen gewesen und bedeutete »Middle Saxons«. Herr dieser Sommerresidenz war James Brydges, Baron Chandos of Sudeley, nach seines Vaters Tod 1714 Viscount (Titel eines Mitglieds des hohen Adels, zwischen Earl und Baron) Wilton und Earl of Carnarvon, schließlich 1719 Marquess (Titel eines Mitglieds des hohen Adels, zwischen Duke und Earl) of Carnarvon und Duke of Chandos. James Brydges war im Spanischen Erbfolgekrieg zum Generalzahlmeister der englischen Armee aufgestiegen und dabei, wie der Duke of Malborough, zu immensem Reichtum gekommen. Der Herr von Cannons suchte nun für sein Musikensemble den besten Komponisten, den es in England gab, und das war Händel. Ihn störte nicht, daß er auch Pepusch beschäftigte, der bereits Kirchenmusik für seinen Patron geschrieben hatte. Sollten die beiden Deutschen sehen, wie sie sich verständigten. Zum Streit kam es offenbar nicht. Warum auch? Der ältere Pepusch blieb Leiter des Musikensembles, während Händel für die Musik sorgte.

Von gleichaltrigen Freunden Händels in England wissen wir nichts, nur von zwei älteren, gleichaltrig mit Pepusch. John Arbuthnot, der eine, war Schotte, Mathematiker, Arzt, Schriftsteller, Amateurkomponist und Händels wohlgesinnter Schutzgeist – er war

Leibarzt von Königin Anne während ihrer letzten neun Lebensjahre gewesen. Arbuthnot war Freund des Satirikers Jonathan Swift, des Dichters Alexander Pope und des Bühnenschriftstellers John Gay, dieser wie Pope und Arbuthnot häufig Gast auf Cannons. John Gay schrieb später den Text zu »The Beggar's Opera«. Arbuthnot war der Erfinder von John Bull, einer Inkarnation des englischen National-charakters im Habit eines biederen Tuchhändlers, der 1712 mit einer Sammlung satirischer Pamphlete in »The History of John Bull« zum ersten Mal auftrat. Ein älterer Freund und Gönner Händels von Pe-puschs Jahrgang war auch Freiherr Adolf von Kielmansegg, enger Vertrauter des Königs und Verkünder von Händels Größe seit ihrer Bekanntschaft in Venedig. Doch Kielmansegg starb schon 1717, noch keine fünfzig Jahre alt, in eben jenem Jahr, als Händel erstmals auf Cannons erschien.

An diese Zeit erinnern elf »Chandos anthems«, beginnend mit »O be joyful in the Lord« (O sei fröhlich im Herrn). Ein anderes ist »As pants the hart for cooling streams«, ein Psalm, den Händel fünfmal vertonte, wobei er neben wiederverwendetem Material neue Ele-mente einfügte oder anderes umschrieb. Das wohl beste der Reihe ist »The Lord is my light« (Der Herr ist mein Licht). Alle Chandos an-thems, geschrieben für Sopran, einen bis drei Tenöre und Baß sowie Orchester, behaupten bis heute ihren hochgeachteten Rang in der englischen Kirchenmusik.

Ein anderes Werk dieser Zeit ist »The Oratorium«, später als »Esther« bekannt, mit einem reichen vokalen und instrumentalen Aufgebot. In diesem biblischen Drama rettet Esther, die zweite Ge-mahlin des Perserkönigs Xerxes, das jüdische Volk vor der Vernich-tung, Stoff des jüdischen Purimfestes. Eindrucksvoll sind, wie immer bei Händel, vor allem die Chöre – der Schlußchor »The Lord our enemy has slain« (Der Herr hat unseren Feind geschlagen) in D-Dur sprengt mit dreihundertsechzehn Takten jedes bisherige Maß.

Schließlich entstand auf Cannons die Masque »Acis and Galatea«. Eine »masque« war im alten England ein Stück höfischer Unterhal-tung, zumeist mit Szenen aus der antiken Mythologie, dargestellt durch Musik, Tanz und Pantomime vor reicher Dekoration. Unter dem Protektorat Cromwells wurde die Masque verboten, überlebte jedoch, wenn auch nur als musikalische Darbietung. Sie wurde bald überspielt von der italienischen Oper. Die Masque war in England zu Händels Zeit eine Kurzoper, mit der man die Vorstellung einer eingewurzelten englischen Musiktradition verband. Angeregt wurde er durch einige in London gespielte Werke jüngerer Komponisten, unter ihnen Pepusch mit »Apollo and Daphne«.

»Acis and Galatea«, nach Ovids »Metamorphosen« auf den Text eines Autorenkollektivs, zu denen auch Alexander Pope und John Gay gehörten, ist musikalisch ein selten lebensvolles Werk. Die Ouvertüre beginnt in raschen Sechzehnteln als strömende Bewegung und geht so fort bis zum Ende, Symbol des Flusses, Leib und Seele des verwandelten Acis. Kostbarkeiten dieses Pastorals sind die Arie Galateas »As when the dove« (So wenn die Taube), das Siciliano des Acis »Love in her eyes sits playing« (Liebe spielt in ihren Augen) und die Arie des Polyphemus »O ruddier than the cherry« (O röter als die Kirsche). Das Accompagnato des Polyphemus »I rage, I melt, I burn!« (Ich rase, schmelze, brenne!) ist ein effektvolles Furioso im dramatischen Stil der italienischen Oper. Der Chor ist einmal Erzähler, dann wieder handelnde Person. Eine Idylle malt der Eingangschor »O the pleasure of the plains!« (O die Freuden des Landlebens!). Von eindringlicher Wirkung ist »Mourn, all ye muses!« (Trauert, all ihr Musen!) auf den Tod des Acis. Der Schlußchor nimmt die fließende Bewegung der Ouvertüre auf und endet im Gleichnis dieses Spiels um Liebe, Tod und Verwandlung.

Es wäre falsch, sich Händel nur als Komponisten und Solisten auf Cembalo und Orgel vorzustellen, der auf einem der schönsten Adelssitze in arkadischer Landschaft das Leben eines Gentleman führte, respektiert wie ein Herr aus eigenem Recht. Seit seiner Ankunft in England war er mit der ihm eigenen Energie zum Propagandisten, ja Agitator für die Sache der italienischen Oper geworden. Was ihm der Adel an Annehmlichkeiten bot, nahm er gerne an, doch nicht als Geschenk, sondern als geschuldeten Tribut für die Komposition einer

Musik, von der er wußte, und seine Gönner auch, daß sie alles übertraf, was die Engländer, zumal seit Purcells Tod, zu hören gewohnt waren. Was den Lords an Händel imponierte, war die suggestive Kraft dieses Mannes, die Gewißheit seiner selbst und der Berge versetzende Glaube an die Notwendigkeit seiner Mission.

Wie immer der Plan entstand, eine vom Adel getragene neue Operngesellschaft beim King's Theatre zu gründen – sicher ist, daß der stärkste Impuls dazu von Händel selber ausging, der für die Gesellschaft Opern schreiben sollte. Geschäftsgrundlage dieser »Royal Academy of Musick«, wie sie sich mit Erlaubnis des besonders interessierten Königs nennen durfte, war das Vertrauen der zahlenden Mäzene in die Fähigkeit Händels, die Gesellschaft zum Erfolg zu führen. Vorbild der Academy war die fünfzig Jahre zuvor unter König Ludwig XIV. in Paris gegründete »Académie Royale de Musique«. Die Gründungsakte der Royal Academy vom Mai 1719 zeigt die Namen von sieben Herzögen, unter ihnen Manchester und Chandos, sowie zahlreicher Earls, aber auch die von Freunden wie John Arbuthnot. Das vorgesehene Stammkapital von zehntausend Pfund wurde bald übertroffen. Der König zeichnete eintausend Pfund, wie auch Chandos und Burlington. »Das Ziel dieser musikalischen Gesellschaft war, sich die laufende Lieferung von Opern zu sichern, die Händel komponieren und aufführen sollte. Da die gezeichneten Einlagen sehr bedeutend waren, bestand die Absicht, dieses Unternehmen zumindest vierzehn Jahre lang fortzuführen«, verrät uns Mainwaring. Daß es nur Händel war, der die Opern schreiben sollte, stimmt allerdings nicht. Manche der hohen Herren schätzten auch andere Komponisten. Die Ironie des Schicksals wollte es, daß der Earl of Burlington, Händels großzügiger Hausherr am Piccadilly, auf seiner Italienreise 1719 Giovanni Bononcini für die italienische Oper in London anwarb. Was er damit Händel antat, ahnte er wohl nicht.

Händels erste Handlung als Komponist-Impresario war die Verpflichtung italienischer Sänger. Der Vorsitzende der Akademie, Thomas Pelham-Holles, Duke of Newcastle, erteilte ihm hierzu genaue Anweisungen: Er solle sich »nach Italien, Deutschland oder an einen anderen Ort oder andere Orte begeben, die ihm geeignet scheinen, um mit solchen Sängern und Sängerinnen, die für die englischen Bühnen taugen, Verträge zu schließen«. Über Stand und Fortgang der Unterhandlungen hatte er der Akademie laufend zu berichten. Es scheint, daß Händel im Frühsommer 1719 von London aufbrach, Anfang Juli über Düsseldorf nach Halle reiste und Mitte des Monats am Hof des Kurfürsten von Sachsen, Friedrich August I., als August II. König von Polen, besser bekannt unter dem Namen »August der Starke«, in Dresden erschien. Die italienische Oper dort war die erste ständige in Deutschland gewesen, eröffnet 1667. Einige der Italiener in Dresden waren Händel bereits bekannt, wie Margeritha Durastanti und Giuseppe Boschi, ein oktavenreicher Baß, Darsteller des Pallante bei der Erstaufführung der »Agrippina«. Insgesamt entsprach der Ertrag der Reise freilich weder ganz seinen eigenen Hoffnungen noch den Erwartungen der Londoner Auftraggeber. Denn als der sächsische Hof von Händels Absicht erfuhr, verlängerte er die Verträge der meisten Sänger. Nur Margeritha Durastanti folgte Händel sogleich nach England. Was er mit den anderen besprach, ist nicht überliefert. Als aber die Dresdner Oper die Kontrakte 1720, wegen Unstimmigkeiten mit den Sängern, die es dazu womöglich mit Absicht hatten kommen lassen, nicht wieder erneuerte, erinnerten sich diese an Händels Offerte vom Vorjahr und kamen nun gleichfalls nach London. Es waren dies vor allem der hochgerühmte Soprankastrat Francesco Bernardi, genannt Senesino, und der Baß Boschi.

Die erste Spielzeit der Oper begann verspätet Anfang April 1720 und dauerte bis Juli. Für diese und die noch folgenden sieben Spielzeiten schrieb Händel einige seiner größten Opern. Geschäftlich war das Unternehmen allerdings kein Erfolg. Nur in der zweiten Spielzeit gab es eine Dividende, es waren gerade sieben Prozent; danach gab es nichts mehr zu verteilen. Besonders heikle Buchungstitel im Budget der Oper waren die jährliche Erneuerung der Einlagen durch die Aktionäre, die oft gemahnt werden mußten, nicht selten vergeblich, die Kosten der Bühnenausstattung und, schlimmer noch, die exorbitanten Gagen der italienischen Sänger.

Das Jahr 1723 brachte Händel einen höheren Status und mehr finanzielle Sicherheit.

An seinem achtunddreißigsten Geburtstag, dem 23. Februar 1723, wurde er »Composer of Musick for His Majesty's Chapel Royal«. Musik für die königliche Kapelle hatte er schon seit einigen Jahren geliefert. Nun wurde er amtlich bestellter und mit jährlich zweihundert Pfund besoldeter königlicher Komponist. Wie dieses Amt an den Ausländer Händel mit dem Regelungsgesetz von 1701 vereinbar war, ist nicht klar, es sei denn, die Klauseln dort über die Vergabe von königlichen Ämtern an Ausländer seien nach bald einem Vierteljahrhundert obsolet geworden.

Zu diesen vierhundert Pfund kamen weitere zweihundert Pfund aus der königlichen Schatulle, als Vergütung für den Unterricht der Prinzessinnen Anne, Amelia und Caroline, der Töchter des künftigen Königspaares. Die Rolle des Musiklehrers war Händel zwar nicht neu, aber er liebte sie nicht. Jakob Wilhelm Lustig, ein aus Hamburg stammender Organist im holländischen Groningen, der Händel in London besuchte und diesen nach seiner Erfahrung als Musiklehrer befragte, erhielt, wie er in seinen Erinnerungen schreibt, die 1771 erschienen, die Antwort: »Seit ich Ihre Heimatstadt anno 1706 verließ und nach Italien ging, um mich schließlich in die Dienste des hannoverschen Hofes zu begeben, hat mich nichts auf Erden dazu bewegen können, Unterrichtsstunden zu erteilen – bis auf jene für Anna, die Blüte aller Prinzessinnen.« Anne war 1720, am Beginn des Unterrichts bei Händel, elf Jahre alt. Sie heiratete Willem IV., Prinz von Oranien, und starb Anfang 1759, drei Monate vor ihrem Lehrer. Sie standen zeitlebens in herzlicher Beziehung zueinander. Anne war die musikalisch begabteste der drei Prinzessinnen, und Händels für sie bestimmte Aufzeichnungen zur Kompositionslehre sind im Autograph erhalten.

Damit lagen Händels königlich garantierte Einkünfte bei sechshundert Pfund jährlich. Als angestellter Opernkomponist der Royal Academy bezog er jährlich ein Gehalt von etwa achthundert Pfund. Hinzukamen Einnahmen aus Benefizvorstellungen und Auftritten als Instrumentalsolist, Sonderzahlungen für Kompositionen im Auftrag des Königs und Erlöse aus dem Verkauf von Werken an den Verleger Walsh, wobei ihm eine Opernpartitur in der Regel sechsundzwanzig Pfund eintrug, manchmal auch siebzig wie bei »Floridante« oder gar über einhundert wie für »Giulio Cesare«.

Eine weitere Sicherung war das »Copyright«, das George I. ihm 1720 auf vierzehn Jahre erteilt hatte, das exklusive Recht, seine Werke zum Druck zu geben und zu publizieren. Die Erlaubnis beruhte auf dem »Copyright Act« von 1709, einem Gesetz, das dem Autor das Privileg auf begrenzte Zeit gab, was die Buchhändler nicht hinderte, sich auf ein angeblich »ewiges Copyright« zu berufen und sogar vor Gericht einzuklagen, bis das Parlament 1774 den Streit zugunsten des befristeten Copyright für alle Zeit entschied. Wenn auch das Copyright wegen ungenügender Sanktionen keine vollkommene Sicherung gegen Raubdrucke bedeutete, so bot es doch einen gewissen Schutz und, was noch mehr zählte, es war wie ein Siegel königlicher Gunst.

Händel lebte also, wieder einmal, wie ein Herr. Bei geschätzten Jahreseinnahmen von eintausendsechshundert bis zweitausend Pfund verdiente er annähernd so viel wie Senesino. Wenn wir zweihundertfünfzig Pfund mit eintausend Reichstalern gleichsetzen, was er als Jahressalär auch in Hannover bezogen hatte, so gab es in dieser Londoner Zeit Jahre, in denen er das Äquivalent von sechstausend Reichstalern einnahm. Selbst bei den höheren Kosten in einer Weltstadt wie London lebte er in glänzenden Umständen.

Ersparnisse legte er wohl schon seit 1716 in Rentenpapiere der South Sea Company an, in jener Zeit noch für bis zu sechs Prozent Jahreszinsen. Diese Ersparnisse beliefen sich bei seinem Tode im Jahre 1759 auf siebzehntausendfünfhundert Pfund Sterling. Die South Sea Company war 1711 gegründet worden, Gründer und erster Gouverneur war Robert Harley, Earl of Oxford, von 1710 bis 1714 leitender Minister Königin Annes. Geistiger Vater der Gesellschaft war der spätere Dichter des »Robinson Crusoe«, Daniel Defoe, ein von Harley hochgeschätzter politischer Pamphletist und sein Geheimagent bei der Beschaffung von Informationen über die öffentliche Meinung. Harley hatte schon 1694, damals als hoher Finanzbeamter unter William III., die Gründung eines ähnlichen Unternehmens versucht, um die Bank of England, eine private Gesellschaft, aus ihrem Monopol bei der Verwaltung der Staatsfinanzen zu verdrängen, weil er ihr Direktorium für borniert hielt, aber auch, weil sie ein Instrument der Whigs war und er mit einer Konkurrenzbank auch die Tories endlich ins Spiel bringen wollte. Doch der Plan mißlang.

Als Harley 1710 erster Minister wurde, versuchte er sein Glück erneut, diesmal mit der Gründung einer Monopolgesellschaft für den Handel mit Südamerika, genauer: mit den spanischen Kolonien. Durch die Einfuhr von Sklaven aus Afrika sollten in Südamerika neue Plantagen entstehen, die mehr Siedler anziehen und dadurch die Nachfrage nach englischen Gütern steigern würden. Ziel war, den Staat von seiner gefährlich hohen Verschuldung zu befreien, indem die Inhaber staatlicher Schuldverschreibungen durch die Aussicht auf hohe Dividenden und Kursgewinne animiert werden sollten, Aktien der South Sea Company zu kaufen. Nach der Übernahme der Staatsschuld durch die Gesellschaft sollte die Regierung an diese nur noch Jahreszinsen zahlen. Was noch fehlte, war Frieden mit Spanien und die Erlaubnis für die Company, mit den Kolonien Handel zu treiben. Doch das reichte noch nicht, weil Frankreich sich unterdessen das faktische Handelsmonopol für die Kolonien gesichert hatte, das durch die Thronbesteigung Philipps von Anjou als Philipp V. von Spanien in Madrid über großen Einfluß verfügte. Um der neuen Gesellschaft durch ein allseits anerkanntes Handelsmonopol für Südamerika eine solide Geschäftsbasis zu verschaffen, verhandelte Harley, des langen Krieges ohnehin überdrüssig, unter der Hand mit Frankreich über den Abschluß eines Friedensvertrages. Das Geschäft kam zustande – Frankreich verzichtete auf seine Handelsvorrechte für die spanischen Kolonien und einigte sich mit England, sehr zum Unmut der Alliierten, auf einen Separatfrieden. Doch nun sperrte sich Spanien, dem an einer dominierenden Rolle Englands am Handel mit seinen amerikanischen Kolonien wenig lag. England wurde nur erlaubt, jährlich ein Schiff mit Waren nach Südamerika zu schikken, und auch das nur gegen Gewinnbeteiligung. Kaum großzügiger war man in Madrid bei der Genehmigung zum Transport von Sklaven, eine Konzession, an der England, wegen eines spanischen Steuerzuschlags pro Sklave und der hohen Todesrate des Frachtguts bei der Überfahrt, oft weniger als erwartet verdiente.

Der neue König George I. zeigte sich zunächst kaum interessiert, als ihn das Direktorium der Company ersuchte, das Unternehmen zu fördern. Das erste Schiff war 1717 nach Südamerika ausgelaufen, aber wegen eines erneuten Krieges mit Spanien ohne den erhofften Profit heimgekehrt. Da jedoch das Thema der nationalen Verschuldung zum zwanghaft wiederkehrenden Tagesgespräch aller Stammtische geworden war, entschloß sich der König ein Jahr später, zur öffentlichen Propagierung des Unternehmens dessen Gouverneur zu werden.

Der Staat schuldete unterdessen der Bank von England und privaten Gläubigern die astronomische Summe von mehr als fünfzig Millionen Pfund. Der ursprüngliche Plan von Harley und Defoe wurde, unter führender Mitwirkung eines Finanzjongleurs namens John Blunt, mehrfach geändert, bevor er vom Parlament im März 1720 verabschiedet wurde, nicht ohne die damals übliche Zahlung bedeutender Bestechungsgelder. Im allgemeinen Verständnis hatte die South Sea Company das Monopol für den englischen Handel mit den spanischen Kolonien Südamerikas, wobei jedoch die Frage, wie dieses Monopol zu realisieren sei, ohne klare Antwort blieb. Überhaupt verschwanden die einst tragenden Elemente des Projekts, nämlich »Handelsmonopol« und »Südamerika«, immer mehr aus dem Blickfeld. Zusammen mit der Aussicht auf Dividenden und Kursgewinne bot die Gesellschaft den Aktionären nun auch noch das Recht auf Gewährung von Krediten, dies in der Absicht, sie zu bewegen, weitere Aktien zu kaufen und durch Steigerung der Nachfrage den Preis der Aktien ständig weiter in die Höhe zu treiben. Die South Sea Company hatte damit das Rennen gegen die mitbietende Bank zwar für sich entschieden, jedoch zu einem enormen Preis. Um nämlich die Mehrheit des Parlaments zu gewinnen und die Bank auszustechen, hatte sich die Gesellschaft bereitgefunden, an den Staat allein für die Erlaubnis, Staatsschuldverschreibungen in privater Hand in Aktien der Gesellschaft umzuwandeln, siebeneinhalb Millionen Pfund zu zahlen. Bei dieser unerhörten Belastung konnte die Operation nur gelingen, wenn die Gesellschaft so große Gewinne machte, daß sie imstande war, alle Forderungen zu befriedigen. Schließlich waren siebenunddreißigtausend Aktien im Wert von nahezu dreizehn Millionen Pfund verkauft, was aber noch lange nicht reichte, die Verpflichtungen gegenüber Staat, Aktionären und Kreditnehmern zu erfüllen. Der Wert der Aktien stieg von ursprünglich einhundert auf über eintausend Pfund im Sommer 1720. Halb England spekulierte wie in Trance. Doch dann platzte die Blase (»bubble«): Der Kurs der Aktien des nun entgeistert »South Sea Bubble« getauften Unternehmens fiel in kurzer Zeit auf unter zweihundert Pfund. War das Vertrauen der Aktionäre in die Gesellschaft bisher grenzenlos gewesen, so kannte der Vertrauensverlust nun auch kein Maß. Die panisch verstörten Aktionäre wollten ihre Anteile um fast jeden Preis verkaufen. Einige hatten bei dieser Spekulationshysterie klaren Kopf behalten, noch rechtzeitig vor dem Fiasko verkauft und Vermögen verdient, wie die Duchess of Malborough. Doch größer als der Jubel dieser Wenigen war der Jammer der Vielen. Es kam zu gefährlichen Demonstrationen. Walpole, als Whig-Rebell in Opposition zum Whig-Ministerium unter dem Earl of Stanhope, verdiente sich nach dessen plötzlichen Tod das dankbare Vertrauen des erst noch zögernden Königs durch einen Plan zur Notsanierung des Rest-Bubble. Nach einigem Protest kehrte Ruhe ein, und 1733 wurde die South Sea Company, bisher ein Mischunternehmen, in einen Rentenfonds umgewandelt. Sieger dieses turbulenten Jahres 1720 blieb am Ende die Bank von England. Sie wurde Händels Hausbank.

Es ist nicht erwiesen, ob Händel sich 1720 am Kauf von Aktien beteiligte. Sollte es für ihn beim Konkurs der Company Verluste durch die Neubewertung der Rentenpapiere gegeben haben, dann waren sie, wegen der noch geringen Höhe der Einlage, nicht bedeutend.

In derart gesicherten Verhältnissen war es für den nun achtunddreißigjährigen Händel an der Zeit, sich in London nach einem Haus umzusehen. Wo er seit seinem Auszug aus Cannons bis Dezember 1723 lebte, ist unbekannt. Er fand, was er suchte, »auf der Südseite der Brook Street, nahe Hanover Square, in einem Haus vier Türen von Bond Street«, wie es bei John Hawkins heißt. Er lebte dort zeitlebens zur Miete. Das Haus war mehr tief als breit, mit einer kleinen Eingangshalle, zwei Zimmern parterre und jeweils zwei Zimmern mit einem Kabinettchen in jedem der beiden oberen Stockwerke. Unter dem Dach war die Mansarde, das »garret«, für Dienstboten. Die Küche befand sich im Souterrain. Das zur Straße gelegene Zimmer parterre nutzte er als Büro und zum Verkauf von Billets, der Raum zum Garten hin war vielleicht für Besucher bestimmt. Auf der ersten Etage lagen der Salon und das Musikzimmer, dahinter das Speisezimmer. Darüber befanden sich Schlaf- und Umkleidezimmer. »Brook Street No 25« gehört heute einer englischen Versicherungsgesellschaft.

Die Wahl des Hauses, nur wenige Schritte entfernt vom Hanover Square mit St. George's Church, war wohl kein Zufall. Gewiß war »Georg« Händels eigener Taufname. Aber mehr noch wirkt sein Entschluß, sich gerade hier niederzulassen, wie eine Geste der Loyalität und Reverenz gegenüber seinem König. Der Bau von St. George's, begonnen 1720, war bei seinem Einzug in die Brook Street nahezu vollendet. St. George's, mit einem majestätischen Portikus, einem in schlichtem Stil gehaltenen Innenschiff und einer Orgel, wurde ihm eine oft besuchte Stätte stiller Andacht. Die Kirche wurde gern für Hochzeiten genutzt, und Emma Harte wurde hier 1791 zur Lady Hamilton. Zwischen Brook Street und Haymarket mit dem King's Theatre lag ein Fußweg von einer guten Meile, ähnlich zum HydePark, etwas weiter entfernt war St. James's Palace mit der Chapel Royal. Es ist nicht anzunehmen, daß Händel zum King's Theatre oder zur Chapel Royal zu Fuß ging. Er wird sich für diese Wege eine Kutsche gemietet haben oder eine Sänfte, falls er auch schon in diesen frühen Jahren, wie aus seiner späteren Lebenszeit bekannt, weder ein eigenes Pferd noch einen eigenen Wagen hielt.

HÄNDEL SCHRIEB FÜR DIE ROYAL ACADEMY dreizehn Opern, bevor die Gesellschaft im Juli 1728, also nach nur neun der geplanten vierzehn Jahre, schließlich fallierte. Die erste Spielzeit begann am 2. April 1720 mit »Numitore«, einer Oper des zweitrangigen Komponisten Giovanni Porta, Protegé von Philip, Duke of Wharton, eines hochbegabten, exzentrischen Wüstlings. Er war 1719 vom Tory zum Whig konvertiert, von König George I. zum Duke of Wharton erhoben worden, eine Gunst, die den erst Einundzwanzigjährigen nicht abhielt, sich erneut den Tories zuzuwenden und die jakobitischen Umsturzpläne des Bischofs von Rochester und Dean of Westminster, Francis Atterbury, zu fördern, den er, als das Komplott entdeckt wurde, mit einer brillanten Rede 1722 im Parlament verteidigte. Im Prozeß gegen Atterbury beleidigte Wharton den Lieblingsminister des Königs, den Earl of Stanhope, der sich darüber so sehr erregte, daß ihn der tödliche Schlag traf. Als wenn das nicht genügt hätte, sich den König zum Feind zu machen, griff Wharton die neue Regierung unter Walpole ebenso vehement wie wirksam an. Das war zweimal zuviel. Wharton mußte fliehen, verlor mit seinem Besitz auch den Herzogtitel, ging nach Rom, wurde Katholik, setzte sein zügelloses Leben fort und starb mit dreiunddreißig Jahren.

Händel kannte Porta aus Rom, wo dieser zuerst Instrumentalist, später Kapellmeister des Musikensembles von Kardinal Ottoboni gewesen war. »Numitore« war gleichsam ein Probelauf. Händel folgte drei Wochen später mit »Radamisto«, vermutlich nach einem Haym-Libretto. Spektakuläres Ereignis der Premiere von »Radamisto« war der erste Besuch von König und Kronprinz im King's Theatre seit Gründung der Royal Academy. Nach längerem öffentlichem Streit hatte sich der König kurz zuvor, am Georgstag, dem Namensfest beider, mit seinem Sohn ebenso öffentlich wieder versöhnt. Ihr Auftritt bei Händels »Radamisto« war auch ein politischer Akt, den sie, als engagierte Opernfreunde, nur zu gerne mit dem Vergnügen verbanden.

Während der beiden ersten Spielzeiten der Royal Academy wurden mehr Opern von Bononcini als von Händel aufgeführt. Bononcinis Erfolg läßt sich erklären: Das Publikum wurde von dem gefälligen Goût der Musik, wie beim Naschen an einem feinen Konfekt, augenblicklich eingenommen, ohne daß freilich der Eindruck lange nachwirkte. John Hawkins resümierte das Urteil der Kenner: »Der Stil Bononcinis war zärtlich, elegant und pathetisch; Händels Musik besaß alle diese Eigenschaften, und zahllose mehr, und seine Erfindungskraft war unerschöpflich.« Als die Akademie-Leitung in der dritten Spielzeit den Vertrag mit Bononcini nicht wieder erneuerte, geschah dies wohl wegen seiner Verbindungen zu jakobitischen Kreisen. Bononcini war Katholik und galt damit schon als staatsgefährdender Papist. Die Atterbury-Verschwörung hatte Tories und Katholiken sowie mit ihnen Sympathisierende erheblich diskreditiert. Zwar wurde Bononcini in der vierten Spielzeit erneut verpflichtet, doch gab er wegen starken öffentlichen Widerstands bald auf und wurde hochbezahlter Hausmusiker bei der Duchess of Marlborough, der Tochter der seit 1722 verwitweten Sarah Jennings. Sein Abschied von England 1731 war unrühmlich: Er hatte sich vor Zeugen entschieden zur Komposition der Kantate »In una siepe ombrosa« (In einem schattigen Hain) bekannt, die nachweislich von Antonio Lotti stammte. Er verließ England bei Nacht und Nebel.

Nach Bononcinis erstem Abgang 1724 konkurrierte Händel mit Attilio Ariosti, seiner zweiten Jugendbekanntschaft aus Berlin. Dessen respektable Oper »Coriolano« hatte nur eine Aufführung weniger als Händels »Ottone, re di Germania«. Höhepunkt der Händel-Opern während der königlichen Akademie-Jahre war die Aufführung von »Giulio Cesare in Egitto« am 20. Februar 1724. Meisterwerke der folgenden Spielzeiten waren »Tamerlano« und »Rodelinda, regina de' Langobardi«. In der achten und letzten Spielzeit vom November 1727 bis Juni 1728 gab es mit »Riccardo Primo, re d'Inghilterra«, »Siroe, re di Persia« und »Tolomeo, re d'Egitto« gleich drei neue Händel-Opern, dazu zwei Wiederaufnahmen, eine davon »Radamisto«. Bei sechzig Aufführungen von Händel-Opern konnte sich Ariosti mit seinem neuesten Werk »Teuzzone« nur an drei Abenden behaupten.

Damit hatte Händel die Italiener auf ihrem eigenen Terrain mit Längen geschlagen. Doch ohne Bononcini und Ariosti hätte er, nur gefordert vom Geschmack des englischen Publikums, seine großen Opern kaum geschrieben. Es war auch diese stimulierende Konkurrenz, die nicht nur England, sondern ganz Europa eine der glanzvollsten Episoden der Operngeschichte bescherte.

Der Triumph war nicht leicht errungen, und Händel sollte noch bittere Niederlagen erleben. Ein, nach dem Urteil einer Hand von Kennern, geniales Werk sicherte noch nicht den Erfolg beim Publikum. Was im King's Theatre erwartungsvoll Parkett und Ränge füllte, wollte unterhalten werden. Die Musik einer Händel-Oper allein hätte, zumal in seinen ersten Jahren, noch kein Londoner Theater gefüllt. Die Oper warb mit vier Attraktionen: Der Musik, dem Schauspiel, dem Ballett und den Sängern. Händel war nicht nur Komponist der Royal Academy, sondern auch Leiter des Orchesters, und verantwortlich für die Verpflichtung geeigneter Gesangssolisten. Beim Opernvolk galt er als einer, der auf Disziplin hielt. Wer in seinen Opern sang, wußte bald, daß hier nur sein Wille zählte. Das nahmen die meisten hin, weil sie seine Überlegenheit anerkannten. Andere taten sich schwerer, vor allem Kastraten wie Senesino oder Soprane wie Francesca Cuzzoni, die vom Zeitalter als Stimmwunder vergöttert wurden. Alle hatten ihr Gefolge von Bewunderern und Schmeichlern, die sich wie politische Parteien erbittert bekämpften. Bei Auftritten ihrer Protagonisten bildeten sie die Claque, wo sie ihren aufrichtigen Beifall zu gespieltem Jubel steigerten, um das Publikum mitzureißen, wenn auch die Londoner Claque der Pariser an Raffinement und Wirkung nicht nahekam.

Was Händel reizte, war die latente Bereitschaft der Sänger zu Eifersucht, Zank und Kabale. Das konnte zu Szenen führen, die den Gleichklang unter den Mitwirkenden an einer Oper empfindlich störten. Was ihn aber besonders verärgerte, war die Impertinenz mancher Sänger, ihn auf seinem ureigenen Gebiet herauszufordern, indem sie behaupteten, Arien seien ihrer Stimme nach Stil und Charakter nicht zuzumuten oder überhaupt nicht singbar. Weil er das

nicht hinnahm, zog er sich bei dem reisenden Völkchen der italienischen Gesangsvirtuosen sehr bald den Ruf eines Tyrannen zu. Vermutlich deshalb ging ihm auch der größte Kastrat des Jahrhunderts,
Carlo Broschi, genannt Farinelli, aus dem Wege, in seiner Londoner
Zeit von 1734 bis 1737 sang er kein einziges Mal unter Händel in
einer von dessen Opern, wohl weil er ahnte, daß ihm die Unterord-
nung unter diesen groben Deutschen nicht gelingen werde. Es ist ein
Wunder, daß es Händel und Senesino so lange miteinander aushiel-
ten, immerhin mehr als zehn Spielzeiten, von 1720 mit Unterbrechung bis 1733. Bei Mainwaring heißt es, Senesino habe jedoch »seine Stärke und Bedeutung zu fühlen begonnen, und dies in einem
Maße, daß er das, was er bisher als rechtmäßige Herrschaft (Händels) betrachtet hatte, ihm nun im Licht einer unverblümten Tyran-
nei erschien. Als Händel merkte, daß er (Senesino) zunehmend
weniger umgänglich und entgegenkommend war, beschloß er, diese
italienischen Launen zu zähmen, nicht mit Nachsicht, sondern mit
ätzender Schärfe. Ihn (Senesino) zu bändigen verwarf er; vergeblich
versuchte er, ihn unter seine Autorität zu zwingen. Doch dieser (Senesino) war äußerst widerspenstig; der andere (Händel) war im gleichen Maße empört. Kurz, es kam so weit, daß es keine Hoffnungen
auf eine Einigung mehr gab.« Der Hauptgrund für Senesinos lange
Selbstüberwindung dürfte gewesen sein, daß es ein besser bezahltes
Engagement als das in London für ihn nirgendwo sonst in Europa
gab und daß ein Streit mit Händel, auch wegen der Protektion durch
den König, aussichtslos war. Sobald sich aber 1733 eine vom Kronprinzen begünstigte Konkurrenzoper unter dem Patronat des Adels
bildete, ging Senesino augenblicklich.

Während Senesino am King's Theatre in den neun Akademie-Jah-
ren als primer uomo keinen Rivalen zu fürchten hatte, war die Eifersucht zwischen den beiden ersten Primadonnen der Epoche keine
Überraschung, der Ausbruch offenen Streits nur eine Frage der Zeit.
Zunächst 1723 erschien in London Francesca Cuzzoni und sang, beginnend mit »Ottone«, in allen Händel-Opern jener Jahre. Sie war
eine überaus vielseitige Sängerin mit einer reinen, starken und wan-

Jugendporträt, um 1710
Miniatur von Christoph Platzer

Händel–Haus, Halle

Autograph, Arie aus »Radamisto«, 1720
Staatsbibliothek zu Berlin, Preußischer Kulturbesitz

Um 1727
Porträt von Balthasar Denner
National Portrait Gallery, London

Um 1730
Porträt von Hans List nach Philipp Mercier
Händel–Haus, Halle

1749
Porträt von Thomas Hudson
Händel–Haus, Halle

Autograph aus »Der Messias«, 1741
British Library, London

In the Name of God Amen.

I George Frideric Handel considering the
Uncertainty of human Life doe make this my
Will in manner following
viz.

I give and bequeath unto my Servant
Peter le Blond, my Clothes and Linnen, and
three hundred Pounds sterl: and to my other
servants a year Wages.

I give and bequeath to Mr Christopher Smith
my large Harpsicord, my little House Organ, my
Musick Books, and five hundred Pounds sterl:

Item I give and bequeath to Mr James Hunter
~~—————————————————~~
————— five hundred Pounds sterl:

I give and bequeath to my Cousin Christian Gottlieb Handel
of Coppenhagen one hundred Pounds sterl.

Item I give and bequeath to my Cousin Magister Christian
August Roth of Halle in Saxony one hundred Pounds sterl.

Item I give and bequeath to my Cousin the Widow of
George Tauss, Pastor of Giebichenstein near Halle in
Saxony three hundred Pounds sterl.

and to Her six Children each two hundred Pounds sterl:
All the next and residue of my Estate in Bank Annuity's
~~Annuitys~~ or of what soever Kind or Nature,
I give and bequeath unto my Dear Niece
Johanna Frederica Floerken of Gotha in Saxony
(born Michaelsen in Halle) whom I make my
Sole Exec:rx of this my last Will
In wittness Whereof I have hereunto set my hand
this 1 Day of June 1750

George Frideric Handel

Händels Testament, 1750
Aus: Joseph Müller-Blattau, Georg Friedrich Händel, Potsdam 1933

1756
Porträt von Thomas Hudson
AKG Berlin

delbaren Stimme, ebenso brillant in der Koloratur wie gefühlvoll im Kantabile, mit dem sie das Publikum zu Tränen rührte. Ihr Londoner Debut feierte sie mit der Partie der Teofane in »Ottone«, einer Rolle, die Händel nicht eigens für sie geschrieben hatte, für die an solche Aufmerksamkeiten gewöhnte Cuzzoni ein Grund, Händel gleich zu Beginn herauszufordern, indem sie sich weigerte, die Auftrittsarie »Falsa imagine« (Falsches Bild) zu singen. Händel erkannte, daß sich hier schon entschied, was er an Zumutungen von der Cuzzoni künftig noch zu erwarten hätte, wenn er jetzt nachgab. Der nun folgende kurze, aber starke Auftritt Händels, der auf Jahre für Klarheit sorgte, ist als Anekdote überliefert. Danach soll sich Händel mit den Worten »Madame, ich weiß, daß sie eine richtige Teufelin sind, aber Sie sollten wissen, daß ich Beelzebub bin, der Gebieter aller Teufel« an die Cuzzoni gewendet haben, indem er die kleine und stämmige Person um die Taille gepackt und ihr gedroht haben, sie aus dem Fenster zu werfen, sollte sie noch mit einem einzigen Wort widersprechen. Die eingeschüchterte Cuzzoni sang bei der »Ottone«-Premiere denn auch »Falsa imagine« Note für Note, wie Händel sie komponiert hatte. »Falsa imagine« blieb in ihrem Repertoire der kommenden Jahrzehnte eine ihrer Lieblingspartien, und mit »Falsa imagine« verabschiedete sie sich 1751 vom Londoner Publikum – und mit stillem Gruß wohl auch von dem alten, erblindenden Händel.

Den Dreiklang höchster italienischer Gesangskultur während der Jahre der Royal Academy komplettierte schließlich Faustina Bordoni, kurz »Faustina« genannt. Sie war 1700 in Venedig geboren und damit zwei Jahre jünger als Francesca Cuzzoni. Beide kannten sich aus Venedig, wo sie 1718 und 1719 gemeinsam in Opern aufgetreten waren. Faustina sang mehrere Spielzeiten mit großem Erfolg und Höchstgagen in München und Wien, wo sie sogar mit der jungen Maria Theresia duettierte. Ihre Stimmlage war Mezzosopran, um einen Ton tiefer als der Sopran der Cuzzoni, aber mit gleichem Umfang. Der Ton ihrer Stimme war rein, kraftvoll und geschmeidig. Faustina besaß eine vollkommene Atemtechnik und war eine vorzügliche Darstellerin. Obendrein war sie noch unstreitig schöner als Francesca. Mit dieser gefährlichen Eigenschaft und ausgestattet mit ähnlich stimmlichen Qualitäten war eine friedliche Partnerschaft der Primadonnen naturgesetzlich unmöglich. So kam es in einer Aufführung von Bononcinis Oper »Astianatte«, in der beide auftraten, am historischen 6. Juni 1727 in Anwesenheit von Caroline Princess of Wales auf offener Bühne zu lautstarken beiderseitigen Verwünschungen, samt Austausch von Ohrfeigen. Das alles war unerfreulich. Händel nahm manches jedoch, des höheren Zweckes wegen, bis an die Grenze zur Selbstverleugnung hin, denn er wußte, daß er mit einem solchen Aufgebot an Solisten kaum noch einmal würde rechnen können.

Erfreulich dagegen war seine Erfahrung mit dem Orchester, nach dem Urteil von Zeitgenossen eines der besten Europas. Die meisten der Musiker waren Deutsche oder Franzosen, Konzertmeister war der Italiener Pietro Castrucci, der Bekannte aus Rom. Es dauerte nicht lange, und aus dem »Haymarket-Orchestra« wurde das »Handel-Orchestra«, mit einem unverwechselbaren Stil, der Signatur seines Meisters.

Angenehm war der Umgang mit John, vormals Johann Jakob, Heidegger, dem Manager des King's Theatre in den Jahren der Royal Academy. Heidegger hatte das Theater schon von 1713 bis 1715 geleitet. Er war zwanzig Jahre vor Händel in Zürich als Schweizer deutscher Herkunft geboren, die Vorfahren seines Vaters stammten aus Nürnberg. Er soll die Schweiz wegen einer unglücklichen Liebesaffäre verlassen haben. Anfang des Jahrhunderts war er nach London gekommen, um hier sein Glück zu machen, was ihm gelang. Bald galt er als Mann mit Geschmack, Urteil und einem in England hochgeschätzten Geschäftssinn, dazu begabt mit Organisationstalent und ausgestattet mit einer schier unerschöpflichen produktiven Energie. Händel konnte von dem gebildeten, aufgeschlossenen, wendigen, bestens eingeführten und erfahrenen Heidegger, deutschsprachig wie er selber, vieles lernen, am meisten natürlich über jene entrückte Zauberinsel im Meer alltäglicher Trivialitäten: das Theater. Heidegger kannte den Geschmack des Publikums, die Lust an der Augenweide, wie kein Zweiter, er war ein Meister der Staffage und wußte jeden

Hebel der Theatermaschinerie geschmackssicher und effektvoll zu nutzen. Das Geld verdiente er nur zum geringeren Teil am Theater, sondern vor allem mit der Ausrichtung von Maskenbällen, den beliebten »ridottos«, während des Winters in der Oper, aber auch in Palästen des Adels. Dem Ondit nach war er der »häßlichste Mann von London«, was er durch Gescheitheit, Humor, Selbstironie und seine stadtbekannte Freigebigkeit zum Wohl der Armen mehr als aufwog. Händel und Heidegger müssen sich geschätzt haben, denn sie blieben über Jahrzehnte in enger Verbindung, und es ist bedauerlich, daß von der Korrespondenz, die es zwischen ihnen wohl gegeben hat, nichts erhalten ist.

Wenige Tage vor seinem neunundzwanzigsten Geburtstag ging am 20. Februar 1724 die heroische Oper »Giulio Cesare in Egitto« beim King's Theatre in Szene. Senesino war Cäsar, die geläuterte Francesca Cuzzoni die Cleopatra, Anastasia Robinson sang Cornelia, Margeritha Durastanti den Sexto, in ihrer vorerst letzten Rolle in England, und Giuseppe Boschi den Achillas. Ein glanzvolles Aufgebot. Das Orchester war um vier Hörner, Harfe, Viola da Gamba und Theorbe, eine tiefgestimmte Laute, vor allem als weiteres Generalbaßinstrument verwendet, verstärkt worden. Haym hatte den Stoff nach älteren Vorlagen zu wirkungsvollen Szenen verdichtet. »Giulio Cesare« wurde die weltweit am meisten gespielte Händel-Oper, und sie war, seit der Göttinger Händel-Renaissance durch Oskar Hagen 1920, das am häufigsten aufgeführte dramatische Bühnenwerk Händels in Deutschland, in Ost und West.

Die Oper spielt in Ägypten, während des halben Jahres von September 48 bis März 47 v. Ch. Themen der Handlung sind Cäsars Liebe zu Cleopatra, der Mord an Pompejus, den Cleopatras mitregierender Bruder Tolomeo befohlen hatte, die Werbung Tolomeos um die trauernde Witwe Cornelia, Gattin des Pompejus, der fehlgeschlagene Mord an Cäsar, die tödliche Rache des Sexto, des Sohnes von Pompejus, an Tolomeo als dem Mörder seines Vaters, und der Bund Cäsars, Herrscher des Erdkreises, mit Cleopatra als neugekrönter, nunmehr alleinregierender Königin Ägyptens.

»Giulio Cesare« folgt dem herrschenden Muster der Barockoper, hat also Ouvertüre, Rezitative, Da-Capo-Arien, einige Duette und Chöre, gesungen von den Solisten. Die Oper beginnt mit einer festlichen Ouvertüre in A-Dur, die auf französische Manier nach einem breiten Grave in ein vierstimmig-fugiertes Allegro übergeht. Statt der Wiederholung des Grave öffnet sich der Vorhang zu einem von vier Hörnern begleiteten Chor, der im feierlich-gemessenen Takt eines Menuett Cäsar in Ägypten begrüßt. Zwischen diesem Eingangschor, »Viva, viva« (Er lebe, lebe), und dem Schlußchor, »Ritorni omai nel nostro core« (Kehrt nun zurück zu unserem Herzen), spielt das Drama um Staatsmacht und Liebe, für das Händel einige seiner größten Szenen schrieb. Nach Cäsars erregtem Ausbruch beim Anblick des Hauptes von Pompejus, wo er ankündigt, er werde Tolomeo wegen dieser Tat zur Rede stellen, folgt die Klage der Cornelia »Priva son d'ogni conforto« (Ganz ohne Trost bin ich). Von ähnlich eindringlicher Größe ist Cäsars begleitetes Rezitativ an der Urne des Pompejus »Alma del gran Pompeo« (Seele des großen Pompejus), ein gedankenschwerer Monolog über die Vergänglichkeit des Menschen und seines Ruhms, wobei die begleitende Musik zur getragenen Deklamation der Stimme ruhelos moduliert. Die bedeutendste Rolle der Oper ist die der Cleopatra mit ihrer Wandlung von der machtbesessenen Autokratin zur lasziven Kokotte und schließlich leidenschaftlich wie leidvoll Liebenden.

Wenn wir den Rang eines Musikers, zumal eines dramatischen, nach der Wirkung auf den Hörer bemessen, dann gehört Händel fraglos zu den größten Komponisten aller Zeiten. Dabei ist das Notenbild einer Händel-Partitur in der Regel von auffallender Frugalität, mit nur wenigen Notensystemen, unter sparsamer Verwendung von Notenköpfen. Die Magie seiner Musik erschließt sich nicht dem, der die Partituren liest, sondern nur dem, der sie hört. Diese Einfachheit großen Stils finden wir nur bei Künstlern, die nicht aus Selbstgefälligkeit, sondern durch ihr Werk wirken wollen. Händels Kunst ist es, mit den einfachsten Mitteln den stärksten Effekt zu erzielen. In der Regel sind nur wenige Instrumente oder Instrumentengruppen beteiligt: paarweise Flöten und Oboen, sodann Violinen, seltener Bratschen, Celli samt Baß. In den Meisteropern der Royal Academy fügt Händel, je nach dem Grad der Dramatik oder zur Steigerung des Kolorits, weitere Instrumente hinzu. Die Textur der Instrumentalsätze bei den Arien ist bei ihm dichter, »vielsprachiger«, als bei der Mehrheit seiner italienischen Konkurrenten, allenfalls mit Ausnahme von Alessandro Scarlatti. Die Instrumente verwendet er in Tonlagen, in denen sie am stärksten wirken, doch ohne daß sie die Stimme übertrumpfen. Die Musik sucht immer nur jenes Maß an Expression, das die Charaktere in ihrem Zustand fordern. In den Opern Händels bezeichnet jede Stimme denn auch unverwechselbar einen Charakter in seiner spezifischen seelischen Verfassung. Händel beschreibt niemals den Affekt per se, sondern nur den Affekt, wie ihn der Charakter formt. Die Dramatik seiner Opern liegt nicht allein im Konflikt der handelnden Person mit ihrer Umwelt, sondern auch, und oft mehr noch, im Widerstreit eines Charakters mit sich selbst. Es ist diese Melange aus Anlage, Stimmung und Konstellation im Gesamtbau des Dramas, die Händels Opernfiguren eigentümlich prägt. In seinen bald zweitausend Arien hat er ein Panoptikum menschlicher Empfindungen hinterlassen. Von stärkster Wirkung sind seine Frauenrollen. Kaum einer hat so wie Händel die weibliche Würde und Stärke im Leid geschildert. Ein Beispiel unter vielen ist Cornelia in »Giulio Cesare«. Die Gesangslinie in solchen Arien ist einfach und überläßt sich, der natürlichen Bewegung folgend, ganz ihrer inneren Empfindung. Erst im Dakapo der Arien konnte die Sängerin, sich selbst und dem Publikum zuliebe, mit virtuosen Auszierungen die Brillanz ihrer Stimme beweisen.

Mit »Rodelinda«, erstmals aufgeführt im Februar 1725, hatte die Royal Academy of Musick, den Beteiligten noch nicht bewußt, ihren künstlerischen Höhepunkt erreicht. Die folgenden Händel-Opern waren »Publio Cornelio Scipione«, kurz »Scipione«, sodann »Alessandro«, diese erstmals mit Faustina und Cuzzoni zur Eröffnung der Spielzeit im Mai 1726, ferner »Riccardo Primo, re d'Inghilterra«, eine schmeichelhafte Morgengabe an den neuen König George II., schließlich »Siroe, re di Persia« sowie »Tolomeo, re d'Egitto«, ein Drama um den tückischen Bekannten aus »Giulio Cesare«. Dem Trio der Meisteropern im Rang am nächsten kommt »Admeto, re di Tessaglia«, Ende Januar 1727 erstmals aufgeführt und mit neunzehn Wiederholungen ein beachtlicher Erfolg. In zehn Jahren hatte Händel, der seit 1724 die Londoner Opernszene zunehmend bestimmte und schließlich beherrschte, dreizehneindrittel Opern geschrieben – das Drittel war der letzte Akt von »Muzio Scevola«, wobei die beiden ersten Akte von Filippo Amadei und Giovanni Bononcini stammten; dieses Kind von drei Vätern erlebte 1721 immerhin neun Aufführungen.

Der Niedergang der Royal Academy war nicht abrupt, sondern kam schleichend. Wie es bei Cäsars Mord viele Täter gab, so hatte das Ende der Akademie viele Gründe. Das Unternehmen hatte allseits viel Kraft verbraucht. Die Neugier des Publikums auf die italienische Oper war fürs erste befriedigt. Wegen einer Erkrankung verließ Faustina 1728 England. Die Aktionäre erneuerten ihre Anteile nicht oder nicht fristgerecht, oder sie entzogen sich dem Aufruf, Defizite durch Extrazahlungen auszugleichen. George I. war am 22. Juni 1727 bei einer Reise in sein Kurfürstentum Hannover bei Osnabrück fast so plötzlich wie seine Mutter gestorben. Und schließlich hatte »The Beggar's Opera« einen solchen Erfolg, daß der Royal Academy und ihren italienischen Opern bald das Publikum ausblieb. Auge in Auge mit der Macht der Umstände beschloß die Royal Academy auf der Sitzung vom 1. Juni 1728 in desperater Laune ihren eigenen Untergang.

Wenn auch Händels Energien seit einem Jahrzehnt der Oper galten, so schrieb er auch anderes, zum Beispiel Kirchenmusik für die Chapel Royal, seit 1722 vor allem Dankhymnen zur glücklichen Rückkehr des Königs von Reisen auf das Festland. Aus dieser Zeit stammt auch das vierte »Te Deum«, in A-Dur; außerdem schrieb er italienische Kantaten, Triosonaten, Sonaten für Cembalo und zwischen 1724 und 1726 einige Violinsonaten.

Doch die bedeutendsten Werke dieser Zeit sind die »Watermusic« und die »Coronation anthems«.

Die Zahl der königlichen Wasserfahrten auf der Themse ist nicht bekannt, auch nicht, wer den Brauch einführte. Vielleicht war es Charles II., der »Merry King« – James II. war in den nur drei Jahren seiner Herrschaft mit seinem politischen Überleben zu sehr beschäftigt, William III. hatte für Unterhaltungen dieser Art von Natur aus nichts übrig, und Königin Anne war für solche Lustbarkeiten gewöhnlich zu krank. Sicher ist die Mitwirkung Händels nur an einer Wasserfahrt, der vom 17. Juli 1717 für George I. Das Orchester mit fünfzig Musikern spielte auf einem dekorierten Lastkahn nahe der königlichen Barke. Als »Watermusic« überliefert sind drei Suiten. Was von dieser Musik im Juli 1717 zum Wohlgefallen des Königs erklang, ist nicht mehr auszumachen. Zu den bekanntesten Stücken der »Watermusic« gehören das Allegro, bei dem die Hörner zum Ende in lustigen Synkopen aufspielen, sodann die stürmische Bourrée und die im Charakter ähnliche Hornpipe aus der ersten Suite sowie die Hornpipe aus der zweiten, alle drei für Oboe und Streicher.

Die »Coronation anthems« (Krönungshymnen) waren für die Thronbesteigung des neuen Königs, George II., bestimmt. Die vier Stücke sind »Zadok the priest« (Der Priester Zadok), »Let thy hand be strengthened« (Deine Hand soll gestärkt werden), »The King shall rejoice« (Der König frohlocke) und »My heart is inditing« (Mein Herz ersinnt), dieses zur Krönung von Caroline. Sämtliche Texte sind Collagen aus dem »Buch der Könige« und den Psalmen. Die Musik ist in den hellen Tonarten G, D, A und E-Dur für Chor und großes Orchester mit Posaunen, Orgel und Pauken geschrieben. Den Auftrag zur Komposition erteilte das Königspaar selbst. Die machtvoll-erhebende Musik hinterließ beim Herrscherpaar und seinem in der Westminster Abbey anwesenden Volk den stärksten Eindruck. Noch nie war einem englischen König bei seiner Krönung musikalisch derart gehuldigt worden.

MIT DEM BEZUG DES HAUSES in der Brook Street war Händel ein seßhafter Einwohner Londons geworden. Vier Jahre später vollzog er den nächsten Schritt: Er wurde englischer Staatsbürger.

Der Antrag auf Naturalisierung an das Parlament trägt das Datum vom 13. Februar 1727. Händel beteuert, er habe »fortwährend die protestantische Religion bekannt und Zeugnisse seiner Loyalität und Treue zu Seiner Majestät und dem Wohl Seines Königreiches gegeben«. Nachdem das Einbürgerungsgesetz binnen einer Woche beide Häuser passiert hatte, erteilte ihm George I. in der Sitzung des Parlaments am 20. Februar 1727 seine förmliche Zustimmung. Es war einer seiner letzten Staatsakte vor seinem Tode wenige Monate später.

Händels Entschluß, englischer Staatsbürger zu werden, war wohlüberlegt. Es war nun erwiesen, daß er richtig gewählt hatte, als er 1710 nach England kam. Der Erfolg gab ihm recht. Durch ihn war London in einem Jahrzehnt zur Opernmetropole Europas geworden. Das aufsteigende England, bald Herr der sieben Meere, war für seine Kunst ein idealer Resonanzboden. Seine Einkünfte übertrafen den Verdienst jedes europäischen Komponisten um ein Vielfaches. Händel war sich sicher: Dies konnte, mußte und würde so weitergehen. Erst recht als englischer Staatsbürger.

An seiner Entscheidung, Engländer zu werden, war aber nicht nur der Verstand beteiligt. Ihm gefiel dieses Land. Wie für viele Europäer waren die englischen Freiheiten auch für Händel eine Offenbarung. Von Hawkins wissen wir, Händel habe stets gesagt, es sei einer der großen Glücksfälle seines Lebens, daß er nun in einem Lande lebe, in dem niemand wegen seines Glaubens belästigt werde. Die schrittweise Entwicklung zu religiöser Duldsamkeit war auch eine Folge der im Widerstand gegen die englische Staatskirche entstandenen protestantischen Sekten, der Presbyterianer, Baptisten, Kongregationalisten, Quäker oder Unitarier. Den Zustand am Ende der zwanziger Jahre schon als Religionsfreiheit zu bezeichnen, ginge zu weit, doch für Voltaire, der von 1726 bis 1728 als Flüchtling in London lebte, war die religiöse Vielfalt geradezu unfaßbar, wenn er an den Glaubensstreit in seiner Heimat dachte oder an den religiösen Fanatismus anderswo in Europa. Und wenn es in England um Geschäfte ging, war die Toleranz der Engländer grenzenlos. »Man braucht nur die Börse von London zu sehen«, bemerkte Voltaire, »dort machen Juden, Mohammedaner und Christen Geschäfte miteinander, als ob sie alle derselben Religion angehörten, und wenn sie von einem Ungläubigen reden, meinen sie jemanden, der bankrott gemacht hat.«

Beispielhaft war England wegen der Balance zwischen Krone und Parlament, dem Schutz der Individualrechte und der Selbstverwaltung, in der viele Bürger ehrenamtlich tätig waren. Oberstes Organ der Selbstverwaltung in einer Grafschaft war der Sheriff, erste rechtliche und moralische Instanz der Friedensrichter. Ferner gab es die Ämter des »coroner«, der bei Todesfällen die Ursache zu ermitteln hatte, und der »constables« als öffentliche Vollzugsbeamte. Es gab Geschworene bei Gericht oder Gutachter bei der Steuerschätzung. Ehrenämter dieser Art erzogen zu Gemeinsinn und Vertrauen auf die eigene Kraft, während das Volk unter dem Absolutismus untätig alles Heil oder Unheil von der Obrigkeit erwartete.

Wenn auch die englische Gesellschaft wie in Frankreich oder Deutschland ständisch gegliedert war, so waren die Stände doch nicht wie dort hermetisch durch Barrieren des Ranges voneinander geschieden. Anders als der französische Adel, der nur noch Privilegien kannte und keine Pflichten mehr, war es für den englischen Adel eine Ehre, dem allgemeinen Wohl zu dienen. Der älteste Sohn aus großem Haus, der einmal den Titel erbte, hatte stets ein öffentliches, unbesoldetes Ehrenamt, das ihn in Kontakt mit der Gesellschaft hielt, und nicht nur mit dem eigenen Stand. Die jüngeren Söhne trugen nur den Namen der Familie, nicht den Titel, und lebten oft wie Bürgerliche, manche als Kaufleute, Angehörige eines Berufsstandes, den in Frankreich jeder Adlige gründlich verachtete. Gleichfalls unbekannt war in England das in anderen Staaten geltende ungeschriebene Gesetz der Ebenbürtigkeit, wobei der Adel bei Eheschließungen unter sich blieb. In England konnte ein Herzog ein armes Mädchen aus dem Volk heiraten, was gar nicht selten geschah. Dieser Nonkonformismus im Verkehr mit den anderen Ständen mußte Händel gefallen, weil er als Bürgerlicher in der gesellschaftlichen Wertschätzung dem Adel nicht, wie nach dem Komment der Feudalhierarchie des Reiches, unabänderlich unterlegen war, sondern wegen seiner Verdienste als Künstler und seiner Qualitäten als Mensch »ebenbürtig« und mit Zuvorkommenheit behandelt, ja umworben wurde. Er wurde eingeladen, das Leben in den Palästen und Gärten auf dem Lande zu genießen, ein Arkadien, dem nichts auf der Welt gleichkam. Die Tage vergingen mit Plaudereien, Musizieren, Spaziergängen im Garten, Kartenspiel, Jagden, Fischfang mit Angel und Netz, Ausflügen und Besuchen in einer Gastlichkeit, die angenehmer nicht sein konnte.

Zu dieser Idylle lieferte London, mit mehr als siebenhunderttausend Einwohnern noch vor Paris die größte Stadt Europas, den stärksten Kontrast. Hier war das Volk aller Stände in dauernder Bewegung auf der Jagd nach Glück und Geld. Die alte, von einer Mauer umgebene, City of London beherrschten die Kaufleute, Bankiers, Börsenmakler und Versicherungsagenten mit ihren Kontoren. Westlich und südlich der City lagen St. James's Palace, die königliche Residenz, und das Parlament. Auf der Themse drängten sich Dreimaster der königlichen Kriegsmarine, Handelsschiffe, Barken, Boote und Fähren. London Bridge war noch der einzige Übergang. Nach dem großen Brand von 1666 waren viele Straßenzüge neu angelegt worden, aber immer noch gab es winklige Gassen, abbruchreife Häuser und Unrat genug. Die Stadtväter ließen 1736 fünfzehntausend Öllampen in ganz London verteilen, was die nächtliche Sicherheit erhöhte, wenn auch bewaffnete jugendliche Banden, wie die berüchtigten »Mohocks«, weiterhin Passanten auf das Schlimmste mißhandelten. In den großen Parks, wie St. James's, Queen's oder Hyde, konnten sich Herrschaften von Stand bei Spaziergängen, beim Reiten oder bei Fahrten ihresgleichen zeigen, nicht anders in den Vergnügungsgärten von Vauxhall und Ranelagh außerhalb der Stadt. Dort ließ sich das einfache Volk seltener blicken, Taschendiebe ausgenommen. Handwerker und Arbeiter vergnügten sich lieber auf Jahrmärkten, zogen in eine der vielen Schenken und tranken sich mit

Gin oder Branntwein für ein paar Pennies einen Rausch an. Aus solchem Frohsinn in gleichgestimmter Gesellschaft entstanden oft Tumulte, die sich rasch ausbreiteten, weil es in der City nur Nachtwachen, vor 1784 aber keine organisierte, auch dann nur spärlich bemannte Polizei für den Tagesdienst gab und die Armee erst eingriff, um Schlimmeres zu verhüten. Die Herren aus Adel und gehobenem Bürgertum besuchten die Kaffeehäuser, besonders beliebt unter Queen Anne. Dort spielte man Karten, Billard oder Schach. Aus den Cafés gingen die Clubs hervor, Zufluchtsnischen wohltemperierter Geselligkeit nur für männliche Mitglieder. Die Frauen blieben zumeist zu Hause, widmeten sich der Handarbeit, mit Vorliebe feinen Stickereien. Salons wie in Paris gab es noch nicht, allenfalls traf man sich mit anderen Damen zum häuslichen Tee oder spielte Karten – wer nicht spielte, galt als schlecht erzogen, beliebt waren Brag, Picquet, Basset oder Loo, bis um 1742 das Whist den meisten Kartenspielen den Rang ablief. Ein gesuchtes, wenn auch teures, Vergnügen war das »shopping« in den eleganten Geschäften zwischen Charing Cross und Whitechapel. Wie auf dem Festland, so diktierte Paris auch in England die Mode. Selbst beim Einkaufsbummel trug die Dame den Reifrock, freilich nicht den »pannier«, sondern den kleinen Reif, »considérations« genannt. Überkleid und »chémise« waren aus leichter Seide, gedeckte Variationen von Rot und Blau herrschten vor. Die Dame trug gestrickte Wollkniestrümpfe und bestickte Schuhe, das Haar war schlicht, doch kunstvoll frisiert und zumeist gepudert. Auch die Kleidung der Herren war aus Seide oder Brokat. Leibrock und Weste waren mit Verzierungen besetzt, je nach Stand aus Gold oder Silber, man befestigte die Hose mit Schnallen unterhalb des Knies, die Strümpfe waren rot, nur bei großer Gala aus weißer Seide. Den Dreispitz auf der Perücke zierten Fransen und bunte Bänder, der Degen gehörte zum Anzug. Wegen des holprigen Pflasters benutzten Männer wie Frauen Spazierstöcke, Schirme waren noch selten. Im Klub kreisten die Unterhaltungen der Herren, wie überall und zu allen Zeiten, um die neuesten Skandale und Sensationen. Inniges Vergnügen bereitete ihnen die Lektüre der Zeitungen und Zeitschriften, wie »The Craftsman«, »The Daily Post« oder »The Post-Boy«, viel gelesen wurde auch das Wochenblatt »The London Journal«. Bei der seit über fünfzig Jahren geltenden Pressefreiheit waren manche randvoll gefüllt mit Beschimpfungen politischer Gegner, besonders der Regierung Walpole. Bezeichnend für den Stil ist die Rede von Daniel Pulteney, führender Kopf der Polemik von »The Craftsman«, gegen die Informationspolitik der Regierung, im Unterhaus 1740 – Pulteney wetterte gegen »die nichtswürdigen Federfuchser der regierungsamtlichen Rechtfertigungen«, sie seien »eine Herde armer Teufel« und »niedrige Knechte ordinärer Scherze, die mit ihren Attacken mangels Witz niemanden treffen, und deren Widerspruch wegen der Beharrlichkeit ihres Stumpfsinns nur lästig ist«. Unterhaltung in freier Luft boten Kricket und Federball. Entstand Streit, so traf man sich zum Duell, das zwar verboten, aber nicht totzukriegen war. Abends ging man auf Bälle, Maskeraden, Diners, ins Theater oder in die Oper, die in männlicher Begleitung auch Frauen besuchten. Bei Glücksspielen in Kasinos wie an Charing Cross oder in Leicesterfield gewann und verlor man Vermögen, und manch einer, der in wilder Hitze allen Besitz verspielt hatte, nahm sich danach in vollendeter Manier das Leben. Pferderennen im nahen Newmarket oder Ascot bei Windsor, von Queen Anne 1711 eröffnet, waren ein eifrig besuchtes Vergnügen, ebenso Hahnenkämpfe – sogar im St. James's Park gab es einen Kampfplatz für Hähne, den »Royal cockpit«, die Hähne kämpften mit zugespitzten Sporen, bis nur noch einer lebte, ähnlich beliebt war das »cock-throwing«, bei dem man auf einen zwanzig Meter entfernt angebundenen und angstvoll zappelnden Hahn einen Besenstiel schleuderte, erst 1835 wurden solche Quälereien verboten. Boxen war ein Sport, der bis zum blutigen, nicht selten tödlichen, Sieg mit der blanken Faust ausgetragen wurde, bis 1743 der Meister im Schwergewicht, Jack Broughton, die ersten Regeln für einen schonenderen Kampf einführte. Bei jedem Sport, oder was dafür galt, wurde leidenschaftlich gewettet. Öffentliche Hinrichtungen in Tyburn oder vor dem Gefängnistor von Newgate zogen viele Schaulustige an; Männer wurden zumeist gehängt, Frauen noch bis 1789 verbrannt, es sei denn, man erlaubte ihnen, sich vorher erwürgen zu lassen – makabre Spektakel dieser Art, zu denen Erwachsene oft noch Kinder mitbrachten, gab es häufig, weil in England ein Strafrecht galt, bei dem schon auf leichten Taschendiebstahl die Todesstrafe stand. Der notorisch vergnügungssüchtige Jurist und Schriftsteller James Boswell schwärmte 1791 in der rasch berühmt gewordenen Biographie über seinen Freund Samuel Johnson von London: »Das betriebsame Gewühl in den Straßen, die zahllosen Vergnügungsviertel, die erhabenen Kirchen und Bauwerke aller Art, alles das wirkt erregend, ergötzend und erhebend auf das Gemüt. Außerdem ist es äußerst wohltuend, ganz nach Lust und Laune leben zu können.«

Wer ein solches Leben nicht wohltuend fand, blieb zu Hause. Das Reisen war teuer, unbequem und gefährlich. Gereist wurde dennoch, den Adel und das besitzende Bürgertum zog es vor allem nach Tunbridge Wells südlich London und Bath nahe Bristol, wo man in Wandelhallen das Wasser trank oder die heilkräftige Wirkung der warmen Quelle am ganzen Leibe genoß. Manche aus dem Volk reisten auch, allerdings unfreiwillig, wenn sie zum Dienst auf den Kriegsschiffen Seiner Majestät mit roher Gewalt gezwungen oder durch Alkohol willfährig gemacht wurden. Wer zu Hause blieb, hatte es meistens nicht sehr komfortabel. Die Möblierung eines Salons war spärlich: Ein Tisch, ein paar hochlehnige, unbequeme, mit Roßhaar gepolsterte und mit Leder bezogene Stühle, ein Sofa, vielleicht noch ein Teetisch, an den Wänden ein Gemälde mit Landschaft, Stilleben oder Porträt, häufiger, weil billiger, waren Kupferstiche und Radierungen oder die in England besonders beliebten Schabkunstblätter, mit Nachbildungen berühmter Gemälde, religiösen Motiven oder Ansichten von London. Zumeist zwischen den Fenstern hing ein Spiegel mit Konsole. Die Mahlzeiten waren herzhaft und üppig, Fleisch gab es in jeder Güte und Menge. Völlerei war nicht verwerflich, wenn auch über Korpulenz, siehe Händel, fröhlich gelästert wurde. Freilich war die englische Küche gar nicht nach dem Geschmack der Ausländer, und bekannt ist der verzweifelte Ausruf eines

Franzosen, England habe zwar hundert Konfessionen, aber nur eine Sauce. Der Portwein hatte die französischen Weine in der Nachfrage überholt, weil er seit dem Vertrag von Methuen mit Portugal 1703 geringer besteuert wurde, und auch, weil man sich aus Patriotismus den besseren Wein der Franzosen, mit denen man ständig im Krieg lag, nicht gönnen wollte – Steuern zahlte man in England so ungern wie anderswo, es gab die Verbrauchssteuer und die Landtaxe, die Gemeinden zogen eigene Steuern ein. Händel bestellte im Dezember 1735 zwölf Gallonen Portwein, aber nur zwölf Flaschen französischen Wein. Das Volk trank zum Essen Bier, weil das Wasser ungenießbar war. Tee wurde zu einem beliebten Getränk, doch war er teuer, ein Pfund reichte in manchen Familien für ein ganzes Jahr. Man heizte in der Regel mit Kohle, die in Öfen oder auf offenen, tragbaren Rosten verfeuert wurden. Wegen des Rußes nahm man im Winter in den meisten Häusern Gardinen und Vorhänge ab. Der Bürger sah auf Sauberkeit, die meisten Häuser wurden, wie der Franzose Nicolas de Saussure 1726 verblüfft notierte, zweimal die Woche bei ausgiebigem Wasserverbrauch vom Keller bis zum Dachboden gründlich geputzt. Niedrige Preise für Grundnahrungsmittel machten das Leben auch für viele Arme noch halbwegs erträglich. Der englische Arbeiter, schrieb Daniel Defoe, esse und trinke im Wert dreimal mehr als jeder Arbeiter sonst in der Welt. Wie viele Dienstboten Händel im Hause hatte, wissen wir nicht. Die Aufsicht über das Personal führte wohl Johann Christoph Schmidt der Ältere. Als Koch wurde zeitweise der Sänger und Cellist Gustav Waltz beschäftigt. Dienstboten waren notwendig, schon wegen der bis 1762 geltenden Pflicht, die Straße vor dem eigenen Grundstück sauber zu halten. Auch wegen der vielen Botengänge war ein »footman«, oder deren mehrere, unentbehrlich, wenn etwa für die eilige Beförderung eines Briefes die Dienste der »Penny-Post«, die es in London seit 1680 gab und die Büros in jedem Stadtteil unterhielt, zu lange brauchten.

LONDON

1728 – 1741

Ehelos
War Händel homosexuell?
Doppeltes Schweigen
Zweite Akademie
»Orlando«
Adelsoper
Aufstand der Sänger
Oxford
Covent Garden
Roßkur
Partner Heideggers
Ein Requiem
Denkmal
Das englische Oratorium
Concerti grossi

SPÄTESTENS MIT DER NATURALISIERUNG wäre für Händel die Zeit gekommen, eine Ehe zu schließen. Statt dessen blieb er bis zum Lebensende unverheiratet.

Doch wissen wir, daß er den Umgang und das Gespräch mit Frauen sehr schätzte und dabei, wie eine Nachbarin in der Brook Street sich erinnerte, gelöst und natürlich wirkte. Auch hätte ihm als Frauenfeind die Nähe zum weiblichen Personal des Theaters lästig sein müssen. Nichts ist überliefert, was eine solche Annahme erlauben würde. Die Anekdote mit Francesca Cuzzoni ist eben – eine Anekdote, die Geschichte einer nicht alltäglichen Begebenheit. Ungewöhnlich ist, daß Händel eine Sängerin, die ihm widersprach, aus dem Fenster zu halten gedroht habe, um sie gefügig zu stimmen. Es ist klar, daß sich dieser Effekt bald verbraucht hätte, wäre Händel bei Widerspruch von Sängerinnen zu ihrer Disziplinierung nichts anderes eingefallen. Wenn die Cuzzoni-Anekdote also etwas Ungewöhnliches berichtet, dann war Händels Umgang mit den Sängerinnen gewöhnlich ein anderer. Was auch gar nicht anders sein kann, weil die Harmonie in einem Ensemble den Erfolg einer Oper maßgeblich mit entscheidet. Wahr ist aber auch, daß eine Anekdote etwas Typisches erzählen will. Das Typische hier ist jedoch nicht Händels Ressentiment gegen Frauen, sondern sein Herrschaftsanspruch in künstlerischen Fragen, der jedem galt, ob weiblich oder männlich. Vor allem aber bezeugen Händels Frauengestalten in seinen Opern ein tiefgründiges, geradezu unstillbares empathisches Interesse an der weiblichen Seele.

Im übrigen läßt sich die Anekdote, sollte es denn zu dem Vorfall wie überliefert tatsächlich gekommen sein, nur aus der Zeit begreifen. Die Frau galt bei allen Klassen als dem Manne unwiderruflich unterlegen. Nichts war der Zeit fremder als die Vorstellung von der Gleichheit der Geschlechter – vom minderen Rang der Frau waren auch die Frauen überzeugt. Sie wuchsen ohne Bildung auf, wechselten durch die Ehe aus der väterlichen Aufsicht unter die des Ehemannes, der frei über ihre Mitgift verfügen konnte. Die Frau besaß nichts ausschließlich als ihr Eigentum, selbst durch Arbeit verdientes Geld gehörte dem Ehemann. Wenn dieser es wollte, wurde der Frau die Sorge für die Kinder entzogen, in einem gerichtlichen Ehestreit konnte sie nicht als Zeugin gegen den Ehemann aussagen, und schon gar nicht konnte sie in ein öffentliches Amt gewählt werden. Eine der klügsten Frauen der Zeit, Lady Mary Montagu, Freundin Alexander Popes, meinte resigniert und mit bitterer Ironie, sie zweifle nicht, daß Gott und Natur die Frau auf einen tieferen Rang verwiesen hätten, sie schuldeten dem höheren Geschlecht Gehorsam und Unterwerfung, und jede Frau, die sich in ihrer Eitelkeit und Narrheit dagegen wehre, lehne sich gegen das Gesetz des Schöpfers und die unbestreitbare Ordnung der Natur auf.

Händel hat uns über die Gründe seiner Ehelosigkeit nichts hinterlassen. Beginnen wir mit der Behauptung, er habe keine Ehe geschlossen, weil er homosexuell gewesen sei.

Diese Behauptung stammt aus den siebziger Jahren des 20. Jahrhunderts. Bannerträger der resoluten sexuellen Enttabuisierung sind Sozialhistoriker mit Arbeiten über das englische 18. Jahrhundert. Im Kielwasser dieser Forschung segelt auch Gary C. Thomas mit »Was George Frideric Handel gay? – On closet questions and cultural politics« (War Georg Friedrich Händel homosexuell? – Über Tabu-Fragen und Kulturpolitik), erschienen 1994. Es lohnt sich, diese bisher wohl gründlichste Arbeit über Händels behauptete Homosexualität einmal kurz zu prüfen.

Thomas beginnt mit einem Zitat aus einer Studie von George S. Rousseau über Homosexualität im englischen 18. Jahrhundert, wonach Händel auf die Frage von George II., wie es mit seiner Liebe zu Frauen stehe, geantwortet haben soll, er habe für nichts anderes Zeit als für die Musik. Thomas bekennt allerdings, er habe das Zitat in der von Rousseau erwähnten Quelle nicht finden können, und dieser habe ihm auf Befragen gesagt, seine in Europa entstandenen Notizen über Händel seien in ziemlicher Unordnung gewesen. In der Tat ist ein solches Gespräch zwischen George II. und Händel, bis auf die ungedeckte Behauptung von Rousseau, unbekannt. Was nicht verwundert. Denn daß sich der König, doch wohl vor Zeugen, mit einer solchen Frage an Händel gewandt haben sollte, ist unwahrscheinlich. Und selbst wenn es diese zudringliche Frage mit der behaupteten Erwiderung Händels tatsächlich gegeben hätte – wie nur läßt sie sich als Eingeständnis deuten, er sei homosexuell?

Während dieses Gespräch also offenbar erfunden ist, erwähnt Thomas eine königliche Bemerkung nicht. George III. notierte in sein Exemplar von Mainwarings Memoirs, Händel habe jeden Rat verworfen, nur nicht den der geliebten Frau; seine Liebschaften seien eher von kurzer Dauer gewesen und hätten sich stets innerhalb der Sphäre seines Berufs gehalten. Während sich also Thomas auf eine erfundene Quelle beruft, widerspricht ihm eine andere, die er nicht erwähnt und die es nachweislich gab.

Thomas benennt sodann für seine Behauptung, Händel sei homosexuell gewesen, als Kronzeugen die beiden Händel-Biographen John Mainwaring und John Hawkins.

Zuerst Mainwaring: »Im Verlauf seines Lebens schlug er (Händel) die besten Angebote hochgestellter Persönlichkeiten aus, ja sogar die höchsten Gunstbeweise (englisch: highest favours) des schönen Geschlechts, und dies nur, weil er nicht durch besondere Bindungen beengt oder eingeschränkt werden wollte.« Für Thomas heißt das, Händel habe nicht nur die wirtschaftlich günstigsten Angebote des Adels ausgeschlagen, sondern auch die Einladung der anziehendsten Frauen zu »sexuellen Beziehungen«. Denn im Sprachgebrauch des englischen 18. Jahrhunderts seien »favours« von Damen stets sexueller Natur gewesen. Daß mit »favours« auch damals womöglich nichts weiter als Gunst oder Wohlwollen gemeint gewesen sein könnte, ist für ihn nicht denkbar. Er übersieht aber noch ein Weiteres: Der

Theologe Mainwaring spricht von »highest favours«, und es braucht schon einige Verwegenheit, darunter sexuelle Beziehungen zu verstehen, zumal in dem gegebenen Kontext, wo Händel sowohl wirtschaftliche Vorteile als auch weibliche Gunstbeweise mit der Verlokkung zu einer gesellschaftlich opportunen Ehe ausschlug. Beide Angebote, so will Mainwaring verstanden werden, habe er abgelehnt, weil er sich weder durch die Annahme des einen noch des anderen habe binden wollen.

Nun zu Hawkins. Thomas wählt aus dessen biographischen Anmerkungen zu Händel folgende Passage: »Seine Neigung zu gesellschaftlichem Umgang (englisch: social affectations) war nicht sehr stark; und dies mag daher kommen, daß er sein ganzes Leben ehelos blieb; daß er keine Bindungen anderer Art zu Frauen hatte, mag einem besseren Grund zuzuschreiben sein.« Hier erkennt Thomas ein »Meisterstück versteckter Anspielung«: Händel sei ehelos geblieben und habe auch keine Beziehungen zu Frauen von anderer Art gehabt, und das aus einem »besseren Grund«, nämlich wegen sexueller Beziehungen zu Personen des eigenen Geschlechts. Dagegen versteht der unbefangene Leser von Hawkins etwas anderes: Händel blieb ehelos und hatte auch keine Beziehungen zu Frauen »von anderer Art«, weil er durch den Verkehr mit Prostituierten nicht gesellschaftlich kompromittiert oder mit einer Geschlechtskrankheit infiziert werden wollte.

Danach macht sich Thomas an die Sammlung »erhärtender Beweise«. Doch liegen auch sie so weit vom Ziel, daß sie nicht ernsthaft diskutiert werden können. Das gilt etwa für die Behauptung, Händel habe homoerotisch deutbare biblische Texte vertont. Oder er habe sich nur mit größtem Widerstreben zum Ende seines Lebens von der italienischen Oper getrennt und englische Oratorien geschrieben, wobei Thomas die italienische Kultur pauschal als weibisch und homoerotisch, die englische Kultur dagegen als heterosexuell und maskulin deutet, mithin Händels langes Zögern, die italienische Oper aufzugeben, seine homoerotischen Neigungen enthülle.

Verdächtig ist Thomas das Schweigen der Biographen. Was sie zu

»Händel und die Frauen« bisher geschrieben hätten, klingt ihm un-aufrichtig, gequält und schuldbewußt. Keiner traue sich, »die Wahr-heit« zu sagen. Doch er vergißt jenen Biographen, der Händel am be-sten kannte: Johann Mattheson. Der bemerkte in seinem Lebenslauf Händels, erschienen in der »Grundlage einer Ehrenpforte« 1740: »Man hat auch noch nicht vernommen, daß er verheiratet sey: es wäre sonst hohe Zeit.« Und dabei war Mattheson einer, der sich auf »meisterhaft formulierte Anspielungen« wie kein Zweiter verstand. Doch nichts davon. Es bleibt dabei: Was es nicht gibt, das braucht man auch nicht zu vertuschen. Nicht in jedem Keller modert eine Leiche.

Es gibt noch ein anderes Schweigen: das von Händels Mitwelt. Nach fast fünfzig Jahren in England, fünfunddreißig Jahre im Hau-se Brook Street, ein halbes Jahrhundert lang eine Persönlichkeit des öffentlichen Interesses wie selten eine, länger im Rampenlicht als alle bedeutenden Politiker seiner Zeit, rastlos tätig, Erfolge und Nieder-lagen stets vor aller Augen: Dabei war Händel, zur Ikone der engli-schen Kultur geworden, durchaus nicht bei jedermann beliebt. Er hatte viele Neider, und nicht wenige haßten ihn. Was wäre verlok-kender gewesen, als ihn mit der Behauptung, er sei homosexuell, öf-fentlich zu diffamieren? Denn Homosexualität galt als schändlich und konnte lebensgefährlich sein. Seit der Herrschaft Heinrich VIII. Mitte des 16. Jahrhunderts war Sodomie, die »widernatürliche Un-zucht«, gemeint war damals auch noch die sexuelle Beziehung zwi-schen Männern, ein Kapitalverbrechen, das mit dem Tode bestraft werden konnte. Mervyn Touchet, Earl of Castlehaven, wurde in Lon-don 1631 wegen Sodomie enthauptet, und Bischof Tom Atherton in Dublin 1640 gehenkt. In einem mehrfach aufgelegten Pamphlet wurde 1721 Charles Spencer, Earl of Sunderland, anonym der Sodo-mie beschuldigt; wenn auch sein Tod ein Jahr später eher den Aufre-gungen zuzuschreiben war, die ihm der Skandal um die South Sea Company bescherte, in den er verwickelt war, so zeigte die Kampagne, daß seine politischen Gegner wußten, wie sie ihn als Kandidaten bei den anstehenden Unterhauswahlen am besten diskreditieren konnten. Als im April 1725 in London Klubs entdeckt wurden, in denen sich Homosexuelle trafen, nannte »The London Journal«, erkennbar als Sprachrohr der Volksmeinung, die bei der Razzia Gefaßten »Monster« und Homosexualität ein »abscheuliches Laster« – drei der Beschuldigten wurden gehängt. Charles Hitchen, führendes Mitglied der »Gesellschaft zur Verbesserung der Sitten«, wurde 1726 der Unzucht mit Männern bezichtigt, an den Pranger gestellt und von der erregten Menge fast getötet.

Doch statt öffentlicher Schande Händels Beisetzung unter bewegter Anteilnahme Tausender in Westminster Abbey, dem Pantheon der Nation. Dabei waren der Öffentlichkeit boshafte Enthüllungen über das Privatleben prominenter Zeitgenossen stets hochwillkommen. Samuel Johnson schrieb 1771 »The lives of the Poets« (Das Leben der Dichter), wo er zwischen Leben und Werk unterschied, weil er glaubte, ein guter Dichter müsse nicht immer auch ein guter Mensch sein. Die Aufgabe des Biographen sei es, die kleinen Umstände des täglichen Lebens zu schildern, weil nur in diesen Details der lebendige Mensch wiederersteche. Händels Leben war keineswegs eine allseits respektierte Privatsache. Wohlbekannt war sein gewaltiger, in Versen derb verspotteter Appetit. Die Lithographie des Malers Joseph Goupy »The charming brute« (Das bezaubernde Untier), die Händel mit Schweinerüssel und unförmiger Gestalt, auf einem Faß sitzend und umgeben von Geflügel samt Schinken und Austern, beim Spiel an der Orgel zeigt, verkaufte sich 1754 prächtig. Auch nicht nach jedermanns Geschmack war Händels bekannte Neigung, herzhaft zu fluchen. Aber das war's. Ein homosexueller Umgang Händels wäre nie und nimmer unbemerkt geblieben.

Doch fragt sich immer noch, warum er unverheiratet blieb.

Es ist nicht viel, was wir über seine Liebschaften wissen. Hartnäckige Gerüchte, die auch das Ohr der Kurfürstenwitwe Sophie in Hannover erreichten, gab es über eine Affäre mit Vittoria Tarquini. Sollte er Liebschaften mit dem weiblichen Theaterpersonal gepflogen haben, so sind die Frauen seiner Wahl für uns namenlos. Immerhin dürfte es diese »Liebschaften von eher kurzer Dauer« gegeben haben. Die Diskretion, mit der Händel sein Leben umgab, war nicht fugendicht, aber doch dicht genug, seine Lebensweise, bis auf den Appetit und das Fluchen, aus dem öffentlichen Gerede zu halten. Nicht nur sein Liebesleben, sondern auch seine politischen Überzeugungen und seine religiösen Ansichten, was nicht leicht war, da er als Lutheraner zu den Nonkonformisten zählte, denen die Anglikaner immer noch mißtrauten.

In den Händel-Anekdoten von William Coxe, die 1799 erschienen, ist von gescheiterten Eheprojekten die Rede. Danach sollen in Händels Jugend zwei seiner Schülerinnen, beide mit erheblichem Vermögen, in ihn verliebt gewesen sein und sich Hoffnungen auf eine Ehe mit ihm gemacht haben. Die erste hätte er wohl geheiratet, doch sei sein Stolz durch die Erklärung der Mutter des Mädchens, sie werde niemals der Heirat ihrer Tochter mit einem »Fiedler« zustimmen, so sehr verletzt worden, daß er den Umgang mit dem Mädchen beendet habe. Nach dem Tod der Mutter habe der Vater die Bekanntschaft seiner Tochter mit Händel erneuern wollen, doch habe dieser erklärt, daß »die Zeit nun vorbei« sei. Das Mädchen sei aus Gram erkrankt und bald gestorben. Die andere Verbindung wäre wohl zustande gekommen, wenn auch hier Händel auf seinen Beruf verzichtet hätte, was er jedoch entschieden abgelehnt habe. Mehr wissen wir nicht. Eines erscheint jedoch klar: Der Ehewunsch ging beide Male nicht von Händel aus, sondern von den Frauen.

Als er sich 1712 als Siebenundzwanzigjähriger entschloß, von Hannover nach London zurückzukehren, wußte er noch nicht, daß sein Leben in England enden werde. London war ein Versuch, der scheitern konnte. Erst 1723, mit dem Haus in der Brook Street, wußte er, daß er bleiben wollte. Da war er achtunddreißig Jahre alt. Zu dieser Zeit wird er bei sich beschlossen haben, allein zu bleiben. Er wußte unterdessen, daß er nicht für die Ehe und die Ehe nicht für ihn geschaffen war. Die Musik war sein gottgegebener Auftrag, sein Leben, und dieses Leben war unteilbar. In einer Ehe wären beide zu kurz gekommen: die Frau und die Musik. Søren Kierkegaard berichtet in »Stadien auf dem Lebensweg« von dem griechischen Philosophen Thales, er habe, als seine Mutter ihn drängte, eine Frau zu nehmen, erwidert, er sei noch zu jung. Und als ihn die Mutter Jahre später erneut an die Ehe erinnerte, habe er geantwortet, nun sei er zu alt. So war es wohl auch bei Händel. Mit einem randvollen täglichen Pensum an Musik, geschrieben zumeist wegen enger Termine unter hohem Zeitdruck, Opernproben, Dirigieren, Konzertauftritten, Verhandlungen über das Engagement neuer Sänger, die Anmietung von Konzertsälen oder die Anfertigung von Bühnendekorationen, dazu Unterrichtsstunden, königliche Aufträge, Auslandsreisen, neue Projekte und neue Termine war, so wird er gedacht haben, für Ehefrau und Familie kein Platz mehr.

Ehelosigkeit war gar nicht selten, Schätzungen nach blieb in England damals fast ein Viertel der Männer und Frauen unverheiratet. Gewöhnlich waren Junggesellen belächelte Käuze, weil sie nichts mehr schätzten als ungestörte Muße und Wohlsein. Einer von diesen war der Gesellschaftschronist der Zeit, Horace Walpole, Stiefsohn von Robert. Die englische Literatur kennt den redlichen Junggesellen, wie Sir Eberhard Digby in »Waverly, or, 'tis sixty years since« (Waverly oder Das ist sechzig Jahre her) von Walter Scott, oder Matthew Bramble in »The expedition of Humphrey Clinker« (Humphrey Clinkers Reise) von Tobias Smollett. Hoher Wertschätzung erfreuten sie sich, wenn sie durch Tapferkeit im Feld, gesundes Urteil im Rat oder Wohltätigkeit dem öffentlichen Interesse nutzten.

Was in den ersten Biographien über Händel als Thema seines Lebens wie in einem Rondo wiederkehrt, sind die Worte »Unabhängigkeit« und »Freiheit«. Nur bei Unabhängigkeit konnte er frei sein für die Musik. Ein bequemeres Haus hätte sich wohl finden lassen, aber das in der Brook Street war für seine Lebensweise wie geschaffen: Im Souterrain der Proviant, parterre der Vertrieb, in der Beletage Produktion und Ernährung, im zweiten Stock die Entspannung und unter dem Dach die Bedienung. Wie Hawkins wußte, war Händels Lebenslauf geordnet und gleichförmig, Musik komponieren und aufführen füllte den Tag. Er machte nur noch selten Besuche, vermied Kartenspiel und anderen Zeitvertreib. »Seine Erfindungskraft erzeugte laufend neue Ideen, und seine Ungeduld, von ihnen entbunden zu werden, hielt ihn ständig beschäftigt.« Da er keine Freundschaften mehr schloß, als seine Freunde starben, wurde er mit den Jahren einsam.

Durch den Tod seines Gönners George I. und das Ende der Royal Academy ein Jahr später war Händels Zukunft ungewiß geworden. Zudem beherrschte die Balladenoper als Neuheit die Szene. Die Londoner hatten ihren Spaß: Endlich sangen Engländer auf der Bühne Melodien, von denen sie die meisten kannten, und das noch in der Landessprache auf pikante Texte.

Die Royal Academy hatte Händel und Heidegger die Nutzung der Maschinen, Kostüme, Kulissen und Requisiten des King's Theatre auf fünf Jahre mietweise überlassen. Der begabteste der in London lebenden italienischen Textdichter, Niccolò Haym, sollte für Händels künftige Opern die Libretti liefern. Was nun noch fehlte, waren neue Sänger, nachdem Senesino, die Cuzzoni und Faustina London verlassen hatten. Händel erbot sich, nach Italien zu reisen und verließ London Anfang Februar 1729. Erste Station war Venedig, von dort ging es weiter nach Bologna und Rom. Die Sänger, die er verpflichten konnte, waren stimmlich respektabel, vor allem der Kastrat Antonio Bernacchi, die Sopranistin Anna Maria Strada del Pò und die Mezzosopranistin Antonia Merighi. Die Gage für Bernacchi war eintausendzweihundert Pfund, also deutlich weniger als das, was Senesino verdient hatte. Auf der Rückreise über Deutschland engagierte Händel einen Schulfreund, den Bassisten Johann Riemschneider, für eine Gage von dreihundert Pfund.

In Italien hatte Händel erfahren, daß seine Mutter nach einem Schlag gelähmt war. Er brach sofort auf und erreichte Halle Anfang Juni 1729. Die Legende berichtet, während der Tage dort habe ihn Wilhelm Friedemann Bach aufgesucht, der älteste Sohn Johann Sebastians aus seiner ersten Ehe mit Maria Barbara, um ihn zu seinem

Vater nach Leipzig einzuladen, doch habe Händel abgelehnt. Sollte es diese Einladung tatsächlich gegeben haben, war der Zeitpunkt für einen Abstecher nach Leipzig nicht günstig. Er hätte einmal dieser Einladung wegen den Besuch bei seiner kranken Mutter, die er, wie er ahnte, zum letzten Mal sah, abkürzen müssen – Dorothea starb Ende des folgenden Jahres. Und dann hatte die Reise zur Verpflichtung der Sänger schon zu lange gedauert, wenn er im Herbst die Saison mit einer neuen Oper eröffnen wollte. Die Weiterreise führte ihn im Juni über Hannover. Zwei Wochen später war er wieder in London.

Mitten in den Vorbereitungen auf die erste Spielzeit starb Niccolò Haym. Das war für das Unternehmen Händel-Heidegger ein schwerer Schlag. Außer Haym gab es in London noch zwei italienische Librettisten. Es waren Paolo Antonio Rolli, der für Händel in den beiden ersten Jahren der Royal Academy einige Textbücher arrangiert hatte, und Giacomo Rossi, Bearbeiter von Libretti zu drei Händel-Opern. Nun wandte sich Händel an Rossi, der denn auch in den Jahren bis 1731 einige Textbücher lieferte. Der Umgang mit Rolli war offenbar schwieriger, Arbeiten für Händel sind nicht bekannt, ausgenommen für »Deidamia«, Händels letzte Oper überhaupt, geschrieben 1741. Es scheint, daß Händel die Textbücher zu seinen nächsten Opern mit unbekannter und offenbar wenig erfahrener Hilfe oder sogar selber einrichten mußte.

Von 1706 bis 1741 schrieb Händel einundvierzig Opern, dazu einen Akt zu »Muzio Scevola« und Arrangements früherer Musik unter neuen Titeln. Als er nach England kam, hatte er sechs Opern komponiert. Die noch folgenden fünfunddreißig entstanden in London. Aufgeführt wurden zwischen 1711 und 1734 die weitaus meisten, nämlich sechsundzwanzig, im Queen's Theatre, seit 1714 King's Theatre. Das Theater im Covent Garden spielte von 1734 bis 1737 sieben seiner Opern, und die letzten beiden gingen in Lincoln's Inn Fields 1740 und 1741 in Szene. Neben der Komposition neuer Opern überarbeitete Händel laufend frühere, die sodann, in der Regel mit neuen Arien, in geänderter Inszenierung gespielt wurden, mit mehr oder weniger gutem Zulauf.

Von den siebzehn neuen Opern seit 1729 waren die meisten Fehlschläge und verschwanden nach einigen Aufführungen wieder, ein Umstand, der über die musikalische Qualität dieser Werke wenig aussagt, um so mehr aber über den Geschmack oder Geschmackswandel der Opernfreunde. Einige Opern waren mäßig erfolgreich, wie »Sosarme, re di Media«, aufgeführt 1732, oder »Ariodante« von 1735. Großen Erfolg hatten allein drei Opern. Es waren »Poro, re dell'Indie« von 1731 mit vierzehn, »Orlando« von 1733 mit zehn und schließlich »Alcina« von 1735 mit achtzehn Vorstellungen.

»Poro« erzählt die Geschichte von Alexanders Feldzug nach Indien, wo er König Poro, einen mutigen Gegner, besiegt und ihm mit herrscherlicher Großmut das Leben, das Reich und die Geliebte schenkt. Die Vorlage war die Überarbeitung eines Textbuchs von Pietro Trapassi, genannt Metastasio, geboren 1698 in Rom. Metastasio ist die griechische Übersetzung des Namens Trapassi (von »trapasso«, Übergang). Er wurde der Libretto-König des 18. Jahrhunderts. Niccolò Haym hatte schon 1728 mit »Siroe, re di Persia« eine Vorlage nach Metastasio arrangiert, und Händel schrieb mit »Ezio« noch eine dritte Oper auf einen Text von ihm.

Der Erfolg von »Poro« war auch Senesino zu danken, der die Titelrolle sang. Händel war es gelungen, den zunächst noch zögernden Senesino mit dem Angebot einer Gage von fünfzehnhundert Pfund wieder nach London zu holen. Senesino sang noch die Titelrollen in »Ezio« und »Orlando«, aber auch in Wiederaufnahmen des Oratoriums »Esther« und von »Acis and Galatea«, bevor er 1733 zur neugegründeten »Adelsoper« (Opera of the Nobility) überwechselte.

Die wohl beste Oper der »Zweiten Akademie«, wie die Jahre unter dem Management Händels und Heideggers von 1729 bis 1734 auch heißen, war »Orlando«, Händels vierte Zauberoper; »Alcina« sollte als letzte folgen. Vater der Handlung ist Ludovico Ariosto mit seinem Versepos »Orlando furioso« (Der rasende Roland). Der Held Orlando verliert über der unerwiderten Liebe zu Angelica, Königin von Catai, den Verstand. Angelica liebt Medoro, und dieser sie. Medoro wiederum wird von der Schäferin Dorinda geliebt. Herr des

Geschehens ist der Zauberer Zoroastro, Freund Orlandos. Es gelingt Angelica und Medoro, den unbequemen Freier Orlando loszuwerden, und dieser kehrt, durch Zoroastros Zauber aus seinem Wahnsinn befreit und von der Liebe enttäuscht, zu Kampf und Ruhm zurück. Immer wieder bewundertes Hauptstück der Oper ist Orlandos Wahnsinnsszene zu Ende des zweiten Aktes. Das anschließende Andante »Già latra Cèbero« (Schon heult der Zerberus) enthält eine Passage, wo die Musik zweimal vom Vierviertel – zum Fünfachteltakt wechselt, ein für die Zeit ungewöhnliches Zeitmaß. Dieses selbst und der Kontrast der beiden Taktarten beschreiben auf ebenso einfache wie geniale Weise den aus den Fugen geratenen Helden. Musikalisch ähnlich eindringlich ist die Arie des Zoroastro »Sorge infausta« (Erhebe Dich, Unglückselige) im dritten Akt. Höhepunkte wie diese unterbrechen den dramatischen Duktus nicht, sie verdichten und steigern ihn.

Senesino war nicht der einzige, der ihn verließ. Mit ihm gingen die meisten aus Händels Sängerensemble, unter ihnen waren der Bassist Antonio Montagna und die beiden Mezzosoprane Francesca Bertolli und Celeste Gismondi. Sie wurden von der Adelsoper zur Eröffnung ihrer ersten Spielzeit in Lincoln's Inn Fields Ende Dezember 1733 mit offenen Armen und klingender Münze empfangen. Nur die Sopranistin Anna Maria Strada del Pò blieb Händel treu.

Beides, die Gründung einer Konkurrenzoper und der Abschied der Sänger, kam einer Revolte gleich. Das hatte sich schon seit April 1733 angekündigt, als in »The Craftsman« ein Brief mit groben Ausfällen gegen Händel erschienen war, der behauptete, ihm sei der Erfolg so sehr zu Kopf gestiegen, »daß er dachte, nichts dürfe sich seinem anmaßenden und zügellosen Willen widersetzen. Er hat schon seit einiger Zeit ohne die geringste Kontrolle die Oper beherrscht und ein Orchester gebildet. Keine Stimmen, kein Instrument wurden von ihm zugelassen, wenn sie nicht sein Gefallen fanden, obgleich sie das Publikum schockierten. Keine Musik als nur seine eigene war erlaubt, obwohl jedermann ihrer überdrüssig war. Und er hatte die Unverschämtheit zu behaupten, daß es in England, außer ihm selber, keinen anderen Komponisten gebe«. Er schreibe für die besten Sänger, wie Montagna, nach Lust und Laune die unbedeutendsten Rollen. Dies und anderes zeige das ganze Ausmaß seines Machtmißbrauchs. Aus einem Brief von John West, Earl of Dellawar, an Charles, Duke of Richmond, erfahren wir, daß es eine »Bewegung gegen den Herrschaftsanspruch von Mr. Handel« gab und daß sich daher Mitglieder des hohen Adels zur Gründung einer rivalisierenden Oper entschlossen hätten. Unter den illustren Namen findet sich auch der des Earl of Burlington, Händels früherem Gönner. Ob das nun ein Urteil über das Ausmaß der Empörung gegen Händel erlaubt, muß offen bleiben; denn die Entscheidung, die Adelsoper zu fördern, kann auch opportunistische Gründe gehabt haben. Hauptstütze des neuen Unternehmens war nämlich Kronprinz Frederick, ältester Sohn von König George II. und Königin Caroline, die beide Händel unterstützten. Frederick wurde nicht nur von seinem Vater, sondern auch von seiner Mutter inbrünstig gehaßt, was er ihnen mit gleicher Inbrunst heimzahlte. Überdies lebte er mit seiner Schwester, der zwei Jahre älteren Princess Anne, Händels Schülerin, in ständigem Streit. Die Gründung der Adelsoper unter seinem Patronat war also die Fortsetzung eines königlichen Familienstreits mit anderen Mitteln. Wer sich nun als Adliger vom regierenden Königspaar nicht angemessen gewürdigt glaubte, suchte schon jetzt nach Protektion für die Zeit nach dem Thronwechsel oder machte sich derart unbequem, daß er hoffen konnte, mit einem königlichen Amt gekauft zu werden. Daß die Revolte gegen Händel aber auch Folge seines autokratischen Führungsstils war, mit dem er, unter der ständigen Anspannung seines Metiers, das Personal des Theaters bedachte, steht außer Zweifel. Zumal die Italiener, die zur Konfliktlösung subtilere Methoden bevorzugten, konnten sich mit der barschen Manier dieses deutschen Barbaren nicht abfinden.

Händel nahm den Kampf auf. Der sollte ihn nicht nur finanziell, sondern auch gesundheitlich fast zur Aufgabe zwingen. Das Intermezzo mit zwei Opernunternehmen dauerte dreieinhalb Jahre, bevor zuerst die Adelsoper erschöpft aufgab. Händel hatte nach Ablauf der von der Royal Academy Anfang 1729 gewährten Fünf-Jahres-Pacht das King's Theatre 1734 räumen müssen und zeigte seine Opern seither im neuen königlichen Theater von Covent Garden, wo der Eigentümer und Direktor John Rich hauptsächlich Schauspiele zeigte, aber für musikalische Darbietungen einen eigenen Chor unterhielt und ein Ballett engagiert hatte, beides für Händel von großem Vorteil. Das Ballett wurde von der Französin Marie Sallé geleitet, der besten Ballerina ihrer Zeit, die bald in mehreren Händel-Opern tanzte.

Unterdessen hatte er mit dem Kastraten Giovanni Carestini einen neuen primer uomo gewonnen, der die Titelrollen in »Arianna in Creta«, »Ariodante« und »Alcina« sang, aber auch in Oratorien auftrat. Um die Attraktivität der Oratorien zu steigern, schrieb Händel 1735 für »Esther«, »Deborah« und »Athalia« als Zwischenaktmusiken einige Orgelkonzerte, die er mit viel Erfolg selber spielte. Er hatte sehr wohl verstanden, daß es in London kein Publikum für zwei italienische Opernunternehmen gab. Es war abzusehen, daß der Wettstreit für beide Seiten böse enden mußte. Halbleere Theater spielten die Kosten nicht ein. Das erfuhr auch die Adelsoper, die zwar mit Farinelli über den unstreitig besten Kastraten verfügte; aber selbst seine Anfangserfolge in London ließen sich nicht wiederholen – auch am Haymarket blieb mit der Zeit das Publikum aus. Entscheidend war, daß der Neapolitaner Nicola Porpora, den die Adelsoper als Hauskomponisten gewonnen hatte, der elementaren Ausdruckskraft und dem stupenden Einfallsreichtum Händels nichts Gleichwertiges entgegensetzen konnte. Dazu hatte Händel mit Oratorien und Instrumentalmusik noch weitere Ressourcen, die der Adelsoper und Porpora fehlten. Es wirkte wie ein Bekenntnis der eigenen Schwäche, daß die Adelsoper Ende 1734 mit »Ottone« ein Werk Händels spielte und Farinelli in der Rolle des Adelberto brillierte.

Gegen Ende der Zweiten Akademie war Händel im Sommer 1733 einer Einladung der Universität Oxford gefolgt, die jährliche Feier zur Würdigung der Stifter der Universität musikalisch zu umrahmen. Oxford war eine Hochburg der Tories und Jakobiten, für ihn mit seinen engen Verbindungen zu den herrschenden Hannoveranern mit ihrem Whig-Ministerium unter Walpole nicht gerade ein Reiseziel erster Wahl. Zudem erforderte die Exkursion dorthin wegen der Beförderung von Sängern und Spielern mit ihren Instrumenten einigen Aufwand. Und er selber zwang sich, das ihm zum Komponieren vertraute Ambiente in der Brook Street für zwei Wochen zu verlassen.

Und doch kam ihm die Reise gelegen. Er konnte der trüben Londoner Szene für kurze Zeit entkommen, um seine Lage gründlich zu überdenken. Die vielbesuchte Feier in Oxford bot Gelegenheit zu neuen, nützlichen Bekanntschaften. Dort ließ sich in nur wenigen Tagen einiges verdienen, und dieses Geld würde er bald brauchen. Denn ohne Sänger, die den Vergleich mit Senesino, Montagna oder selbst mit den Damen Bertolli und Gismondi auch nur annähernd bestehen konnten, lag die Zukunft seiner Opern in den Sternen.

Händel absolvierte in Oxford ein umfangreiches Programm. Gespielt wurden das »Utrecht Te Deum« und »Jubilate«, die »Coronation anthems«, »Acis and Galatea«, die Oratorien »Esther«, »Deborah« und als neues Werk dieser Gattung »Athalia«, sämtlich auf englische Texte. Der Erfolg der Aufführungen übertraf alle Erwartungen, nicht weniger die Höhe der Eintrittspreise und Händels Reingewinn. »The Norwich Gazette« berichtete, er habe während der Tage in Oxford zweitausend Pfund eingenommen.

Teil der Feier war die Verleihung von Ehrendoktorhüten. Die Londoner Presse hatte vor Händels Abreise gemeldet, er werde in Oxford den Grad eines Doktors der Musik empfangen. Doch dazu kam es nicht, weil Händel, wie es hieß, die Ehre nicht angenommen habe. Er selber schrieb 1744 an Lorenz Christoph Mizler, einen Schüler Johann Sebastian Bachs und Herausgeber der Leipziger Zeitschrift »Neu eröffnete Mus. Bibliothek, oder gründliche Nachricht nebst unparteyischem Urtheil von mus. Schriften und Büchern« in einem französisch verfaßten und wohl von Mizler übersetzten Brief, er habe »das Doctorat wegen überhäufter Geschäfte nicht annehmen können oder wollen«. Was heißt das? Wollte oder konnte Händel den Hut nicht nehmen? Zur Klarstellung trug Mizler zehn Jahre später nach, Händel habe »diese Ceremonie niemals mit sich wollen machen lassen«. Vielleicht wies er den Doktorgrad zurück, weil ihm die Gesellschaft der schon Geehrten und Mitzuehrenden oder die Bedingungen des Verleihungszeremoniells nicht paßten, womöglich beides. Einer der Geehrten war Maurice Greene, ein lästiger und von ihm geringgeschätzter Widersacher bei Hof. Vermutlich erwartete die Universität auch fachliche Beiträge oder eine Dankrede. Schließlich kostete die neue Würde einhundert Pfund. Bei Händels hoher Selbsteinschätzung hätte schon ein einziger Grund gereicht, ihm den Doktorhut gründlich zu verleiden.

DER KOLLAPS DER ADELSOPER Mitte 1737 sah Händel nicht als überlegenen Sieger. Auch er war geschlagen. Schon im April meldete die Presse, er leide an »Rheumatismus«, zwei Wochen später war bereits von einer »Lähmung« der rechten Hand die Rede. Mainwaring spricht von einem regelrechten Schlag, so daß Händel den rechten Arm nicht mehr habe gebrauchen können. Außerdem sei sein Verstand oft in erschreckender Weise verwirrt gewesen, und er sei in »Melancholie« verfallen.

Was nun? Händel als Invalider, ein verstörter, schattenhafter Geist seiner selbst? Im Kampf gegen die Adelsoper hatte er seinen Körper durch Raubbau überfordert, seine Robustheit überschätzt. Über die Natur seiner Erkrankung wird immer noch spekuliert. Eine Störung des zentralen Nervensystems wird als Ursache ausgeschlossen. Dazu hätten Sprachdefekte, Unsicherheiten beim Gehen und andere Ausfälle gehört. Vermutlich war es eine schwere Muskelstörung infolge Arthritis oder eine Neuropathie, es könnte auch Gicht durch Bleivergiftung gewesen sein, durch den Genuß von Portwein, der wegen der Art der Herstellung bleihaltig war. Die berichtete Melancholie war keine Gemütskrankheit, sondern ein Stimmungstief, die natürliche Folge der Lähmung, die ihm eine Lebensweise aufzwang, die ihn tief erschreckte. Mitte Mai 1737 war er außerstande, die Erstaufführung seiner Oper »Berenice« in Gegenwart der königlichen Familie zu dirigieren. Diese Erstarrung, die seine Freunde mit größter Sorge erfüllte, dauerte wohl den ganzen Sommer. Pharmazeutische Heilungsversuche hatten nichts durchgreifend gebessert.

Schließlich riet man ihm, die Quellen von Aachen aufzusuchen. Bäder gab es auch in England. Aber die Schwefelquellen zu Aachen waren mit sechsundsiebzig Grad Celsius die heißesten in Mitteleuropa. Was er sich selbst verschrieb, war eine Roßkur. Von der Bank ließ er sich einhundertfünfzig Pfund seines Guthabens auszahlen und reiste im September, vermutlich in Begleitung des älteren Schmidt oder eines Dieners, nach Aachen, das für Heilerfolge bei Rheumatismus und Erkrankungen der Bewegungsorgane schon seit Römerzeiten berühmt war. Die Reise selbst von London über Harwich nach Rotterdam dürfte knapp eine Woche gedauert haben, es sei denn, das Schiff habe wegen ungünstiger Winde tagelang nicht auslaufen können oder im Kanal kreuzen müssen. Ohne Risiko war die Überfahrt nicht, weil England seit 1733, als Verbündeter Österreichs im Polnischen Erbfolgestreit, wieder einmal im Krieg mit Frankreich stand, zumindest formal, denn die Regierung Walpole war nicht bereit, sich auf dem Festland mit Truppen oder Geld zu engagieren. Aber französische Freibeuter nutzten Spannungszeiten immer gerne für Kaperfahrten.

Über den Erfolg der Roßkur in Aachen wissen wir durch Mainwaring. Händel habe die Dampfbäder dort dreimal so oft genommen wie jeder andere vor ihm. Daraus könne man leicht auf seine Konstitution schließen. Die Schweißausbrüche seien derart ergiebig gewesen, daß es jedes Vorstellungsvermögen übersteige. Für die Nonnen sei der Kurerfolg wegen der Art, wie er sich die Bäder selbst verordnet habe und wegen der Kürze der Zeit ein wahres Wunder gewesen. Kurz vor seiner Abreise nach nur sechswöchigem Aufenthalt habe er auf der Orgel in der Hauptkirche wie im Konvent in einer Weise gespielt, wie sie es noch nie gehört hätten.

»The London Daily Post« meldete am 28. Oktober 1737, Händel werde stündlich von Aachen zurückerwartet. Sollte er Anfang September von London abgereist sein, so wäre nach sechswöchiger Kur und bei Einrechnung der Reisetage die Rückkehr nach London Ende Oktober in der Tat möglich gewesen.

Wohl schon in den ersten Tagen nach seiner Rückkehr traf er Heidegger. Wegen der Adelsoper mag es vorübergehend zur Entfremdung gekommen sein, doch meinten nun beide, es sei wieder Zeit für eine neue Partnerschaft, und Heidegger, Pächter des King's Theatre, verpflichtete Händel als Komponisten und Dirigenten für ein Jahresgehalt von eintausend Pfund. Auf der Stelle begann dieser mit der Arbeit an einer neuen Oper, »Faramondo«, die er am Heiligen Abend 1737 beendete.

Die Aussichten für das neue Opernunternehmen, selbst unter erprobter Leitung, waren nicht ermutigend. Würde es nach dem Überangebot an italienischen Opern in den Jahren des Wettstreits noch einmal gelingen, mit neuen Händel-Opern das King's Theatre zu füllen? Oder hatte die italienische Oper in London unterdessen nicht doch für immer ausgespielt? In der Presse war im Frühjahr 1737, während der Parlamentsberatungen über ein Gesetz zur Einschränkung der Freiheiten auf dem Theater, gegen die italienische Oper agitiert worden, sie »verweichliche und entkräfte das Gemüt der Menschen«. Fremdenfeindliche Attacken gegen die italienische Oper hatte es schon immer gegeben, aber noch nicht in dieser Stärke und mit solcher Insistenz. Doch Händel blieb zuversichtlich – er hatte schon manches Publikum erobert und gewonnen. Warum nicht auch dieses Mal?

Doch bevor »Faramondo« in Szene gehen konnte, starb am 20. November 1737 Königin Caroline. Sie war vierundfünfzig Jahre alt. Von den ersten Symptomen der Krankheit bis zu ihrem Tod vergingen nur elf Tage. Todesursache war offenbar ein Nabelbruch, der sich nach einer Schwellung entzündet hatte. Mit ihr verlor Händel nach dem Auszug seiner Schülerin Princess Anne die zweite Patronin in der königlichen Familie. Während seines Wettstreits mit der Adelsoper hatte sie ihm mit dem König während mancher Vorstellung frierend im halbleeren King's Theatre die Treue gehalten. Dieser Beistand würde ihm nun fehlen.

Der tief getroffene König gab Händel den Auftrag, für die feierliche Beisetzung der Königin die Trauermusik zu schreiben. Händel unterbrach die Arbeit am »Faramondo« nach eigenhändigem Eintrag in die Partitur am 4. Dezember 1737 »Sonntag abends um 10 Uhr« und beendete das Werk schon nach acht Tagen. Das »Funeral anthem for Queen Caroline« (Begräbnishymne für Königin Karoline) beginnt mit Versen aus einem Klagelied des Propheten Jeremias »The ways of Zion do mourn« (Die Wege nach Zion trauern). Das »Funeral anthem« ist Händels Requiem, ein Werk der Trauer, des Trostes und der verklärenden Erinnerung. Mozart hat die Anfangstakte des Chors »The ways of Zion do mourn« für das Adagio des »Introitus« seines Requiems entlehnt. Anders als in den Kirchenkantaten gibt es hier keine Soloarien. Es ist der Chor, der die Gemeinde der Trauernden vertritt: die britische Nation. Aber das Funeral anthem ist auch, ohne daß es den Teilnehmern an der Trauerfeier in der Westminster Abbey am 17. Dezember 1737 bewußt war, ein deutscher Nachruf auf eine britische Königin von deutscher Geburt. Händel zitiert mehrfach Choralthemen der protestantischen deutschen Kirchenmusik, wie gleich zu Anfang »Herr Jesu Christ, Du höchstes Gut«, oder »Du Friedefürst, Herr Jesu Christ« auf den Text »She delivered the poor that cried« (Sie rettete die Armen, die weinten). Anregungen entnahm Händel den »Musikalischen Exequien« von Heinrich Schütz, dort bei dem Kanon »Herr, ich lasse Dich nicht, Du segnetest mich denn«, oder bei der Begräbnismotette von Jacobus Gallus alias Jacob Handl aus dem 16. Jahrhundert, auf die Worte »But their name liveth evermore« (Aber ihr Name lebet ewiglich). Händels Musik ist kein Grabgesang, sie wechselt von Moll zu Dur, gerät in beschwingte Bewegung wie im fünften Chor »She delivered the poor«, als erinnere sich das Volk freudig, aber unter Tränen, seiner Königin, und bei den Worten »Kindness, meekness, and comfort were in her tongue« (Freundlichkeit, Milde und Trost waren in ihrem Munde) bricht, in strahlendem B-Dur, die Sonne durch die Wolken. Das Werk endet mit dem Chor »The merciful goodness of the Lord« (Die gnädige Güte unseres Herrn) nach einem schlichten Ritornell der Streicher in tiefem g-Moll. Die Trauer hat das letzte Wort.

Wegen des Todes der Königin waren die Theater geschlossen. »Faramondo« konnte erst Anfang Januar 1738 aufgeführt werden. Die Titelrolle sang der neugewonnene Altkastrat Gaetano Majorano, genannt Caffarelli, ein Meisterschüler Porporas. Mit von der Partie waren auch wieder Montagna und der Mezzosopran Merighi – beide hatte Heidegger vor seiner Einigung mit Händel bereits engagiert. Musikalisch war »Faramondo« kein schwaches Werk, aber nicht stark genug, um die Londoner wieder für die italienische Oper zu begeistern. Es gab mit acht Aufführungen zwar keinen Mißerfolg; aber Parkett und Ränge waren nur spärlich gefüllt. Das war für den Neubeginn auf der Bühne des King's Theatre ein ominöser Auftakt.

Dabei wußten die Engländer, was sie an diesem Deutschen hatten. Bei der Premiere des »Faramondo« gab es für den gesundheitlich wiederhergestellten Komponisten am Cembalo eine herzliche Ovation, und Ende April 1738 wurde in Vauxhall Gardens eine in Marmor ausgeführte lebensgroße Statue enthüllt: Sie zeigte Händel in entspannter Haltung sitzend, wie er auf einer Lyra spielt und mit entrücktem Blick den Tönen lauscht. Der Künstler war Louis François Roubiliac, der mit dieser Statue an einer vielbesuchten Stelle in London sein gelungenes Debut als Bildhauer gab. Statuen berühmter Persönlichkeiten zu Lebzeiten waren im England jener Zeit noch selten. Die Statue gefiel sofort und machte Händel auch bei den Menschen bekannt, die seine Musik bisher kaum kannten.

Er war nun eine »feste Burg« im englischen Musikleben. Nur half das seinen Opern nichts. Auf »Faramondo« folgte »Serse«, mit dem berühmt gewordenen »Largo«, das in Wahrheit ein Larghetto ist, ein völliger Fehlschlag. Spätestens jetzt mußte Händel wissen, daß er gegen den wachsenden Überdruß des Londoner Publikums an der italienischen Oper nicht würde aufkommen können. Für kritische Geister auf dem Festland waren seine Opern schon lange passé. Einer von ihnen war Kronprinz Friedrich von Preußen auf Schloß Rheinsberg in einem französisch geschriebenen Brief an Prinz Willem von Oranien, den Ehemann seiner Cousine Princess Anne, von der er wußte, wie sehr sie Händel verehrte: »Ich bitte Sie, erzählen Sie Ihrer

Frau, daß Händels große Tage vorbei sind, seine Erfindungskraft ist erschöpft, und sein Geschmack hinkt hinter der Mode her.« Geschrieben Anfang Oktober 1737 während Händels Krankheit und Badekur in Aachen.

Wenngleich dieser die Signale hörte und gewiß auch zu deuten verstand, fiel ihm der Abschied von der Oper doch schwer. Nach dem Fehlschlag von »Serse« schrieb er mit »Imeneo« und »Deidamia« im Herbst 1740 seine letzten Opern, Nachzügler, die eklatante Mißerfolge wurden.

Die Wende in seinem Musikschaffen brachte das Jahr 1738. Es waren äußere Umstände, die ihn zur Abkehr von der italienischen Oper drängten. Der wichtigste: Der Mangel an italienischen Sängern. Die besten hatten London verlassen, die Verpflichtung anderer war teuer und brauchte viel Zeit. Und dann fehlte Niccolò Haym als Librettist an allen Enden.

Dafür bot sich nun Händel ein Textlieferant an, den er schon lange kannte. Es war Charles Jennens, fünfzehn Jahre jünger, sehr wohlhabend, musikliebend und enthusiastischer Sammler seiner Werke. Freilich war Jennens kein Textdichter für italienische Opern. Sein Fach war das englische Oratorium. Die Zusammenarbeit mit ihm begann 1738, dauerte sechs Jahre und brachte, neben der Ode nach Dichtungen Miltons »L'Allegro, il Penseroso ed il Moderato« (etwa: Pläsier, Melancholie und Maß), vier Oratorien hervor. Das erste gemeinsame Projekt war »Saul«. Es folgten »Israel in Egypt«, der »Messiah« und schließlich, 1744, »Belshazzar«.

»Saul« wurde erstmals im Januar 1739 in Gegenwart des Königs und der Königskinder mit Erfolg gegeben. Es ist die Geschichte von Saul, seinem Sohn Jonathan und dem jungen David, wie sie das erste Buch Samuel erzählt. Ungewöhnlich ist die reiche Instrumentation. Besondere Attraktionen waren das Carillon, also ein Glockenspiel, ein Paar großer Kesselpauken, die unter Malborough in der Schlacht von Malplaquet gedient hatten, nun aus dem Arsenal des Tower entliehen und effektvoll im »Hallelujah« des ersten Teils und im »Todesmarsch« des dritten eingesetzt wurden, und schließlich eine neue Orgel. Dem Erfolg des »Saul« folgte der Mißerfolg des Oratoriums »Israel in Egypt«, weil es außer vier Arien nur Chöre enthielt, was dem operngewöhnten Teil des Publikums nicht gefiel.

Überhaupt mußten die Londoner Opernfreunde noch auf mehr verzichten. Gab es bisher unter Händels Leitung in der Regel fünfzig oder mehr Opernabende je Spielzeit, so nun, bei dem neuen Angebot an Oratorien, nur noch fünfzehn Vorstellungen. Das hatte für Händel zwei Vorteile: Er wurde bei Proben und beim Dirigieren viel weniger beansprucht, und die Einnahmen waren dennoch mindestens so hoch wie in einer Opernsaison, weil es weder hochbezahlte italienische Sänger gab noch auch kostspielige Kostüme und Bühnenausstattungen.

Neben den Oratorien erfreute sich die Ode »Alexander's Feast or The Power of Musick« (Das Alexanderfest oder Die Macht der Musik) besonderer Beliebtheit. Englands großer Poet John Dryden hatte dieses Preislied auf die Gewalt der Musik in die vorchristliche Zeit verlegt, mit Alexander dem Großen, doch läßt er am Ende unverhofft Cäcilie erscheinen, eine frühe christliche Märtyrerin, die Schutzheilige der Musik. Cäcilienoden gab es in England seit Henry Purcell. Händels »Alexander's Feast« wurde, mit dem »Messias«, bald sein populärstes Vokalwerk, auch in Deutschland. Wieder sind es vor allem die grandiosen Chöre, von denen die stärkste Wirkung ausgeht.

Zwischen 1738 und 1740 publizierte er zwölf Orgelkonzerte. Einige sind Arrangements schon erschienener Werke, mit anderer Besetzung als für die Orgel. Er schrieb diese Konzerte, wie wir sahen, als »Intermezzi«. Sie waren ein Bonus für die neue Zuhörerschaft bei den Oratorien. Sie wurden bald wegen ihrer Spielfreude und relativ leichten Spielbarkeit auch als Hausmusik beliebt.

Höhepunkt seiner Instrumentalmusik, nicht nur dieser Zeit, sind die »Zwölf Concerti grossi«, gedruckt als »Grands Concertos opus 6«, in Rang und Reife den sechs »Concerti grossi opus 3« aus den ersten Londoner Jahren deutlich überlegen. Jeweils sechs dieser Konzerte stehen in Dur und Moll. Auch sie erklangen zwischen den Akten seiner Oratorien. Er schrieb sie in wenigen Herbstwochen des Jahres 1739 in einem Zug nieder. Formales Muster waren die vielsätzigen »Concerti grossi opus 6« von Arcangelo Corelli, die er aus Rom kannte. Sämtliche Concerti sind für Streichorchester mit Continuo, wobei zwei Violinen und das Cello als Soloinstrumente das »Concertino« bilden, während das Gros des Orchesters als »Concerto grosso« musiziert. Das Opus 6 ist ein Meisterwerk aus urbanem Geist. Das Gelehrte ist zwar überall dabei, doch als diskrete Wissenschaft. Kontrapunkt und Fuge wirken nicht studiert, sondern, wie andere Formen und Stile bei ihm, mit diesen gleichrangig. Die Musik ist klar, einfach, doch niemals simpel, oft hinreißend, geistvoll, ausgelassen, poetisch, feierlich, empfindsam oder volkstümlich. Kostbar sind das pastorale Andante larghetto und das ihm folgende übermütig aufspielende Allegro des zweiten Konzerts in F-Dur, das mit einem Unisono einsetzende Allegro und die graziöse Polonaise des dritten Konzerts in e-Moll, das Presto und das festlich-zeremonielle Menuett des fünften Konzerts in D-Dur, die schwermütige Musette aus dem sechsten Konzert in B-Dur, das schwebende Siciliano des Larghettos des neunten Konzerts in F-Dur oder das zündende erste Allegro aus dem zwölften Konzert in h-Moll. Dieses – und so vieles mehr.

Nach den beiden Oratorienspielzeiten im King's Theatre 1737 bis 1739 wechselte er für die nächste, ab November 1739, erstmals zum Theatre Royal in Lincoln's Inn Fields. Während des Winters auf 1740, als die Themse zufror, was in jenem Jahrhundert nur dreimal geschah, wurden alle Theater geschlossen. Erst Ende Februar 1740 konnte »L'Allgero, il Penseroso ed il Moderato« in Szene gehen.

Irgendwann im Sommer 1740 reiste Händel auf das Festland. Jedenfalls meldete der »Hamburger Relations-Courier« im September 1740, Händel habe in der Kirche von Haarlem auf der neuen Orgel gespielt und beabsichtige, von dort weiter nach Berlin zu reisen. Die neue Orgel der Hauptkirche hatte der Deutsche Christian Müller 1738 gebaut. Leider ist über Händels Weiterreise gar nichts bekannt. Sicher ist nur, daß er in der ersten Oktoberwoche wieder zurück in London war. So könnte er schon vor September nach Deutschland gereist und die Haarlemer Orgel auf dem Rückweg nach London gespielt haben. Aber ein Aufenthalt Händels in Berlin oder in jeder anderen deutschen Stadt wäre, bei seinem Ruhm, nicht unbemerkt geblieben. Was sollte den »Hamburger Relations-Courier« bewegen, nur über Händels Orgelspiel im holländischen Haarlem zu berichten? In der Tat war Händel, wie ein Brief von Thomas Harris, eines guten Bekannten, belegt, auch in Deutschland, und zwar in Aachen zu einer kurzen Nachkur. Wo sonst noch, ist unbekannt.

DUBLIN

1741 – 1742

Einladung
»Middlesex Opera Company«
Irische Passion
Konzerte
Jonathan Swift
»Der Messias«

WÄHREND DER TAGE der Erstaufführung seiner letzten Oper »Deidamia« in Lincoln's Inn Fields erreichte Händel eine Einladung von William Cavendish, Duke of Devonshire, aus Dublin.

Der Herzog war seit 1737 »Lord Lieutenant«, Vizekönig, von Irland. Er residierte in Dublin Castle, einer stark befestigten und bewachten Zwingburg. Das Amt des britischen Vizekönigs von Irland galt in London als lukrativ, aber politisch wenig bedeutend. Lord John Hervey, Chronist der Regierungszeit George II., nannte es »das ehrenvolle irische Exil«.

Der Wortlaut der Einladung ist nicht überliefert. Eines nur ist klar: Es ging nicht um Händels italienische Opern. Man erwartete in Dublin ein Programm mit Oratorien, Oden, geistlichen Vokalwerken und Instrumentalmusik, also das, was in einem Konzertsaal oder in einer Kirche aufgeführt werden konnte. Händel war in Dublin schon seit 1725 bekannt, als die Sängerin Stradiotti dort Arien aus seinen Opern vorgetragen hatte. Die irische Erstaufführung von »Acis and Galatea« war 1735 gefolgt, ein Jahr später ein Benefizkonzert zugunsten von Mercer's Hospital mit dem »Utrecht Te Deum« samt »Jubilate« sowie den »Coronation anthems«. Der Kastrat Dionisio Barbiatelli hatte 1740 Arien aus dem Oratorium »Esther« gesungen. Besonders »Acis and Galatea« hatte außerordentlich gefallen. Händel wurde in Dublin sehnlich erwartet.

Zunächst wußte er mit der Einladung offenbar nichts Rechtes anzufangen. Wegen seiner Verpflichtungen, nicht zuletzt gegenüber dem Hof, konnte er nicht auf längere Zeit im voraus nach Belieben planen. Eine hinhaltende Antwort auf die Einladung des Herzogs ist daher wahrscheinlich. Dabei hatte er in der ersten Hälfte des Jahres

1741 wenig zu tun. Es gab Wiederaufnahmen, wie »Acis and Galatea« oder »Saul«, in Lincoln's Inn Fields, im Juli schrieb er zwei italienische Duette, weitere Kompositionen aus dieser Zeit sind nicht bekannt.

Wenngleich er sich von der italienischen Oper auch endlich gelöst hatte, gab es diese in London immer noch, oder wieder. Charles Sackville, Earl of Middlesex, ein Herr von noch nicht dreißig Jahren, hatte Freunde für eine Neubelebung der italienischen Oper gewonnen. Die Middlesex Opera Company eröffnete ihre erste Spielzeit im Dezember 1739 im Little Theatre am Londoner Haymarket. Für zwei Spielzeiten konkurrierte sie noch mit Händels »Imeneo« und »Deidamia«. Danach beherrschte Middlesex im King's Theatre exklusiv die Londoner Opernszene. Als seine Gesellschaft bei hohen Kosten nur geringe Resonanz fand, wandten sich die noblen Förderer an Händel und drängten ihn, für sie Opern zu schreiben; denn Baldassare Galuppi, der seit 1741 als Komponist verpflichtet war, hatte die Erwartungen des ehrgeizigen Middlesex und des Publikums nicht erfüllt. Der Druck auf Händel, für die Middlesex Company Opern zu schreiben, sollte in den kommenden Jahren noch wachsen, und seine Weigerung, dem nachzugeben, ihn den adligen Opernfreunden, die ihn einst gefördert und gefeiert hatten, mehr und mehr entfremden.

Wohl auch, um diesem peinlichen Drängen für eine Weile zu entgehen, entschloß sich Händel nun, die Einladung nach Dublin anzunehmen. Jennens hatte ihm den Text zu einem neuen Oratorium geschrieben, den »Messias«. Er begann mit der Komposition am 22. August und beendete sie schon am 14. September 1741. Kurz vor seiner Abreise besuchte er noch eine Opernaufführung der Middlesex Company, die ihn, wie er sich noch in Dublin in einem Brief an Jennens erinnerte, wegen ihrer dürftigen Qualität sehr erheitert hatte: »Briefe aus Ihrem Bekanntenkreis an Personen von Stand hier haben, wie ich nicht anders sagen kann, großes Vergnügen und Gelächter hervorgerufen. Die erste Oper hörte ich noch selber, bevor ich London verließ, und die Erinnerung daran stimmte mich noch auf meiner Reise sehr fröhlich.«

Händel verließ London Anfang November 1741. Wenige Tage später erreichte er Chester südlich von Liverpool. Er hatte zunächst wohl beabsichtigt, von dort weiter westlich nach Holyhead zu reisen, eine Entfernung von über einhundert Kilometern, und sich dann nach Dublin einzuschiffen. Der Seeweg vom walisischen Holyhead nach Dublin war bei weitem der kürzeste. Weil er jedoch wegen des schlechten Wetters die Landreise nach Holyhead scheute, wählte er als Hafen das nahe Chester gelegene Parkgate, nahm also damit eine doppelt so lange Seereise in Kauf. Zwar berichtete »Faulkner's Dublin Journal« am 21. November 1741, Händel sei drei Tage zuvor »im Paketboot von Holyhead eingetroffen«. Aber das muß ein Irrtum gewesen sein. Denn einmal erinnerte sich der damals noch junge Charles Burney, Händel vor seiner Ausreise nach Irland über Parkgate bei seinem Aufenthalt in Chester begegnet zu sein; sodann folgte ihm die Sängerin Maria Avoglio drei Tage später gleichfalls über Parkgate; und schließlich entschied sich Händel bei seiner Rückreise nach England Mitte August 1742 ein weiteres Mal für die längere Seereise, ging also bei Parkgate an Land. Offenbar fand er dies weniger strapaziös und riskant als eine Fahrt im Wagen auf walisischen Landstraßen.

EINHUNDERT JAHRE VOR HÄNDELS ANKUNFT in Dublin war es in Irland zu einer schweren Revolte gegen das mehrheitlich von englischen Protestanten bewohnte Ulster gekommen. Unschuldige waren zu Tausenden getötet worden. Nach dem Sieg des englischen Parlaments über den absolutistischen Machtanspruch der Krone unter Charles I. sicherte sich im Jahre 1649 Oliver Cromwell, gestützt auf die Armee, die Macht im Staat. Auf sein Betreiben wurde der König, den die Schotten an das englische Parlament ausgeliefert hatten, zum Tode verurteilt und am 30. Januar 1649 in London »auf offener Straße vor Whitehall«, wie es im Vollstreckungsbefehl hieß, mit dem Beil enthauptet. Nun erinnerte sich Cromwell der Rebellion von

1641 und beschloß, die Iren mit alttestamentarischer Strenge zu züchtigen, um ihren latenten Willen zu weiteren Erhebungen ein für allemal zu brechen. Unter seinem Befehl verwüstete das Heer systematisch ganze Landstriche und ließ die Bevölkerung eroberter Städte gnadenlos niedermachen. Ebenso gnadenlos war Cromwells Repression der Katholiken, und dazu gehörten die weitaus meisten Einwohner Irlands. Der katholische Glaube galt als Häresie, seine Ausübung war bei schwerer Strafe untersagt, alle Priester mußten Irland binnen zwanzig Tagen verlassen, einem Priester Schutz zu gewähren war ein todeswürdiges Verbrechen, die Behörden waren gehalten, katholischen Eltern die Kinder zu nehmen und sie zur Erziehung nach England zu schicken. Durch Cromwell wurde der Katholizismus untrennbar Teil des irischen Patriotismus.

Die Katholiken Irlands beschlossen 1689, dem aus England verjagten und nach Frankreich geflohenen Stuart, James II., die Führung eines neuen Aufstands anzubieten. Frankreich unterstützte das Unternehmen. James landete im März 1689 in Irland und proklamierte Religionsfreiheit für alle, die ihm folgen wollten, konfiszierter Besitz sollte zurückerstattet werden. Um dem drohenden Abfall Irlands zuvorzukommen, setzte sich William III. an die Spitze eines englischen Heeres und erschien in Irland. Dort kam es am 1. Juli 1690 zur Schlacht am Fluß Boyne, nördlich von Dublin und westlich bei Drogheda. Noch rechtzeitig vor der sicheren Niederlage verließ James sein Heer und floh zurück nach Frankreich. Das ganz von Protestanten besetzte irische Parlament unterlief die milden Friedensbedingungen von William. Katholische Schulen und Universitäten wurden geschlossen, kein Katholik durfte Waffen tragen oder ein Pferd im Wert von mehr als fünf Pfund besitzen, das Erbe von Protestantinnen, die einen Katholiken heirateten, verfiel dem Staat, Katholiken konnten vor keinem irischen Gericht einen Prozeß gewinnen, Verbrechen gegen Katholiken wurden nur lasch geahndet, sie konnten weder Ärzte noch Anwälte werden, keine Geschworenen sein und nicht in Schulen unterrichten. In Irland gab es für Katholiken kein Menschenrecht und keinen Rechtsschutz. Der Earl of Chesterfield, berühmt geworden durch die pädagogischen Briefe an seinen Sohn, meinte nach einem Jahr als Vertreter des Vizekönigs: »Die armen Leute in Irland werden von ihren Herren schlimmer ausgebeutet als Neger.« Weder die Habeas-Corpus-Akte, die vor willkürlicher Verhaftung schützte, noch die Bill of Rights, die die Freiheiten des Volkes für unantastbar erklärte, und zu diesen gehörten auch Presse- und Redefreiheit, galten in Irland. Die Industrie wurde durch Exportverbote und hohe Steuern methodisch geschädigt, die Handelsflotte ging zugrunde. Die Folge war ein Massenexodus der Iren auf das europäische Festland und nach Amerika.

Bei Unfreiheit und Rechtlosigkeit blieb es für die im Land gebliebenen katholischen Iren während des ganzen 18. Jahrhunderts. Als wäre dies nicht schon genug gewesen, gab es schwere Hungersnöte, so auch eine in Händels Ankunftsjahr 1741, der ein Fünftel der Bevölkerung zum Opfer fiel.

Dublin war seit der Reformation protestantisch. Anders als das katholische Irland, hatte die Stadt seit Ende des 17. Jahrhunderts einen erstaunlichen Aufstieg erlebt, zum Teil als Folge der Einwanderung hugenottischer Flüchtlinge aus Frankreich. Viele dieser Hugenotten waren Weber, wie auch protestantische Vertriebene aus Flandern, die ihnen folgten. Textilherstellung und Tuchhandel florierten bald in solchem Maße, daß England den Export von Webwaren selbst aus dem protestantischen Dublin erheblich erschwerte – Geschäft war Geschäft. Trotz wirtschaftlicher Diskriminierung erfuhr Dublin während des 18. Jahrhunderts eine Zeit kultureller Blüte. Jonathan Swift war Dekan der St. Patrick's Cathedral von 1713 bis zu seinem Tode 1745, Oliver Goldsmith reüssierte nicht nur in England, sein »Vikar of Wakefield« entzückte noch Goethe, William Congreve glänzte als Dramatiker und Richard Steele erbaute durch seine moralischen Essays. Die Musik wurde lebhaft gepflegt, ein Theatre Royal gab es in der Smock Alley, einen Konzertsaal in der Crow Street und einen weiteren in der Fishamble Street – es war die erst im Oktober 1741 eröffnete New Music Hall.

Händel bezog ein Haus in Abbey Street auf dem nördlichen Ufer des Liffey. Konzertsäle und Theater lagen zwar auf dem südlichen Ufer, waren aber über Essex Bridge, die heutige Gratton Bridge, bequem zu erreichen. Wie in London gewohnt, verkaufte Händel auch in Dublin die Konzertbillets in seiner Wohnung, vermutlich hatte ihn der ältere Schmidt wegen dieses Geschäfts und anderer Besorgungen, die bei Konzertaufführungen in großer Zahl anfielen, nach Dublin begleitet. Zwei Tage vor Weihnachten 1741 begann Händel seine erste Konzertreihe in der New Music Hall. Sie endete Mitte Februar 1742. Gespielt wurden »L'Allegro, il Penseroso ed il Moderato«, die in Dublin besonders populäre masque »Acis and Galatea«, das Oratorium »Esther« sowie zwei Concerti grossi und ein Orgelkonzert. Der Saal faßte sechshundert Personen, alle Billets waren auf Subskription verkauft worden, es gab also keine lästige Abendkasse. Händel war überaus zufrieden. An Jennens berichtete er zum Jahresende in seltenem Überschwang: »Ohne eitel zu sein kann ich sagen, daß die Aufführungen allgemeine Zustimmung fanden. Signora Avolio, die ich aus London mitgebracht hatte, erfreut außerordentlich. Ich habe eine weitere Stimme für Tenor geschrieben, die sehr gefällt, die Bässe und hohen Tenöre sind sehr gut, die Chorsänger (unter meiner Leitung) sind hervorragend, und das Orchester spielt wirklich exzellent.«

Doch einen Monat später kam es zu einem peinlichen Vorfall. Für eines seiner Konzerte zum Vorteil von Mercer's Hospital brauchte Händel noch einige Chorsänger. Der Vorstand des Hospitals wandte sich auch an den Dekan von St. Patrick's Cathedral und bat, deren Choristen die Teilnahme an dem Konzert zu erlauben. Die Antwort war erfreulich: Die Mitwirkung wurde gestattet, wenn auch dem Chor der Christ Church Gleiches erlaubt werde, was offenbar geschah. Doch schon wenige Tage danach widerrief St. Patrick's Cathedral die erteilte Zustimmung. Unterzeichner des Erlasses war der Dekan selbst, Jonathan Swift. Selbst wenn er die Mitwirkung gewisser Vikare bei dem Konzert eines »Clubs von Fiedlern« gebilligt haben sollte, nehme er diese Erlaubnis zurück. Womöglich war der Dispens von seinem Stellvertreter im Amt, John Wynne, erteilt worden, weil Swift, dem an Musik wenig lag, Entscheidungen dieser Art an Wynne delegiert hatte. Swifts Widerruf gehörte, mit Gedächtnisausfällen, abrupten Stimmungswechseln und wachsender Unleidlichkeit, zu den Symptomen einer Geisteskrankheit, von der ihn drei Jahre später der Tod erlöste.

Schon vor Ende der ersten Konzertreihe war Händel entschlossen, länger in Dublin zu bleiben als zunächst geplant. Er fühlte sich so wohl wie lange nicht. An Jennens schrieb er: »Ich kann nicht oft genug sagen, wie sehr mich die freundliche Behandlung freut, die ich hier genieße, aber die Höflichkeit dieser großherzigen Nation ist Ihnen sicher nicht unbekannt, sodaß Sie die Genugtuung, daß ich meine Zeit hier mit Ehren, Gewinn und Vergnügen verbringe, gut verstehen werden.« Durch Vermittlung des Vizekönigs sollte es leicht möglich sein, ihm für einen verlängerten Aufenthalt in Dublin die Erlaubnis Seiner Majestät zu erwirken. Das war, wegen Händels Verpflichtungen an der Chapel Royal und zur Unterrichtung der Prinzessinnen, jedenfalls nötig. Mit Eintreffen der königlichen Erlaubnis begann Händel Mitte Februar die zweite Konzertserie, die bis zum 7. April 1742 dauerte. Gleich zu Beginn grassierte in Dublin eine Grippeepidemie, an der fast achttausend Menschen starben, was sich jedoch auf den Zulauf zu den Konzerten kaum auswirkte.

Vier Monate nach Händels Eintreffen in Dublin stand die Aufführung des »Messias« immer noch aus. Doch hatte der Vorstand von Mercer's Hospital Anfang März bei St. Patrick's erneut um die Mitwirkung der Choristen gebeten. Die Öffentlichkeit wurde erst drei Wochen später über das Ereignis durch eine Ankündigung in »Faulkner's Dublin Journal« informiert, wo auch zu lesen war, daß die »Gentlemen der Chöre beider Kathedralen« beim »Messias« mitwirken würden, was wiederum hieß, daß Jonathan Swift seinen Widerruf von Ende Januar zurückgenommen oder das Kapitel der Kathedrale den Dekan überstimmt hatte.

Nach sorgfältigen Proben kam es unter Händels Leitung am 13. April 1742 in der New Music Hall von Dublin zur Erstaufführung des »Messias«, zum Vorteil dreier Wohltätigkeitsvereine. Alle

Billets waren umgehend verkauft. Die Damen wurden öffentlich gebeten, ohne »hoops«, also Reifröcke, die damals und für einige Jahre ihren größten Umfang erreicht hatten, und die Herren, ohne Degen zu erscheinen, um bei dem erwarteten Andrang mehr Platz zu schaffen.

Thema des »Messias« ist die christliche Heilsgeschichte, gegliedert in drei Teile: Verheißung und Menschwerdung; Passion und Auferstehung; Glaubensgewißheit der erlösten Menschheit. »Hauptperson« in Händels Oratorium wie nun auch im »Messias« ist der Chor, als dramatischer Akteur, kommentierender Beobachter und Medium kollektiver Ekstase. Der »Messias« hat allein zwanzig Chöre, dagegen nur vierzehn Arien, und von diesen sind vier kurze Ariosos. Das bedeutete eine Abkehr vom Modell der Opera seria. Aber mehr noch: Es gibt im »Messias« nur eine einzige Da-Capo-Arie, es ist das Largo für Alt »He was despised and rejected« (Er wurde verachtet und zurückgewiesen) aus dem zweiten Teil. Und schließlich wird der Tenor im Oratorium solistisch weit stärker gefordert als in der Oper. Im »Messias« ist es sogar der Tenor, der nach der Ouvertüre mit einem begleiteten Rezitativ und der Arie »Ev'ry valley shall be exalted« (Jedes Tal soll erhöht werden) das Oratorium eröffnet.

Eine Auswahl nach Vorzügen ist unter den Chören nur schwer zu treffen, schon wegen der Vielfalt der von Händel verwandten Formen. Eindrucksvoll ist »For unto us a child is born« (Denn es ist uns ein Kind geboren) aus dem ersten Teil, großartig der Jubel des Volkes auf die Worte »Wonderful, Counsellor, the mighty God, the everlasting Father, the Prince of peace« (Wunderbarer, Ratgeber, mächtiger Gott, immerwährender Vater, Friedensfürst). Dieser Jubel kulminiert in dem machtvollsten aller Chöre Händels überhaupt, dem »Hallelujah« auf Gott als den »König der Könige«, das den zweiten Teil beschließt. In Aufbau und Durchführung musikalisch nicht weniger wirksam ist die »Amen«-Fuge, mit der das Werk endet. Von den Arien sind vor allem drei zu nennen: Die beiden für Sopran »Rejoice« (Frohlocke) und »I know that my Redeemer liveth« (Ich weiß, daß mein Erlöser lebt) zum Anfang des dritten Teils sowie die Baßarie »Why do the nations so furiously rage together« (Warum wüten die Nationen so schrecklich gegeneinander), ein tatsächlich furioses Allegro im Affektstil der Opera seria. Die Rezitative, zumeist vom Orchester begleitet, sind knapp gehaltene modulierende Übergänge zwischen Chor und Arie. Einziges Instrumentalstück neben der Ouvertüre ist die »Pifa« der Streicher, bekannt als »Weihnachtspastoral«, eine wiegende Krippenmusik. »Pifa« sind Hirtenweisen, die von kalabrischen Schalmeibläsern in Rom zur Weihnachtszeit gespielt wurden.

Der »Messias« gehört nicht zu Händels dramatischen Werken, sondern steht als kontemplatives Oratorium für sich allein. Jennens hatte biblische Texte aus den Propheten, den Evangelien, den paulinischen Briefen und der Geheimen Offenbarung des Johannes ausgewählt und mit eigener Sprache durchsetzt. Der »Messias« ist kein liturgisches Werk, also nicht für den Gottesdienst geschrieben, sondern überkonfessionelle Betrachtung und Bekenntnis eines mündigen Christen in aufrechter Haltung. An ihm konnte sich religiös auch einer erbauen, der selten oder nie zur Kirche ging. Das ist einer der Gründe für seine nachhaltige Wirkung. Hinzu kam die unerhörte Ausdruckskraft der Musik, die jeder verstand. Erzeugt wurde diese Wirkung nicht zuletzt durch einfache Melodien und knappe Motive, die sich durch Wiederholungen einprägen, sowie eine klare, instrumental unterstützte vokale Stimmführung, voran in den Chören. Anders als die Oper, die vorwiegend das Vergnügen des Adels war, suchte Händel mit dem Oratorium auf biblische oder antike Stoffe ein größeres Publikum. Das konnte nur gelingen, wenn die Sprache englisch war. Was schließlich über Jahrzehnte seit Händels erstem Oratorium »Esther« von 1718 als neue Kunstform entstand, war ein Mixtum aus Oper, weltlicher Kantate und Kirchenmusik aus italienischem, deutschem und englischem Erbe, wobei die englische Tradition des anthem wegen des Vorrangs der Chöre am Ende überwog. Diese Entwicklung war weder konsequent noch schematisch. Jedes neue Werk war ein Versuch, der Erfolg des einen Oratoriums sicherte noch nicht den Erfolg des nächsten. Das »Händelsche Oratorium« bildete sich in einem dialektischen Prozeß von Angebot, Ablehnung oder Annahme. Erst mit seinen Oratorien wurde Händel, was er formell durch königlich gebilligten Parlamentsakt seit 1727 schon war: Engländer. Die breite und ständig wachsende Popularität der Oratorien war seine zweite Naturalisierung.

Mit der zweiten umjubelten Aufführung des »Messias« am 3. Juni 1742, weiteren Konzerten, Reisen ins Land, vermutlich einem Besuch des königlichen Theaters in der Smock-Alley zu Shakespeares »Hamlet« mit dem berühmtesten englischen Schauspieler der Zeit, David Garrick, und einer Abschiedsvisite bei Jonathan Swift ging Händels Aufenthalt in Dublin zu Ende. Von Laetitia Pilkington, einer Dame der Dubliner Gesellschaft, wissen wir, daß Swift, als ihm Händels Ankunft gemeldet wurde, den Diener längere Zeit nicht verstanden, dann aber ausgerufen habe: »Oh! Ein Deutscher, und ein Genie! Ein Wunder! Laß ihn herein!« Wahrscheinlich wollte sich Händel bei Swift für die Mitwirkung der Choristen seiner Kathedrale bei der Aufführung des »Messias« bedanken. Von der folgenden Unterhaltung, sollte es denn mit dem kranken Swift überhaupt noch ein sinnvolles Gespräch gegeben haben, ist nichts überliefert.

Händel verließ Irland am 12. August 1742 mit dem Vorsatz, in einem Jahr zurückzukehren. Doch dazu sollte es nicht kommen. Spätestens Anfang September war er wieder in London.

LONDON

1742 – 1759

»Samson«
Schweres Wetter
Zensur
Charles Jennens
Ärger mit Middlesex
»Dettinger Te Deum«
Oratoriumsopern
»Bonnie Prince Charlie«
»Judas Maccabaeus«
Christoph Willibald Gluck
»The Music for the Royal Fireworks«
»Solomon« und »Susanna«
Bath
»Theodora«
Testament
Erblindung
»The Triumph of Time and Truth«
Tod und Begräbnis

GLEICH NACH SEINER ANKUNFT in London beendete Händel das nächste Oratorium, »Samson«. Wie schon »L'Allegro« zuvor, war auch das Textbuch zu »Samson« nach einem Gedicht von Milton verfaßt. Es ist die Geschichte vom geblendeten Samson aus dem »Buch der Richter«. Die einleitende »Sinfonia« in G-Dur ist eine der besten Oratorienouvertüren Händels. Das Grave steht gegen den Brauch der französischen Ouvertüre im Dreivierteltakt. Nach der Kadenz folgt eine schnelle Fuge, die vorbeijagt wie eine Reiterschwadron in funkelnder Rüstung. Mit einem »Menuet«, zwischen graziös und gravitätisch, endet die »Sinfonia«. Die Hauptrolle singt ein Tenor. Der »Samson« der Erstaufführung war John Beard, der schon 1732, mit fünfzehn Jahren, als Chorknabe der Chapel Royal in »Esther« und dann in Opern und Oratorien Händels gesungen hatte – durch seine Heirat mit der Tochter des Theaterdirektors John Rich wurde er Manager des Theaters in Covent Garden. In »Samson« schrieb Händel für ihn die ausdrucksstarken Arien »Total eclipse« (Tiefste Finsternis), ein Larghetto in e-Moll im ersten Akt, und »Thus when the sun« (Wenn nun die Sonne), Samsons letzte Worte, bevor er die Säulen des Hauses niederreißt und unter den Trümmern mit den Philistern auch sich selbst begräbt. Die wirkungsvollsten Chöre sind jener der Philister »Hear us, our God« (Hör' uns, unser Gott) und die der Israeliten »With thunder arm'd« (Mit Donner bewaffnet) sowie »Glorious hero, may thy grave peace and honour ever have« (Ruhmreicher Held, möge um dein Grab auf immer Frieden und Ehre sein). Das Orchester war mit jeweils zwei Traversflöten, Oboen, Fagotten, Hörnern, Trompeten, Posaunen sowie Pauken, Streichern, Orgel und Continuo weit stärker besetzt als im »Messias«.

Nach der Premiere seiner letzten Oper »Deidamia« im Januar 1741 hatte Händel mit »Samson« nun zwei Jahre später wieder ein großes Werk für London geschrieben. Die Erwartungen des Publikums waren hoch. Die Middlesex Opera hatte während seiner langen Abwesenheit nichts von künstlerischem Belang produziert. Dafür hatte es bei Galuppis »Scipione in Carthagine« im März 1742 ein Malheur gegeben, als bei der Kostümprobe die Bühne des King's Theatre unter dem Gewicht eines lebenden Elefanten und von zwanzig Soldaten einbrach.

»Samson« war seit der Erstaufführung im Februar 1743 ein großer Erfolg. Acht weitere, stets vollbesetzte Aufführungen folgten bis Ende März. Unter den Zuhörern war auch die königliche Familie. Besser als mit diesem starken Zulauf zu »Samson« hätte für Händel das Jahr 1743 nicht beginnen können.

Doch nur zu bald geriet er in schweres Wetter. Die Widrigkeiten begannen mit dem »Messias«. Wie schon in Dublin nahm sich Händel für die erste Aufführung dieses besonderen Oratoriums auch in London Zeit. Zwar hoffte er, daß er den irischen Erfolg in London wiederholen werde. Aber er war nicht sicher, wie das durch italienische Oper und englisches Oratorium an musikalische Dramatik gewöhnte Londoner Publikum reagieren würde. Passender Ort für Gebet, Dank an Gott und sein Lobpreis war die Kirche. In Dublin hatte es keinen Anstoß gegeben, weil der »Messias« in einem Konzertsaal aufgeführt worden war. Das war nun in London anders. Denn Schauplatz der Erstaufführung hier war das Theater in Covent Garden, eine Bühne also, für den anglikanischen Klerus und strenggläubige Christen eine Stätte leichtfertigen Vergnügens. Um solche Kritiker nicht noch mehr als schon nötig herauszufordern, entschloß sich Händel, den Titel »Messias« lieber nicht zu verwenden und das Werk, für eifernde Gemüter vielleicht nicht ganz so anstößig, »A new sacred Oratorium« (Ein neues geistliches Oratorium) zu nennen.

Doch wenige Tage vor der Erstaufführung, am 23. März 1743, meldete sich in der Presse ein gewisser »Philalethes« mit einer strengen Predigt. Nichts gegen »Mr. Handel« – er, Philalethes, sei ein erklärter Liebhaber seiner Musik. Aber ein Oratorium sei entweder ein Akt der Religion, dann gehöre es nicht in ein Theater, oder es sei kein solcher, sondern zur Unterhaltung bestimmt, und dann sei es eine Profanierung von Gottes Wort und Namen. Wem an Religion liege, der solle in die Kirche gehen. Wer dazu das Theater brauche, der wolle sich doch nur über die Religion lustig machen. Die Absicht, einen solchen Stoff wie den des »Messias« auf die Bühne zu bringen, sei, so wollte Philalethes verstanden werden, ein zum Himmel schreiender Skandal.

Als Meinung eines einzelnen hätte sich um Philalethes niemand weiter gekümmert. Aber dieser vertrat erkennbar nicht nur sich selber, sondern die Ansicht anglikanischer Bischöfe. Selbst das wäre für Händel noch kein Grund zur Sorge gewesen. Doch seit 1737 gab es den »Licensing Act« (Zensurgesetz). Anlaß zu diesem Gesetz waren die in Komödien und Farcen überbordenden Schmähungen derer »da oben« gewesen, also der Regierung Walpole und des Königshauses. Der erste Versuch Walpoles zu einer gesetzlichen Theaterzensur war 1735 gescheitert. Seither wartete er auf eine neue Gelegenheit, die sich bot, als ihm das Manuskript des zur baldigen Aufführung bestimmten Stücks »The golden rump« (Der goldene Hintern) zugespielt wurde. Neben der üblichen Kritik an der Regierung enthielt die Farce zotige Anspielungen auf den König. Als Walpole im Parlament einige Kostproben verlas, verschlug es selbst der Opposition die Sprache, und das Gesetz wurde Ende Juni 1737 vom Haus mit großer Mehrheit verabschiedet. Danach durfte nun kein Stück, sei es »Zwischenspiel, Tragödie, Kommödie, Oper, Schauspiel, Farce oder jedwede andere Theaterunterhaltung«, ohne vorherige staatliche Genehmigung gegeben werden. Die Veranstalter einer Aufführung, deren Textbuch das Zensurverfahren nicht passiert hatte, wurden mit hohen Geldstrafen belegt, und bei weiterer Zuwiderhandlung konnte dem Manager die Theaterleitung überhaupt entzogen werden. Bedenklich an dem Licensing Act war, daß er außer dem Zensurverfahren und den Sanktionen den verbotenen Tatbestand selbst nicht umschrieb. Klar war nur, daß nichts auf die Bühne sollte, was bei der

Obrigkeit Anstoß erregte. Diese wollte in jedem Falle entscheiden, was das hieß, und im Laufe der Zeit eine Praxis entwickeln, nach der sich die Theater zu richten hatten.

Wenn auch das Oratorium im Gesetz als theatralisches Genre nicht besonders genannt war, so mußte es die Zensur ebenso passieren wie die Oper. So hatte Händel denn auch das Libretto zu »Samson« dem Aufsichtsamt im Januar 1743 vorgelegt. Nichts anderes galt nun für den »Messias«. Eine Kopie jedes neuen Textbuchs mußte mindestens zwei Wochen vor der geplanten Aufführung der Zensur übergeben werden. Es ist anzunehmen, daß die Behörde Händel schon bald die Aufführungserlaubnis erteilte, daß also Philalethes nur Tage vor dem Ereignis mit seiner Predigt den günstigsten Moment, die Aufführung des neuen Oratoriums als »anstößig« zu verhindern, verpaßt hatte. Aber für Händel waren die Kräfte, die hinter den Kulissen wirkten, nur schwer einzuschätzen. Er konnte nicht sicher wissen, ob die Zahl derer, die Anstoß nahmen, in den Tagen vor der Aufführung nicht doch noch eine solche Stärke erreichte, daß sie den Zensor bewog, seine Genehmigung zurückzuziehen. Wenn es den Gegnern Händels gelingen sollte, ihren Widerstand zum öffentlichen Skandal zu steigern, hätte ihn auch der König nicht unterstützt.

Doch dieser Skandal blieb aus. Nur kam die Aufnahme von Händels »Neuem geistlichem Oratorium« in London dem Erfolg des »Messias« in Dublin nicht nahe. Wenn auch kein Fehlschlag, so war doch der Beifall für »Samson« deutlich stärker.

Über dem »Messias« kam es zwischen Händel und Jennens zu einem Streit, durch den das Verhältnis noch schwieriger wurde, als es ohnehin schon war. Jennens war ein Herr, Besitzer des Landgutes Gopsall in Leistershire, wo er die meiste Zeit des Jahres lebte. Er war ein studierter Kenner der englischen Literatur und Herausgeber von Shakespeares Dramen. Wohlhabend und unabhängig, lebte er nur seinen Interessen. Einige Briefe Händels an ihn sind erhalten, und wie Jennens über Händel dachte, zeigt uns die Korrespondenz mit seinem Freund, Edward Holdsworth. Der Ton von Händels Briefen

218

an Jennens ist fast devot, wie beim Umgang mit einem, der keinen Widerspruch verträgt und den man besser nicht reizt. Noch im Brief an Jennens vom Juni 1744 ist diese Beflissenheit spürbar: »Es war mir ein großes Vergnügen zu erfahren, daß Sie auf Ihrem Landgut sicher angekommen sind, und daß Ihre Gesundheit sich sehr gebessert hat. Ich hoffe, daß sie unterdessen völlig wiederhergestellt ist, und ich wünsche Ihnen von ganzem Herzen, daß dies so bleiben möge.« Händel war offenbar bereit, sich von Jennens einiges bieten zu lassen, weil er ihn als Textdichter brauchte. Die Beziehung zwischen beiden blieb wohl einige Jahre unbehaglich in der Schwebe. Aber beim »Messias« gab es böses Blut. Jennens hatte den Text im Juli 1741 geliefert, in der Erwartung, Händel werde das neue Oratorium in der Karwoche 1742 in London aufführen. Doch als er im Spätherbst 1741 von Gopsall nach London kam, erfuhr er dort zu seiner Bestürzung, daß Händel den »Messias« zwar vertont hatte, aber unterdessen nach Irland abgereist war. In seinem ersten Brief aus Dublin an Jennens, von Ende 1741, räumte Händel zwar ein, daß er den »Messias« noch in London komponiert habe, berichtete auch, daß er länger in Irland bleiben wolle, verriet aber nicht, was er mit dem fertigen »Messias« nun vorhabe. Bei seiner Rückkehr nach London meinte Jennens zunächst, ohne die Komposition zu kennen, also auf Kredit der begeisterten Iren, sein »Messias« sei Händels Meisterwerk. Doch wenige Monate später war alles anders: Der »Messias« habe ihn enttäuscht, er sei in großer Hast geschrieben. Er, Jennens, werde niemals mehr »heilige Worte« in Händels Hände geben, damit dieser sie mißbrauche. Offenbar hatte er entdeckt, daß Händel seinen Text redigiert hatte, ohne ihm ein Wort zu sagen. Nun war für ihn Händels Werk voller Schwächen, Verbesserungen dringend notwendig. Aber Händel sei so »faul und stur«, daß er zweifle, bei ihm viel auszurichten.

Der Streit zeigte, daß die »Chemie« zwischen Händel und Jennens nicht stimmte. Nicht nur Jennens, auch Händel liebte den Widerspruch nicht. Nun war er zwar bereit, wie bei den italienischen Sängern, dem höheren Zweck zuliebe einiges an »Anmaßungen« hinzunehmen. Was nicht hieß, daß er sie vergab. Seine Geduld hatte Grenzen. Es scheint, daß Händel zu Beginn der Zusammenarbeit mit dem selbstbewußten Jennens bereit war, über Änderungen an dessen Textvorlagen regelrecht zu verhandeln, was er keinem anderen Librettisten je gestattet hatte und keinem wieder erlauben würde. Beim »Messias« war er diese Prozedur nun leid. Ohne Jennens zu unterrichten, komponierte er das Werk und änderte am Text, was ihm sinnvoll schien. Als Jennens merkte, was geschehen war, geriet er in Wut. Mehr noch als in »Saul« oder »Israel in Egypt« ging es für ihn beim »Messias« um »Gottes Wort«, Änderungen an seiner Textauswahl waren daher ein Sakrileg. Händel dagegen vertrat den Vorrang der Musik, und das selbst bei einem Stoff wie dem »Messias« – an Bibelkenntnis traute er sich ohnehin zumindest so viel zu wie Jennens.

Es waren die Querelen mit kirchlichen Gegnern einer Aufführung des »Messias« auf einer profanen Bühne und der Streit mit Jennens, die Händel gesundheitlich erneut belasteten. Im April 1743 hieß es, er sei »gefährlich krank« gewesen. Nicht lange danach hatte er einen Rückfall, wieder war es eine Lähmung der Hand, diesmal auch noch mit Sprachstörungen. Es gab sogar Gerüchte, er wolle für ein Jahr ins Ausland gehen.

Kaum wieder bei Kräften, geriet er im Sommer 1743 in einen neuen Streit, diesmal mit der Middlesex Company. Der Hergang ist überliefert durch ein Schreiben von John Christopher Smith dem Älteren an Anthony Ashley Cooper, Earl of Shaftesbury, einen von Händels Bekannten. Händel wurde von Lord Middlesex gedrängt, gegen Zahlung von eintausend Guineas für seine Gesellschaft zwei Opern zu schreiben, vorausgesetzt, daß seine Gesundheit es erlaube. Händel sei zunächst auch einverstanden gewesen, habe dann aber doch abgesagt, obwohl ihn auch der Kronprinz eindringlich gebeten habe, das Angebot anzunehmen. Da ein italienischer Komponist von Rang nicht zu haben war, habe ihn Lord Middlesex weiter bedrängt, selbst wenn er aus Gesundheitsgründen nicht imstande sein sollte, eine neue Oper zu schreiben, wolle ihm die Gesellschaft für die Erlaubnis, einige seiner alten Opern zu spielen, für jede Aufführung einhundert Giuneas zahlen. Sollte Händel all dies ablehnen, werde die Gesellschaft seine Opern auch ohne seine Erlaubnis spielen und das Publikum von dem Vorgang unterrichten. Händel blieb fest, er werde keine neue Oper schreiben, auch oder gerade nicht unter Druck. Damit hatte er beim Kronprinzen und den Opernfreunden des Adels verspielt, um so mehr, als sie bald erfuhren, daß der, um dessen Gesundheit sie sich so gesorgt hatten, für seine eigene Oratorienspielzeit in Covent Garden inzwischen »Semele« komponiert hatte.

Um das Maß voll zu machen, hatte er sich nun auch noch mit seinem Studienfreund Schmidt überworfen. Dieser hatte die Gespräche mit der Middlesex Company als Mittelsmann geführt, doch so glücklos, daß ihm Händel Hausverbot erteilt hatte. Vermutlich hatte Schmidt ihn zur Annahme der Middlesex-Offerte bewegen wollen und dabei gegen Händels wahre Absichten verstoßen.

Unterdessen saß Händel über der Komposition eines neuen »Te Deum« für den aus Deutschland zurückerwarteten König. Die lange Friedenszeit seit 1721 unter Walpole war mit der Kriegserklärung an Spanien 1739 zu Ende gegangen. Walpole hielt sich, bei ständigem Machtverfall, noch bis 1742, dann trat er zurück. In jenem Jahr schlossen England und Österreich, nun unter Maria Theresia, ein Bündnis gegen Frankreich und dessen Alliierte, nämlich Bayern, Spanien, Sachsen und Preußen, im Österreichischen Erbfolgekrieg. Die von Frankreich geführte Armee hatte 1741 Teile von Österreich und Böhmen besetzt und den bayerischen Kurfürsten Karl Albert als Karl VII. in Frankfurt 1742 zum Kaiser krönen lassen. Nach einem Separatfrieden mit Österreich, der ihm den Besitz Schlesiens sicherte, zog sich der junge König Friedrich II. von Preußen, ein Neffe des englischen Königs, aus dem Krieg zurück. In dieser Lage übernahm George II. die Führung der Armee aus Truppen Englands, Hannovers, Österreichs, Hessens und Hollands. Zur Schlacht gegen das französische Heer kam es am 27. Juni 1743 bei Dettingen am Main nordwestlich von Aschaffenburg. Der König kämpfte während des ganzen Tages unter Lebensgefahr in vorderster Reihe. Nach dem

Sieg zog er sich in sein Kurfürstentum Hannover zurück und erschien erst Anfang November 1743 wieder in London. Der Jubel der Massen kannte keine Grenzen, und selbst Gegner des Königs zeigten sich über das Ausmaß des Überschwangs verwundert. George II. war der letzte englische König, der eine Armee selbst in die Schlacht führte.

Händels »Dettinger Te Deum« wurde, gemeinsam mit dem anthem auf die Worte »The King shall rejoice in thy strength, oh Lord« (Der König soll jauchzen in Deiner Stärke, oh Gott), nach vier öffentlichen Proben am 27. November 1743 in der Chapel Royal für den König und die königliche Familie aufgeführt. Dabei war dieses »Te Deum«, strikt genommen, kein Lobpreis auf den Sieg, sondern wie andere Werke dieser Gattung zuvor, Danksagung für des Königs sichere Heimkehr.

Zu Händels Enttäuschung war »Semele« kein Erfolg. Er hatte versucht, zwischen Oper und Oratorium zu vermitteln, hier mit klaren Vorteilen für die Oper. Eine englische Oper hatte es seit den Zeiten Henry Purcells, dessen »Dido and Aeneas« 1689 in London aufgeführt worden war, wegen des Triumphs der italienischen Oper nicht mehr gegeben. Aaron Hill, Manager des Queen's Theatre bei Händels Eintreffen in London 1710 und Textdichter der Oper »Rinaldo«, hatte ihn 1732 aufgefordert, »uns von der italienischen Sklaverei zu erlösen. Sie könnten zeigen, daß das Englische biegsam genug für die Oper ist, wenn es von Dichtern verwendet wird. Ich bin sicher, daß eine bestimmte dramatische Opernform geschaffen werden kann, die Sinn und Würde mit der Musik und einer geschmackvollen Ausstattung vereinigt, die das Ohr entzücken und zugleich das Herz ergreifen würde. Solch eine Veredlung wäre nicht nur von dauernder, sondern auch sehr einträglicher Wirkung und würde gewiß allgemeine Beachtung und Förderung finden«. Händel war damals der Aufforderung nicht gefolgt, erinnerte nun aber auf seine Weise in »Semele« an die Tradition der englischen Oper. »Semele« behandelte keinen biblischen, sondern einen mythologischen Stoff, nach einem von William Congreve verfaßten Operntextbuch auf Ovids »Metamorpho-

sen«. Es geht um die Liebschaft Jupiters mit der Sterblichen Semele. Das neue Werk »Oratorium« zu nennen, wäre Etikettenschwindel
gewesen. Daher wählte Händel den erläuternden Untertitel »Nach
Art eines Oratoriums«. Er mag gehofft haben, damit die Freunde der
Oper und des Oratoriums zugleich zu gewinnen. Doch die Opern-
partei fühlte sich hintergangen und brauchte für die Ablehnung keine weiteren Gründe, und die Oratorienfreunde wußten mit diesem
frivolen Zwitter auch nichts anzufangen. John, Earl of Egmont,
nannte »Semele« beim ersten Besuch eine Oper und beim zweiten
ein Oratorium. Dagegen waren sich Jennens und später Mainwaring
sicher: Für sie war das Werk eine Oper. »Semele« verschwand schon
nach wenigen Aufführungen von der Bühne, trotz hoher musikalischer und musikdramatischer Qualitäten. Einiges wurde dennoch
populär, wie Semeles E-Dur-Arie »Oh sleep, why dost thou leave
me?« (Oh Schlaf, warum verläßt du mich?).

Händel lernte: Sein Publikum, nun in wachsender Zahl Bürgerliche, das Musik auf englische Texte wünschte, wollte weniger unterhalten als erbaut werden. Eine Anekdote erzählt, Thomas Hay, Earl
of Kinnoul, habe Händel nach der Aufführung des »Messias« in Dublin zu dieser »noblen Unterhaltung« beglückwünscht, worauf Händel
erwidert habe: »Mylord, es täte mir leid, wenn ich die Leute nur unterhalten hätte, es war meine Absicht, sie zu bessern.« Nun war der
»Messias« unter den Oratorien eine Ausnahme. Doch der Beifall für
»Saul« und »Samson« zeigte, was man von ihm erwartete. Was ihn
nicht hinderte, weiter zu experimentieren. Doch blieb auch sein
nächster Versuch von 1745, mit »Hercules« Oper und Oratorium in
einer neuen Formel zu verschmelzen, beim Publikum ohne Resonanz. Mehr noch, dieser jüngste Fehlschlag hatte für ihn nun auch
noch unangenehme finanzielle Folgen. Weil das Publikum ausblieb,
sah er sich veranlaßt, in einem offenen Brief an »The General Advertiser« vom Januar 1745 zu bekennen, daß er wegen der hohen Kosten
und geringen Einnahmen außerstande sei, die angekündigte Konzertserie mit vierundzwanzig Aufführungen vollständig zu geben,
und er biete daher die Erstattung der nicht durch Konzerte gedeck-

ten, doch schon im voraus gezahlten Eintrittsgelder an. »Ich finde mich in der demütigenden Lage, daß meine Bemühungen, das Publikum zu erfreuen, wirkungslos geworden sind, weil sich meine Ausgaben beträchtlich erhöht haben. Welchen Ursachen ich den Verlust der öffentlichen Gunst zuzuschreiben habe, weiß ich nicht, doch werde ich den Verlust selbst stets beklagen.« Von dem Angebot machte jedoch so gut wie niemand Gebrauch, wofür er ebenso öffentlich bewegt dankte. Dennoch, die Fehlschläge hatten ihn getroffen. Wenn auch keineswegs bankrott, erkannte er doch, daß er auf dem besten Wege war, seine Gefolgschaft zu verlieren. Damit wäre alles aufs Spiel gesetzt, was er in nun über dreißig Jahren in England erreicht hatte. Das aber war ihm, so schwer es ihm auch fiel, die Oratoriumsoper nicht wert.

AUCH NACH DEM SIEG BEI DETTINGEN war der Krieg mit Frankreich noch nicht zu Ende. Das Gros der englischen Armee von sechzigtausend Mann stand auf dem Festland, in Flandern und Deutschland. Nur einige tausend junge Rekruten waren in England geblieben.

Die politischen Verhältnisse waren nach dem erzwungenen Rücktritt von Robert Walpole 1742 gespannt, weil die Tories auf eine Beteiligung an der neuen Regierung gehofft hatten, aber bitter enttäuscht wurden: Die Whigs regierten weiter. In ihrer Empörung über den für sie nutzlosen Abgang Walpoles setzten die Jakobiten auf einen neuen Versuch, die verhaßten Hannoveraner zu stürzen. Der »alte Prätendent«, Halbbruder von Queen Anne, der sich im Exil »James III.« nannte, hatte zwar als Führer einer neuen Revolte resigniert. Doch sein ältester Sohn aus der Ehe mit Maria Clementina Sobieska, der Enkelin des Königs von Polen, der 1720 geborene Charles Edward, bekannt als »Bonnie Prince Charlie«, erträumte sich ein Königreich. Zu seinem Glück oder Unglück sah er sich von Frankreich unterstützt, das auf dem Festland Entlastung suchte. Ein

Jakobitenaufstand in England paßte nur zu gut. Was die Tories 1745 meldeten, klang verheißungsvoll – bei einem von Bonnie Prince Charlie geführten Aufstand werde sich ihm die Mehrheit der Engländer, des Regiments der Hannoveraner schon lange überdrüssig, begeistert anschließen. Der Sommer des Jahres 1745 schien der beste Zeitpunkt. Trotz hartnäckiger Gerüchte über einen schottischen Aufstand mit Folgen auch für England war die neue Whig-Regierung in London sorglos. George II. weilte zur Sommerfrische in Hannover. Ende August 1745 betrat Charles Edward schottischen Boden. Es gelang ihm, sich die Unterstützung der wichtigsten Clans zu sichern und mit seiner Truppe die überraschten Engländer bei einigen Scharmützeln zu schlagen. Zu einem größeren Gefecht kam es im September beim schottischen Prestonpans nahe Edinburgh, wo die Truppen des jungen Prätendenten ein gleichstarkes englisches Aufgebot in die Flucht schlugen. Danach besetzte der Prinz Edinburgh, im Spätherbst auch Carlisle, fiel mit seinem Heer in England ein und drang in Eile bis Derby vor, nur noch wenige Tagesmärsche von London entfernt. Doch auf dem Weg nach Derby hatte sich gezeigt, daß die englischen Jakobiten an einen Aufstand, nun, da es ernst wurde, gar nicht dachten. Den Tories war doch angenehmer, Toasts auf »König James III.« im fernen Exil auszubringen, als mit seinem Sohn in einen Krieg zu ziehen, dessen Ausgang allenfalls ungewiß war. Als die erwartete englische Revolte ausblieb, kündigten die schottischen Clans dem Prinzen den Gehorsam, was diesen zwang, mit ihnen nach Schottland zurückzukehren. Auch Frankreich gab die Sache auf und schickte weder Soldaten noch Kanonen. Nicht nur fand Charles Edward keinerlei Beistand. Vielmehr entstanden im Lande spontane Zusammenschlüsse zur Verteidigung der Heimat, um das angeblich verhaßte Königshaus gegen die schottischen Barbaren zu schützen. Vollends entwertet wurde die Sache des Prinzen durch den Umstand, daß er sich von Frankreich, dem Erzrivalen in Europa und Übersee, unterstützen ließ. Seit September war der König wieder in London. Sein zweitältester Sohn, der militärisch erprobte William Augustus, Duke of Cumberland, mit fünfundzwanzig Jahren so alt wie Charles Edward, folgte den Schotten und schlug sie vernichtend mit seinem geordneten und doppelt so starken Heer bei Culloden, einem Moor in der Grafschaft Inverness im nördlichen Schottland, am 16. April 1746. Bonnie Prince Charlie entkam und irrte, gejagt bei Auslobung eines hohen Kopfgeldes, monatelang durch Schottland, bevor er ein Schiff fand, das ihn zurück nach Frankreich brachte.

Als die Schotten Anfang Dezember 1745 in Derby standen, geriet London in Panik. Auf der Themse wurden schon Schiffe zur Evakuierung der königlichen Familie bereitgehalten. Über Fluchtpläne Händels ist nichts bekannt. Doch ist nicht anzunehmen, daß er ernstlich daran dachte, London zu verlassen. Statt dessen engagierte er sich bei der vorbereitenden Verteidigung der Hauptstadt. Zur moralischen Aufrüstung der Freiwilligencorps schrieb er das Lied »Stand round, my brave boys« (Steht geschlossen, meine tapferen Jungs).

Einige Monate nach dem englischen Sieg bei Culloden begann er mit der Komposition des Oratoriums »Judas Maccabaeus« und schrieb es wie gewohnt in vier Wochen nieder. Sein neuer Librettist Thomas Morell hatte das Textbuch dem Duke of Cumberland gewidmet, und »Judas Maccabaeus«, erstmals aufgeführt am 1. April 1747 in Covent Garden, zeichnete im Sieg des Judas Makkabäus über die syrischen Seleukiden unter Antiochos IV. und ihre Vertreibung aus Jerusalem den Triumph Englands über seine Feinde. Dieses patriotische Oratorium wurde sofort populär und erlebte noch zu Händels Lebzeiten mehr als fünfzig Aufführungen. Berühmt wurde vor allem »See, the conq'ring hero comes« (Sieh', hier naht der Held der Eroberung) in G-Dur, mit dem »Largo« Händels bekannteste Melodie, ein Preischor auf den Duke of Cumberland, der unterdessen nach der schottischen Expedition wieder auf dem Festland die englische Armee befehligte. Berühmt wurde auch das in einem Kanon geführte Duett »Come, eversmiling liberty« (Komm', ewiglächelnde Freiheit). Nach den Mißerfolgen hatte Händel diesmal nichts riskieren wollen. »Judas Maccabaeus«, ein mehr erzählendes als dramatisches Oratorium, ist rundum politisch, indem es den Sieg der Makkabäer, also der protestantischen Hannoveraner, mit dem nationalen Interesse gleichsetzte. Es war gezielt auf breiteste Wirkung kalkuliert, und dazu paßte, daß Händel 1747 erstmals auf die Subskription seiner Konzertserie verzichtete und zum Einzelverkauf der Eintrittsbillets überging, was jenen, die sich die Vorauskasse für eine volle Serie nicht leisten konnten oder wollten, den Besuch auch mehrerer Aufführungen erlaubte.

Die Middlesex Company hatte auf ihrer Suche nach einem Komponisten für italienische Opern endlich Erfolg. Der zweiunddreißigjährige Christoph Willibald Gluck, noch nicht päpstlicher »Ritter«, war als Schüler des Mailänders Giovanni Battista Sammartini mit Opern in Italien, darunter auch eine »Poro«, rasch bekannt geworden. Die Middlesex Company verpflichtete ihn nun nach London, wo er im Herbst 1745 erschien. In dem ihm nicht vertrauten Ambiente schrieb er ohne größeren Ehrgeiz und Erfolg die Opern »La caduta de' giganti« (Der Fall der Giganten) und »Artamene«, beide mit vielen Entlehnungen aus eigenen Werken. Schon im Juni 1747 reiste er zu seinem nächsten Engagement nach Dresden. Händel erlebte in London wohl eine Aufführung von »La caduta« und soll über Gluck und sein Talent maliziös bemerkt haben, dieser verstehe noch weniger vom Kontrapunkt als sein Koch. Doch nahmen beide an einem Benefizkonzert für verarmte Musiker mit eigenen Kompositionen teil.

In diesen Jahren entstanden einige von Händels bedeutendsten Orchesterwerken. Schon seit längerem hatte er zwischen den Akten seiner Oratorien regelrechte Konzerte gegeben, zunächst für Orgel mit Streichern, später mit seinen Concerti grossi. Um nun etwas Neues zu bieten, schrieb Händel drei »Concerti a due cori« (Konzerte für zwei Chöre), Konzerte für zwei Bläsergruppen mit Streichorchester, die Bezeichnung stammt nicht von Händel, sondern von dem Händel-Forscher Friedrich Chrysander. Die beiden ersten Konzerte in B-Dur und F-Dur sind Orchesterbearbeitungen von Soli und Chören aus Händels eigenen Oratorien. Das zweite verwendet, wie auch das dritte in F-Dur, zwei Bläsergruppen mit jeweils zwei

Oboen, einem Fagott und zwei Hörnern. Das dritte Konzert wurde vor dem dritten Akt des »Judas Maccabaeus« gespielt. Alle diese Konzerte bieten eine spielfreudige, volltönige und vitale Musik, und ein Stück wie der fünfte Satz aus dem zweiten Konzert in F-Dur mit der von den Bläserchören umspielten ostinaten Wiederkehr eines Unisono-Themas in den Streichern überwältigt durch seinen blutvollen Elan.

Das andere Orchesterwerk war »The Music for the Royal Fireworks« (Die Musik für das königliche Feuerwerk). Die Parteien des Österreichischen Erbfolgekrieges, also Österreich, England, Holland und Sardinien sowie Frankreich mit Spanien, Modena und Genua hatten im Oktober 1748 zu Aachen Frieden gemacht. In der Präambel des Friedensvertrages hieß es ebenso hoffnungsvoll wie utopisch: »Europa sieht endlich den Tag leuchten, den die göttliche Vorsehung ausersehen hat, um diesem Weltteil seine Ruhe wiederzugeben.« Hauptergebnis des Friedens war die Anerkennung der österreichischen Erbfolge durch Maria Theresia nach der Pragmatischen Sanktion von Karl VI., ihrem kaiserlichen Vater. Der Vertrag wiederholte die Garantie der Erbfolge des Hauses Hannover auf den englischen Thron und schloß angebliche Rechte des jeweiligen Prätendenten aus dem Hause Stuart nochmals ausdrücklich aus. Dem Kurfürsten von Hannover und seinen Erben wurden alle Besitzungen in Deutschland förmlich bestätigt. Im übrigen stellte der Frieden von Aachen die ursprünglichen territorialen Besitzverhältnisse, wie sie vor den Kriegszügen bestanden hatten, weithin wieder her. England hatte wenig gewonnen und nichts verloren.

Jedenfalls herrschte nun Frieden, die »boys« kehrten vom Festland heim, und das sollte einer Weltmacht würdig gefeiert werden. Wie natürlich ging der Auftrag zu der Musik für die »Royal Fireworks« an Händel. Die Generalprobe in Vauxhall Gardens am 21. April 1749 sah zwölftausend Menschen, London Bridge war drei Stunden gesperrt. Wie oft verlief auch hier die Generalprobe glücklicher als die Premiere, die im Green Park am 27. April im Beisein des Königs und des Helden vom Dienst, Duke of Cumberland, stattfand: Ein

Teil der Aufbauten für das Feuerwerk brannte ab. Noch vor Dunkelwerden erklang Händels Musik, danach gab es das doppelte Feuerwerk. Wegen der instrumentalen Besetzung der Feuerwerksmusik und des Orts der Generalprobe war es zwischen Händel und dem König zu einem Souveränitätsstreit gekommen. Der König hatte über John, Duke of Montagu, wissen lassen, er wolle beim Feuerwerk keine »fidlers«, sondern nur Kriegsinstrumente hören, also nichts als Bläser und Pauken. Da Händel sich in seiner Kompetenz als Musiker selbst vom König nichts befehlen lassen wollte, erhob er offenbar deutliche Einwände, mußte aber schließlich nachgeben und auf die Streicher verzichten. Ähnlich beim Ort der Generalprobe. Händel hatte gute Gründe, sich diese auf dem Gelände der späteren Aufführung, dem Green Park, zu wünschen, doch ließ sich der König überzeugen, daß die Probe in Vauxhall Gardens weniger kostete, und zwang Händel auch hier zum Nachgeben. Wegen der Orchestrierung der Feuerwerksmusik behielt Händel aber doch das letzte Wort – in der gedruckten Ausgabe der Komposition bei seinem Verleger Walsh waren die »fidlers« mit dabei. Der Streit mit dem König zeigte, welche Höhe Händels Selbsteinschätzung unterdessen erreicht hatte.

Die Ouvertüre in D-Dur ist die vollkommene Allegorie des Sieges, feierlich, strahlend und voller Würde. Diesem großen Auftakt folgen eine temperamentvolle Bourrée, dieser wiederum »La Paix« (Der Frieden) wie ein sonniger Frühlingstag, sodann das martialische »La Rejouissance« (Das Frohlocken), eine ausgelassene Siegesfeier im Feldlager, und zum Abschluß zwei Menuette, das erste ist das empfindsame Gegenstück zur Bourrée, das letzte vereint im Prunk des vollen Orchesters melodische und motivische Schlichtheit mit Schönheit, Anmut und Majestät auf magische Weise.

Nach dem »Judas Maccabaeus« hatte Händel vier weitere Oratorien geschrieben, »Joshua« und »Alexander Balus«, beide 1748 erstmals aufgeführt, sodann 1749 »Solomon« und »Susanna«. Mit »Joshua« suchte er den Anschluß an den so überaus erfolgreichen »Judas Maccabaeus«. Joshua führt als Nachfolger von Moses das Volk Israel nach Jahwes Weisung in das Gelobte Land, und Jahwe gibt ihm bei

Jericho den Sieg über seine Feinde. Vielleicht hatte der Beifall für »Judas Maccabaeus« den Bedarf an Siegesoratorien, und dazu gehörte auch »Alexander Balus«, hinreichend gedeckt. Jedenfalls fanden beide Werke nur matten Applaus.

Nach dieser Erfahrung wandte Händel sich mit »Solomon« und »Susanna« friedlichen Themen zu. Im Mittelpunkt von »Solomon« steht der Streit der beiden Frauen um das Kind, den Solomon mit seinem Urteilsspruch weise löst. Der erste Akt gilt der Einweihung des neuen Tempels, der dritte dem Besuch der Königin von Saba in Jerusalem. »Solomon« zeigt Israel in seiner »klassischen Zeit«, auf dem Gipfel seiner Macht und Pracht, gefürchtet von seinen Feinden und seinem Gott ein Wohlgefallen. Es ist ein Festspiel zum Preis des Friedens, passend nach dem Vertrag von Aachen und der nationalen Siegesfeier. Von allen Oratorien Händels hat »Solomon« die reichste Orchestrierung, nicht nur wegen seiner großen Tempelszenen, sondern auch wegen der Bilder vom Frieden in der Natur und des ehelichen Glücks. Der den ersten Akt beschließende Chor »May no rash intruder disturb their soft hours« (Daß kein hastiger Eindringling ihre süßen Stunden störe), der »Nachtigallenchor«, ist musikalische Poesie auf den Liebeszauber einer Sommernacht.

Anders als »Solomon« ist »Susanna« ein Kammerspiel. Zum letzten Mal nähert sich Händel im Oratorium, wie zuvor mit »Semele«, der italienischen Oper. Das häusliche Glück Susannas in ihrer Ehe mit Joachim wendet sich zum Alptraum, als sie, von zwei Ältesten beim Baden überrascht, deren Nachstellungen abwehrt, von ihnen aus Rache des Ehebruchs beschuldigt wird und dem sicheren Tod erst entgeht, als der Prophet Daniel die Verleumder des Widerspruchs überführt und damit Susannas Unschuld erweist. Lady Shaftesbury meinte nach dem Besuch der Erstaufführung, das neue Oratorium sei »im leichten Stil einer Oper« geschrieben, was die Sache trifft. Der Chor hat weniger eine dramatische als eine kommentierende und moralisierende Rolle. Vorherrschend sind die Arien, sechsundzwanzig an der Zahl, davon siebzehn »da capo«. Die Musik im ersten Teil des zweiten Aktes, wenn Susanna mit ihrer Dienerin zum Bad im Garten erscheint, weckt freundliche Assoziationen an das englische Landleben, so in Susannas Arie »Crystal streams in murmurs flowing« (Kristallklare Bäche fließen murmelnd dahin) oder in der Arie der Dienerin »Beneath the cypress' gloomy shade« (In der Zypressen tiefem Schatten). Das Spiel um die eheliche Treue endet im Jubel des Chors »A virtuous wife shall soften fortune's frown« (Ein tugendhaftes Weib soll des Schicksals Strenge mildern).

Trotz des nur lauen Beifalls für »Susanna« und »Solomon« war für Händel das Jahr 1749 finanziell kein Fehlschlag. In kurzen Abständen deponierte er namhafte Beträge auf sein Konto bei der Bank of England und kaufte vierprozentige Rentenpapiere für mehr als zehntausend Pfund. Die Einnahmen stammten überwiegend aus fünfzehn Aufführungen seiner Oratorien, darunter der stets ausverkaufte »Samson«, der fünfmal gegeben wurde. Auch wenn die anderen Oratorien dieses Jahres, neben »Susanna« und »Solomon« noch »Hercules« und selbst »Messias«, schwächer als »Samson« besucht waren, so gab es zwar geringere Einnahmen, aber keine Verluste. Zu den Einkünften 1749 gehörte, mit den fixen Pfunden aus der königlichen Schatzkammer, auch noch die Vergütung für »The Music for the Royal Fireworks«.

Ende Mai gab er ein Konzert zum Vorteil des »Foundling Hospital for the Maintenance and Education of Exposed and Deserted Young Children« (Findlingshospital zur Unterhaltung und Erziehung ausgesetzter und verlassener junger Kinder), mit der Konzertfassung der Feuerwerksmusik. Unter den Zuhörern war Kronprinz Frederick, sein Widersacher bei der Gründung der Adelsoper. Doch das war lange her.

Mitte August 1749 reiste Händel zur Kur nach Bath, seit Queen Annes Zeiten und noch bis zum Ende des Jahrhunderts Englands mondänster Badeort, malerisch am Avon gelegen und von Hügeln eingeschlossen, die es im Winter vor kalten Winden schützen. Bath war schon seit Römerzeiten wegen seiner warmen Quellen bekannt, wurde jedoch später nur wenig genutzt. Königin Elisabeth besuchte Bath im Jahre 1598, doch war ihr der penetrante Geruch aus den Ab-

wassergruben zuwider. Königin Anne war mehrmals dort, gleich
nach ihrer Thronbesteigung 1702 mit Prince George, ihrem Gemahl,
wegen der Behandlung seines Asthmas. Nach der sechswöchigen Kur
zurück in London erkrankte der Prinz jedoch so schwer, daß man um
sein Leben fürchtete. Trotz dieses allerhöchsten Fiaskos kam Bath
von Jahr zu Jahr mehr in Mode, vor allem durch das Verdienst eines
Mannes: Richard Nash, genannt »Beau Nash«. Er war 1704, mit
dreißig Jahren, in Bath erschienen und hatte die Stadtherren von seinem Urteil in Fragen des Geschmacks derart überzeugt, daß er binnen kurzem in den halbamtlichen Rang eines Zeremonienmeisters
aufstieg, mit Zuständigkeit für Protokoll und Werbung. Seine Jugend
hatte Nash ziellos verbummelt, mit abgebrochenem Studium in Oxford, einem kurzen Gastspiel bei der Armee und als verluderter Student der Rechte in London. Mit dreißig Jahren war er ein talentierter Spieler, und sonst gar nichts. Er wandte sich nach Bath, um dort
am Spieltisch sein Glück zu suchen. Doch fand er hier, wie Paulus
vor Damaskus, seine wahre Berufung – als »König von Bath«.
Das verträumt dahinmodernde Bath öffnete Nash resolut dem Fort-
schritt. Weil er von sich selbst überzeugt war, überzeugte er andere.
Ein Fonds, den er anregte, sorgte für Straßenpflasterung und Stra-
ßenbeleuchtung, bald musizierte eine Kurkapelle, in einem von Gärten umgebenen Neubau konnten sich die Gäste bei Tee oder Scho-
kolade mit ungestörter Leidenschaft dem Kartenspiel widmen. Seine
volle Statur erreichte Nash aber erst als Gesetzgeber des guten Be-
nehmens. Was das war, bestimmte allein er. Gentlemen durften im
Ballsaal bald nicht mehr mit Degen und in Reitstiefeln erscheinen,
Betrunkenheit und lose Reden oder Fluchen waren verpönt, der letzte Tanz endete unweigerlich eine Stunde vor Mitternacht, Duelle
waren in Bath strikt verboten, im »Pump-Room«, der Trink- und
Wandelhalle, galten eherne Regeln für den manierlichen Umgang
miteinander. Hauptereignisse des Tages war die Einnahme des Was-
sers, der Besuch des Gottesdienstes und Predigt in der Bath Abbey
am Vormittag, Spiele am Nachmittag und abends der Tanz. Zur Unterhaltung trugen Kutschfahrten, Reitausflüge, Spaziergänge entlang

des Avon, Besuche und Dinners bei, belebt vom nimmermüden Klatsch. Bath wurde ein Spielplatz der guten Gesellschaft, oder was sich dafür hielt, Heiratsmarkt, Laufsteg der Mode, Treffpunkt von Adligen jeden Ranges, Staatsmännern, Dichtern, Gelehrten, Kaufleuten, Musikern, Schauspielern, Kartenspielern, Mitgiftjägern, Heiratsschwindlern und Glücksrittern aller Art. Nicht in Bath gewesen zu sein galt als gesellschaftliches Manko, und die Straße von London nach Bath wurde eine der meistbefahrenen im Königreich. Bei so viel Nachfrage entstanden nun auch Gästeresidenzen, in einer logierte 1738 Kronprinz Frederick, und »König Beau« beeilte sich, zum Gedenken an diesen Besuch und zur Mehrung des guten Rufes von Bath einen Obelisk zu stiften.

Händel kannte Bath schon aus Berichten seiner Freunde John Arbuthnot und John Gay, die beide 1721 und 1724 hier zur Kur gewesen waren. Das Wasser war radiumhaltig, mit fünfzig Grad Celsius angenehm warm und von heilkräftiger Wirkung besonders bei Gicht, was die Vorliebe von Queen Anne für Bath erklärt, aber auch bei chronischem Rheumatismus und Verdauungsstörungen. Im übrigen bot sich ihm hier die Gelegenheit zu ungezwungenem Verkehr mit der Prominenz, zu der er sich, als Person öffentlichen Interesses, mit Recht auch selber zählte.

Nach seiner Abreise aus Bath gab es im November jenes Jahres dort ein Konzert mit seinen Werken, unter ihnen die Feuerwerksmusik. Solche Händel-Konzerte wiederholten sich in den folgenden Jahren. Er kehrte im Sommer 1751 nochmals für einige Tage zurück. Eine für April 1759 geplante Reise kam nicht mehr zustande. Ein anderes Bad, das Händel zweimal, 1735 und 1758, besuchte, war Tunbridge Wells südöstlich von London, wegen der Nähe von Samuel Johnson und David Garrick gerne besucht. Daniel Defoe meinte 1720 nach einem wegen der hohen Preise nur kurzen Aufenthalt, die Leute, die sonst nichts zu tun hätten, seien hier die einzigen, die man beim Amüsement ständig beschäftigt sehe. Bekannt ist schließlich ein kurzer Abstecher Händels 1751 von Bath zu den Quellen von Cheltenham, wo es erst seit 1738 einen »Pump-Room« gab.

»Theodora« erzählt in drei Akten die Legende zweier christlicher Märtyrer unter der Herrschaft von Kaiser Diokletian zu Beginn des 4. Jahrhunderts. Theodora und der römische Offizier Didymus wählen den Tod, weil für sie ein Leben ohne das Bekenntnis zu ihrem Glauben sinnlos ist. »Theodora« ist Händels einziges christliches Drama – der »Messias« ist fromme Betrachtung. Weil Thema des Dramas das Schicksal zweier Menschen ist, überwiegen die Arien der Zahl nach die Chöre bei weitem. Der Chor der Heiden vertritt den Hedonismus der römischen Welt, der Chor der Christen verkündet die Gewißheit eines Lebens jenseits des Todes. Händel zeichnet die beiden antagonistischen Kulturen musikalisch mit gleicher Objektivität, jedoch die profane Daseinsfreude der Heiden im homophonen Satz, das transzendentierende Christentum in reicher Kontrapunktik. Der Glaube der Märtyrer wirkt um so stärker, als auch die Heiden sich zu ihren Göttern bekennen, aber nicht bis zur Preisgabe des Lebens.

»Theodora« ist Händels Credo. Hier spricht ein Christ, freilich kein eifernder, sondern ein aufgeklärter, der niemanden verdammt, der nicht glaubt wie er. Händel selbst hielt »Theodora«, wie wir von seinem Librettisten Thomas Morell wissen, für sein bestes Oratorium. Einmal sicher wegen seines reichen musikalischen Gehalts. Den Chor zum Schluß des zweiten Akts »He saw the lovely youth« (Er sah den schönen Jüngling), gemeint ist die Szene von der Auferwekkung des Jünglings von Naim durch Jesus, ein dreiteiliger Satz mit jeweils wechselnden Tonarten, nannte er seinen besten Oratorienchor überhaupt. Den wahren Grund für den völligen Mißerfolg beim Publikum dürfte er schließlich verstanden haben. Denn er konnte kaum erwarten, daß ihm bei diesem persönlichen Bekenntnis zu einem toleranten Christentum in einer Zeit, in der die Staatskirche immer noch gegen protestantische Sekten, Katholiken und andere Nonkonformisten kämpfte, viele folgen würden. Zudem mögen Gerüchte über ein bevorstehendes Erdbeben manche Stammbesucher bei den ersten Vorstellungen im März 1750 ferngehalten haben. Aber auch die Wiederaufnahme des Oratoriums 1755 blieb glücklos – »Theodora« kam über eine einzige Aufführung nicht hinaus.

Wie zum Trost entschädigte ihn nun der lange erhoffte Erfolg des »Messias« in London. Seit seiner Rückkehr von Dublin 1742 war der »Messias« in London nur sechsmal gegeben worden, davon einmal ohne Händels direkte Mitwirkung 1744 in der Taverne Crown and Anchor durch die »Academy of Ancient Music« (Akademie für alte Musik), die Johann Christoph Pepusch so viel verdankte, und zuletzt Mitte April 1750 in Covent Garden mit nur mäßigem Zuspruch. Nun aber hatte sich Händel zu einem Benefizkonzert für das Foundling Hospital bereit erklärt, und er wählte dazu den »Messias«. Der Zulauf der Londoner war derart, daß die Straßen zum Hospital durch Kutschen blockiert waren. Die Kapelle war mit tausend Besuchern bis zum Rande gefüllt. Wegen des Andrangs wiederholte Händel das Konzert zwei Wochen später, wieder in vollgedrängter Kapelle. Zwischen den Aufführungen wählte das Foundling Hospital Händel zu einem seiner Gouverneure, also Mitglied des Vorstands. In den folgenden acht Jahren wurde der »Messias« allein in London fünfundzwanzigmal gegeben. Es wurde Praxis, den »Messias« jährlich im Frühling im Foundling Hospital zu spielen. Aber auch über London hinaus wurde der »Messias« immer beliebter. Aufführungen gab es nicht nur in Dublin, sondern ebenso in Oxford, Salisbury, Bristol, Gloucester, Worcester, Bath oder Hereford. Für viele war der Besuch des »Messias« nun ein Kultereignis, geradezu eine gesellschaftliche Pflicht.

Zur Feier seines fünfundsechzigsten Geburtstags im Februar 1750 machte Händel sich selbst ein großzügiges Geschenk: Er kaufte für achttausend Pfund mehrere Gemälde, darunter »einen großen Rembrandt«, wie durch einen Brief des Earl of Shaftesbury bezeugt ist, der seiner Nachricht diese Beobachtung beifügte: »Ich glaube, ich habe ihn noch niemals so gelassen und wohl gesehen.« Achttausend Pfund waren eine fürstliche Summe. Wir wissen nicht, wie viele Gemälde er kaufte. Aber für so viel Geld werden es nicht wenige gewesen sein, selbst wenn der »große Rembrandt« am meisten gekostet haben dürfte. Von Händels Faible für die Malerei wissen wir durch seinen Biographen John Hawkins: »Wie viele andere seiner Profession hatte er eine große Vorliebe für die Malerei. Bis zu der Zeit, als er erblindete, gehörte zu seinen wenigen Unterhaltungen vor allem der Besuch von Ausstellungen, auf denen Gemälde verkauft wurden.« Dennoch fällt es schwer, diesen Bilderkauf nur mit einem Faible, also einer Schwäche, zu erklären. Wahrscheinlich verband er das Vergnügen mit dem Zweckvollen, indem er einen Teil seiner Ersparnisse wertbeständig oder wertmehrend in Gemälden anlegte.

Nach diesem Entschluß und wenige Wochen nach einer Spielzeit, die mit »Theodora« so enttäuschend begonnen und nun mit dem »Messias« so triumphal geendet hatte, machte Händel am 1. Juni 1750 sein Testament. Diesem folgten in den Jahren 1756 bis in die letzte Lebenswoche noch vier »Codicils«, also ergänzende und ändernde Nachträge.

»Im Namen Gottes. Amen. Ich, Georg Friedrich Händel, eingedenk der Ungewißheit des menschlichen Lebens, erkläre dies als meinen letzten Willen«, beginnt das Testament, übersetzt aus dem Englischen. Diesem Eingang folgen die Verfügungen. Zur Haupterbin bestimmte er »meine liebe Nichte Johanna Friederike Floerken aus Gotha in Sachsen, geborene Michaelsen aus Halle«. Namhafte Vermächtnisse gingen an Johann Christoph Schmidt den Älteren, mit dem er sich spätestens 1750 wieder versöhnt hatte, seinen Diener Peter Le Bond, die Vettern Christian Gottlieb Händel, in Kopenhagen, und Christian August Rotth in Halle sowie seine Cousine, die Witwe des Pfarrers Georg Taust in Giebichenstein und ihre sechs Kinder.

Der dritte Entschluß Händels in jenem »Testaments-Jahr« 1750 war eine weitere Reise, seine letzte, auf das Festland. Er verließ London gegen Mitte August, wieder über den Hafen Harwich und von dort nach Rotterdam, eine Route, die er auch für die Rückkehr wählte. »The General Advertiser« meldete am 21. August, Händel sei

schon vor einiger Zeit nach Deutschland gereist, um dort seine
Freunde zu besuchen, habe aber zwischen Den Haag und Haarlem
das Unglück gehabt, daß seine Kutsche stürzte, er selbst sei »böse
verletzt« worden, nun aber außer Gefahr. Bis zu seiner Abreise von
Rotterdam nach England am 8. Dezember 1750 stammen alle Meldungen über ihn aus Holland. In Haarlem, Deventer und Den Haag
spielte er die Orgel, in Den Haag vor Prinz Willem IV. von Oranien
und der Prinzessin, seiner Schülerin Anne – der Prinz starb schon im
folgenden Jahr. Händel scheint sich von dem Unfall bald erholt zu
haben. Jedenfalls reiste er schon im September von Haarlem über
Amsterdam und Apeldoorn nach Deventer, eine Strecke von über
einhundert Kilometern, und wieder zurück nach Haarlem. Sollte er
tatsächlich Deutschland besucht haben, dann zwischen Ende September und Ende November. Aber von dort fehlt jedes Echo. Wer
seine deutschen Freunde waren, die er wiedersehen wollte, wissen wir
nicht. Jedenfalls berichteten weder Telemann noch Mattheson, er
habe sie besucht. Erhalten ist jedoch ein französisch verfasster Brief
Händels an Telemann, geschrieben gleich nach seiner Rückkehr in
London Mitte Dezember 1750, wo er versicherte, Telemanns »ganz
und gar von Freundschaft erfüllte Worte« hätten ihn tief bewegt.
Händel hatte diesen Brief noch kurz vor seiner Rückreise durch Boten in Den Haag erhalten. Es scheint, als habe Telemann dem
Freund auf die Nachricht vom Unfall seine besten Wünsche über-
mittelt. Das schließt nicht aus, daß Händel in Deutschland war, etwa
um sich in Halle persönlich nach seiner Verwandtschaft zu erkundi-
gen, mit Blick auf seine testamentarischen Verfügungen. Sollte dies
so gewesen sein, hat er offenbar nichts erfahren, das ihn veranlaßt
hätte, das Testament zu ändern.

Mit der Komposition des Oratoriums »Jephta« begann er Ende Januar 1751. Nach einem deutsch geschriebenen Vermerk in der Partitur beendete er den ersten Akt Anfang Februar. Sogleich begann er
die Arbeit am zweiten. Aber er kam nicht weit. Im Autograph heißt
es am 13. Februar: »biß hierher komen den 13. Febr. 1751 verhindert
wegen des Gesichts meines linken Auges so relaxt«. Die Sehkraft des

linken Auges hatte plötzlich so stark nachgelassen, daß er gezwungen war, die Arbeit einzustellen. Erst zehn Tage später war es »etwas besser worden«, er habe die Arbeit »wieder angegangen«, und schloß den schon begonnenen zweiten Akt in wenigen Tagen ab. Danach legte er das Oratorium für über drei Monate unfertig beiseite.

Als Händels erster Augenarzt gilt Samuel Sharp, Chirurg am Guy's Hospital. Dieser diagnostizierte, wie es bei John Hawkins heißt, eine »incipient Gutta serena«, also einen »beginnenden grünen Star«, ein Glaukom. Unter gutta serena, wörtlich »klarer Tropfen«, verstand man zu jener Zeit ein Nachlassen der Sehschärfe bis hin zur Blindheit aus unbekannter Ursache. Gutta serena war kein Katarakt, kein grauer Star mit schleichender Eintrübung der Augenlinse, bei dem man von alters her wußte, daß sich die Sicht operativ, durch das »Stechen des Stars«, englisch »couching«, wenn mit Geschick praktiziert, nicht selten bessern ließ. Eine gutta serena war dagegen unheilbar. Sharps Befund war offenbar ein chronisches Glaukom, bei dem die Zerstörung des Sehnervs oft unbemerkt über Jahre geht und der Verlust des »Gesichts« plötzlich eintritt, wie es nach Händels spontanem »Jephta«-Vermerk in der Tat geschah. Mit Erfolg behandelt werden konnte das Glaukom erst einhundert Jahre später, nachdem der deutsche Physiologe Hermann von Helmholtz 1851 den Augenspiegel, das Ophthalmoskop, erfunden und der Berliner Arzt Albrecht von Graefe sechs Jahre danach eine geeignete Operationsmethode entwickelt hatte. Nun war klar, daß der erhöhte Augeninnendruck Ursache für die Schädigung der Netzhaut oder des Sehnervs war.

Mit schwindender Sehkraft schrieb Händel »Jephta«, sieben Monate nach Beginn, im August 1751 zu Ende. Da der Diagnose von Samuel Sharp offenbar keine Behandlung folgte oder eine, die erwartungsgemäß zu nichts führte, konsultierte Händel Anfang November 1752 William Bromfield, Chirurg der Princess of Wales. Vermutlich sah sich Bromfield ähnlich machtlos wie Sharp. Jedenfalls hieß es Ende Januar 1753, Händel habe das Augenlicht verloren, und wenige Wochen später bemerkte Lady Shaftesbury in einem Brief: »Letzten Freitag ging ich zu ›Alexander's Feast‹; doch es war ein solch melancholisches Vergnügen, daß mir Tränen des Mitgefühls kamen, als ich den großen und dabei so unglücklichen Händel sah, so niedergeschlagen, so schwach und düster. Wie er dort saß, diesmal nicht am Cembalo, dachte ich bei mir, daß er sein Augenlicht der Hingabe an die Musik geopfert habe.«

Bei unbehandeltem Glaukom nun beider Augen wurde Händels Sehvermögen in den letzten Lebensjahren immer schwächer, vielleicht sogar bis hin zur völligen Blindheit, Samsons »tiefster Finsternis«. Als er im Sommer 1758 hörte, daß sich der Augenarzt John Taylor, der sich selbst »Chevalier« nannte, wieder einmal in Tunbridge Wells aufhielt, reiste er dorthin. Ganz ohne Talent und Erfolge war Taylor nicht. Doch er war einer der umtriebigsten Prahlhänse des Jahrhunderts und in ganz Europa bekannt oder berüchtigt, er bereiste Schottland, Irland, Holland, Dänemark, Schweden, Deutschland, Böhmen, Polen, Rußland, Spanien und Portugal, einige dieser Länder gleich mehrmals, war Mitglied zahlreicher Universitäten, besaß Diplome bündelweise und nannte sich Augenchirurg des Papstes, des Kaisers, einiger Könige, Kurfürsten und Prinzen. Er überzeugte mit der Unverfrorenheit eines geborenen Scharlatans 1736 auch George II., der Taylor urkundlich bescheinigte, er sei sein offizieller Augenarzt. Er liebte den Luxus und den Verkehr mit »Personen von Rang« über alles. Er reiste in größtem Stil, mit zwei Kutschen und bis zu zehn livrierten Dienern. Vor seiner Ankunft an einem Ort ließ er dort Flugblätter verteilen, Plakate aushängen und Anzeigen in der lokalen Presse erscheinen. Hielt er dann Einzug, strömten ihm die Patienten in Scharen zu. Er hatte 1735 eine Schrift über die Heilung der gutta serena verfaßt, die barer Unsinn war, was er fünfzehn Jahre später augenzwinkernd eingestand, als er sie »ein Werk meiner Jugend« nannte. Bei leichten Fällen von Glaukom rieb er den unteren Teil des Augapfels mit einem silbernen Löffel, dann reizte er mit einer Nadel die Augenmuskeln, damit sich diese zusammenzogen und den geschädigten Nerv stimulierten. Danach ließ er den Patienten zur Ader und verordnete eine Medizin, von der er wußte, daß sie nichts half. Die Behandlung endete mit der schulterklopfenden Versicherung, der Patient werde bald wieder besser oder völlig sehen können. Bevor dieser den Betrug merkte, war Taylor schon über alle Berge. Er hatte Johann Sebastian Bach in Leipzig im März und April 1750 operiert, mit Erfolg, wie Taylor verkündete, in Wahrheit erfolglos, und Bach überlebte die Behandlung nur um wenige Monate.

Einem pathologischen Aufschneider wie dem Chevalier zu glauben ist riskant. Es ist daher auch nicht sicher, daß er Händel in Tunbridge Wells 1758 tatsächlich operierte, wie es nach seiner Selbstbiographie »The History of the Travels and Adventures of the Chevalier John Taylor« (Die Geschichte der Reisen und Abenteuer des Chevalier John Taylor), nach Händels Tod 1761 veröffentlicht, den Anschein hat. Dort heißt es, er habe bei Händel, einem Schüler Bachs (sic), auf denselben Erfolg wie bei diesem gehofft, »doch als man den Vorhang aufzog, fanden wir den Augengrund durch eine paralytische Erkrankung beschädigt«. Das klingt, als habe er Händel tatsächlich operiert; aber er sagt es nicht. Warum sollte er auch bei einem fortgeschrittenen Glaukom eine Operation überhaupt noch wagen, wo er doch sicher wußte, daß er nichts ausrichten konnte?

Spätestens seit dem Besuch bei Bromfield 1752 kannte Händel sein Los. »Sein Mut verließ ihn; und jene Stärke, die ihm bei früheren Heimsuchungen geholfen hatte, fehlte ihm nun, als man ihm sagte, daß Freiheit von Schmerzen alles sei, was er noch für den Rest seiner Tage erhoffen konnte«, lesen wir bei Hawkins. Die Freude am Kauf der Gemälde war nur von kurzer Dauer gewesen. Er suchte Kraft im einsamen Gebet in St. George's Church. Dieser von rastloser Schaffenskraft erfüllte Mann durchlitt nun trostlose Tage, wohl oft bitter hadernd, fremder Hilfe bedürftig, wo ihm zeitlebens die Unabhängigkeit so viel bedeutet hatte. Berichte über »geistige Störungen«, die aber eher Absencen waren, Selbstgespräche oder Wutausbrüche aus nichtigem Anlaß, klingen durchaus glaubhaft. Euphorische Stimmungsaufschwünge in diesen letzten Jahren gab es dennoch. Mit Hilfe des jungen Smith, seines Schülers, gelang es ihm, durch eigenes Vorspiel auf dem Cembalo oder durch Korrektur dessen, was nach seinem Diktat von Smith niedergeschrieben und am Cembalo gespielt wurde, weiter zu komponieren. Noch besser gelangen ihm Arrangements durch Übernahme aus früheren Werken, weil ihn sein Gedächtnis nicht verlassen hatte.

Diese neue Kompositionstechnik benutzte er auch bei der dritten Fassung des in Rom 1708 für Kardinal Pamphili geschriebenen Oratoriums »Il Trionfo del Tempo e del Disinganno«, umgearbeitet 1737 zu »Il Trionfo del Tempo e della Verità«, nun mit dem Titel »The Triumph of Time and Truth«. Zeit und Wahrheit streiten mit Vergnügen und Täuschung um den Preis der Schönheit und siegen. Händel verwendete zur Hauptsache die Musik der beiden früheren Fassungen. Neu sind vor allem fünf Chöre. Mit seinen Entlehnungen aus eigenen Werken über die Spanne eines halben Jahrhunderts schrieb er sich dieses summa summarum, mit seinen besten Oratorien nicht zu vergleichen, und doch ein Zeugnis jenes immer regen Geistes, mit dem er bis zuletzt seiner Berufung folgte.

Unterdessen wuchs sein Ruhm. Seine Oratorien in Covent Garden beherrschten in der jährlichen Fastenzeit das musikalische Angebot. Sogar »Admeto«, seine Oper von 1727, erlebte auf der Bühne des King's Theatre 1754 eine nostalgische Wiederkehr. Nicht nur in Europa, sondern nun auch in der Neuen Welt erklang seine Musik, wohl erstmals in der City Hall von New York im März 1756. Im Jahr zuvor waren bei Walsh sechzig seiner Ouvertüren aus Opern und Oratorien, arrangiert für Cembalo oder Orgel, im Druck erschienen. Englische Oden feierten ihn als »Orpheus«, Würdigungen in deutschen Zeitschriften reklamierten ihn als Deutschen. Dazu nun noch die Post so vieler Verehrer. Der Ruhm, die Bewunderung der Menschen, war ihm ein Trost, ein Feuer in der Nacht, Licht und Wärme spendend.

Tätig blieb er bis zuletzt. Das Ende kündigte sich an, als er den Appetit und an Gewicht verlor. »Seine Gesundheit hatte sich schon einige Monate vor dem Tode zusehends verschlechtert. Er war sich des nahenden Endes bewußt, und er wies alle Versuche zurück, ihn mit der Hoffnung auf eine Genesung aufzuheitern«, heißt es bei

Mainwaring. Doch seine letzte Spielzeit sah ihn kaum weniger beschäftigt als in den Jahren zuvor. Es scheint, als habe er die drei Aufführungen des »Messias« noch selbst geleitet, jedenfalls saß er bei der letzten am 6. April 1759 am Cembalo.

Erst jetzt verließen ihn die Kräfte. Über seine Todeskrankheit gibt es keine Berichte. Doch mag es sein, daß ihn die oft bis zur Völlerei getriebene Lust an Essen und Trinken schließlich krank machte, was George William Harris, einer von drei Brüdern aus dem »Harris-Clan«, die Händel verehrten, schon in einem Brief von 1743 prophezeit hatte: Selbst nach seinen jüngsten Erkrankungen sei Händel immer noch »so sehr ein Epikureer, daß er sich nicht versagen kann, seine frühere schwelgerische Lebensweise wieder aufzunehmen, die für ihn gewiß einmal tödlich enden wird«. James Smyth, Parfümhändler und Händels Nachbar, verdanken wir den Bericht über seine letzten Stunden. Noch einmal empfing Händel die alten Freunde, um sich mit ihnen auszusöhnen, verabschiedete sich von ihnen und äußerte danach, er wolle nun niemanden mehr sehen. Er starb am Karsamstag, dem 14. April 1759, morgens um acht Uhr, schmerzlos und in Frieden mit sich und der Welt.

Er hinterließ ein geordnetes Haus. Wann immer nach der Niederschrift des Testaments von 1750 einer der Bedachten gestorben war, rückten die Witwen oder die Kinder des Verstorbenen per Kodizil nach. Dem Wohltätigkeitsverein zur Unterstützung notleidender Musiker und ihrer Familien hinterließ er eintausend Pfund. Bedachte Freunde waren Johann Christoph Schmidt der Ältere, Thomas Harris und Bernard Granville, Partner der Theaterdirektor John Rich, der Geiger Matthew Dubourg und selbst Charles Jennens. Großzügig abgefunden sahen sich auch die beiden Diener sowie das übrige, namentlich nicht genannte Hausgesinde. Arzt, Apotheker, Testamentsvollstrecker sowie vier Damen, vermutlich Witwen, erhielten Legate. Den billig auf achtundvierzig Pfund amtlich geschätzten Hausrat erwarb sein Diener John Duburk, der den Kauf aus den geerbten sechshundert Pfund leicht bestreiten konnte. Bei der Beschreibung des Mobiliars im Nachlaßverzeichnis kehrt das Eigenschaftswort »alt« neunzehnmal wieder. Reich ausgestattet mit Gerät und Geschirr war die Küche. Im Inventar fehlten die, nicht schon testamentarisch vermachten, Gemälde, sie wurden 1760 versteigert, der Erlös dürfte, nach Abzug der Kosten, Friederike zugegangen sein. Insgesamt belief sich der Geldwert von Händels Nachlaß, der materielle Ertrag eines selten erfolgreichen Musikerlebens, auf mehr als zwanzigtausend Pfund.

Letzter »Begünstigter« in Händels letztem Willen war Händel selbst: »Ich hoffe auf die Erlaubnis des Dekans und des Kapitels von Westminster für ein privates Begräbnis in Westminster Abbey.« Sein Testamentsvollstrecker habe Vollmacht, dort für nicht mehr als sechshundert Pfund ein Grabmal errichten zu lassen.

Und so geschah es. Nur blieb seine Bestattung in Westminster Abbey am 20. April 1759 in der »Poet's Corner« (Dichternische) im südlichen Teil des Querschiffs der Kathedrale vor dreitausend Trauernden kein privates Ereignis. Aber auch das wäre ihm wohl recht gewesen.

NACHRUF

WER WAR Georg Friedrich Händel?

Mit nur wenigen Selbstzeugnissen, unter ihnen eine Handvoll Briefe zumeist förmlich-praktischen Inhalts, einem selbstgeschriebenen Testament und dem Eintrag in die »Jephta«-Partitur von 1751 über seine beginnende Erblindung, ohne Tagebuch und andere private Aufzeichnungen sind seine Persönlichkeit und Weltsicht nicht leicht zu fassen.

Auch was uns Zeitgenossen über ihn hinterließen, ist dürftig. Manches, was anekdotisch überliefert ist, zeigt ihn in seinem Milieu, dem Theater. Doch wurden die meisten dieser Anekdoten erst lange nach seinem Tode niedergeschrieben, in der Aura seines Nachruhms. Die ersten englischen Biographen berichten zumeist, was sie über ihn aus zweiter Hand erfuhren. Die meisten Briefe der Händel-Verehrer aus den Familien Harris und Shaftesbury sorgen sich, seit Beginn der erhaltenen Korrespondenz über Händel 1736, vor allem um seine Gesundheit. Johann Christoph Schmidt, Händels Studienfreund, hätte seine Persönlichkeit noch am ehesten schildern können. Nur hat er es nicht getan, oder es ist nicht überliefert. Was vermutlich über ihn an Mainwaring kam, sind Fragmente eines Lebenslaufs, oft nicht schlüssig. Die Briefe an Händel, und es müssen viele gewesen sein, hat er vor seinem Tode womöglich noch selbst vernichtet.

Wer war Händel? Ein Komponist von Weltrang. Deutscher, Engländer, Europäer. Im Leben eine öffentliche Erscheinung wie selten eine, zuletzt eine nationale Institution. Seit seinen besten Jahren bis ins Alter ein stattlicher, dann korpulenter Mann mit schwerem Gang, im Habit eines Herrn von Stand mit mächtig wallender Perücke.

247

Als eine Spezies des Barock teilte er das Lebensgefühl seiner Zeit, ihre Lust am Übermaß: in der Arbeit bis zu Erschöpfung und physischer Lähmung, im Genuß bis zur Völlerei, als passionierter Sammler von Gemälden fähig zur Ausgabe seines halben Vermögens, als Künstler im Streit um den Erstrang bereit, ärgste Schläge hinzunehmen oder auszuteilen, ein unmäßiger Kurgast in Aachen, der wohl bestverdienende Komponist seiner Zeit, mit Verbindungen bis in die höchsten Kreise, die seinen gesellschaftlichen Status als bloß dienendes »Subjekt« weit überstiegen.

Jeder seiner wachen Momente gehörte der Musik. Er hielt und forderte strikte Disziplin. Als Autokrat war er ans Befehlen gewöhnt, sein Drillplatz war das Theater. Stolz oder Eigensinn bei anderen konnte er nicht leiden, von beidem hatte er selbst genug. Er war bestimmt in seinen Entschlüssen, überlegt in der Wahl der Mittel und resolut im Vollzug. Er war der sprichwörtliche Sieger, der Mann des letzten Wortes, dem nichts mehr galt als das eigene Urteil und der eigene Wille. Er suchte den Erfolg um fast jeden Preis. Sein Programm war: Wo auch immer in seinem Metier der Erste zu sein.

Bei seltenen Anlässen in kleiner Gesellschaft seiner Verehrer, gerade auch von Frauen, wo er im Mittelpunkt mit seiner Musik den Stoff der Unterhaltung bildete, war er ein liebenswürdiger, aufgeräumter und nur zu gerne wiedergesehener Gast. Im Verkehr mit englischen Musikern war sein Ton höflich, wenn auch selten frei von nur leicht kaschierter Herablassung. Er war nicht nachtragend, weil er wußte, wie sehr er alle Rivalen überragte. Doch gönnte er sich, wie nach einer guten Mahlzeit, bisweilen eine Prise Schadenfreude, etwa beim Anblick der Verlegenheiten der Middlesex Opera Company, die ihn so sehr bedrängte.

In den Streit anderer mischte er sich nicht ein, am wenigsten in den der politischen Parteien oder der christlichen Konfessionen. Von König und Staat verlangte er nichts weiter, als daß sie ihn als Souverän im Reich der Musik anerkannten und wirken ließen. Sein Gott war der Schöpfer und Vater aller Menschen, gleich welchen Glaubens oder Bekenntnisses.

Als naturalisierter Engländer blieb ihm doch seine Herkunft als Deutscher stets gegenwärtig. Er schrieb und sprach ein mehr als nur passables Englisch, doch verriet ihn seine Aussprache jederzeit als Deutschen. Er wußte, was er England schuldete, und England, was es ihm verdankte. Besonders an England gefallen hat ihm wohl der hier geltende Vorrang der Vernunft, der »common sense«.

Wenn er als Unternehmer auch das Wagnis liebte, war er doch kein Hasardeur. Und ein Knauser schon gar nicht. Für das Gastrecht in England hat er sich durch freigebige Spenden an wohltätige Einrichtungen erkenntlich gezeigt. Ohne eigene Familie übte er Nächstenliebe, Brüderlichkeit und Humanität an seinen fernen deutschen Verwandten und den ihm nahen Bedürftigen der Londoner Gesellschaft.

Als Freund der Natur liebte er die Beschaulichkeit des englischen Landlebens. Auf Reisen suchte er Erholung durch neue Eindrücke. Doch für bloßen Zeitvertreib in Tavernen bei Karten, Wein oder Kaffee war ihm die Zeit zu schade. An Poesie war ihm nur gelegen, wenn sie sich musikalisch nutzen ließ. Vermutlich las er die Zeitung oder gelegentlich eines der boshaften Pamphlete, er hatte Witz, Ironie und Sarkasmus genug, um gewürzte Satiren kennerhaft zu würdigen. Seinen Hang zum Fluchen teilte er mit den meisten Zeitgenossen seines Geschlechts – Henry Fielding hat dieser gern auch öffentlich geübten Unart mit Squire Western in »Tom Jones« ein Denkmal gesetzt. Doch wieder einmal war Händel auch hier der erste, weil nur er es verstand, fließend in gleich vier Sprachen zu fluchen.

Eine Ehe und eigene Kinder hat er sich wohl ersehnt, aber er fand über der Musik nicht die Zeit, oder er hatte nicht das Herz, eine Frau zu wählen. Vielleicht war es auch die vertraute Nähe zu einem anderen Menschen, die er nicht ertrug und die er daher mied bis hin zu verletzender Unnahbarkeit. So hatte er auch kaum Freunde, dagegen viele Bekannte, mit denen er mehr oder minder reserviert verkehrte. Die besten Freundschaften gelangen ihm auf weite Distanz, wie mit Telemann.

Der Umgang mit einem solch überlegenen, unduldsamen und herrischen Mann muß für alle, die um ihn waren, oft eine Prüfung gewesen sein. Aber er versöhnte und gewann durch seine herzliche Fürsorglichkeit und Anteilnahme.

GANZ IN SEINEM SINNE weiß die Nachwelt weit mehr über seine Musik als über ihn selber.

Als einer der bedeutendsten Dramatiker der Musikgeschichte war Händel vor allem Vokalkomponist. In Deutschland von seinem Lehrer Zachow an Cembalo und Orgel geschult, Autodidakt auf Oboe und Violine, gelehrt in Kontrapunkt und strengem Stil, überwältigte Händel in Italien der Zauber der Melodie, beseelt durch die menschliche Stimme.

Sein Stil ist eine eigentümliche Mischung aus Homophonie, bei der die Melodie von den übrigen Stimmen akkordisch begleitet wird, und polyphoner Kontrapunktik, der Mehrstimmigkeit nach gegebenen Regeln, wie er sie vor allem aus seiner Lehrzeit in Deutschland kannte. Oberstes Prinzip in Oper und Oratorium war ihm der dramatische Effekt. Chöre, die als Fuge beginnen, münden zur Steigerung des Ausdrucks oft in homophone Transparenz. John Hawkins meinte von Händels Spiel auf der Orgel, die Passagen des von ihm gespielten Konzerts seien mit höchster Kunst miteinander verknüpft gewesen, »doch war alles völlig verständlich und hatte den Anschein großer Einfachheit«. Nur ist diese Einfachheit nicht die Simplicitas schlichter Geister, sondern Summe aus einem Prozeß strengster Auslese. Damit seine Musik wirken konnte, mußte sie faßlich sein. Wie selten ein Komponist verstand er es, die Wirkung seiner Musik durch Aussparung zu steigern. Zur Faßlichkeit gehörte daher auch die Bildung nur kurzer musikalischer Perioden. Stilbestimmend war bei allem auch, daß Händel in England wirkte, das im Konzert der europäischen Völker zumeist nur bescheiden, gleichsam als Ripieno-Violine, als zweite Geige wie er selber im Hamburger Opernorchester, mitgespielt hatte. Es ist sicher, daß sein Stil, hätte er Deutschland nicht verlassen, ein anderer geworden wäre, gelehrter, strenger, instrumentaler. Doch weil er das nicht wollte, ging er nach Italien, und blieb in England.

Als Praktiker erlaubte Händel sich vieles, wenn es nur wirkte. Immer schrieb er für einen bestimmten Zweck, für die Bühne anders als für den Konzertsaal oder eine Aufführung unter freiem Himmel. Er wechselte Stile und Instrumentierungen, änderte für neue Sänger schon komponierte Arien oder schrieb Chöre kurzerhand neu, dehnte hier oder kürzte dort. Keine seiner Opern oder Oratorien war bei Wiederaufnahmen vor oft erheblichen Eingriffen sicher.

Wenn ihm in seiner Lebensführung so viel an Freiheit lag, dann galt dies auch in seiner Musik. Er war kein Systematiker, der sich gehorsam Regeln fügte. Er ließ Regeln nur gelten, wo sie ihm brauchbar schienen. So ist sein Werk voller Verstöße gegen Regeln und Regelmaß, vieles schrieb er, der stärkeren Dramatik wegen, gegen den Strich. Der natürlichen Anlage nach war er, mit seiner unbändigen Lust am Spiel der Phantasie, ein Improvisator.

Er hatte nichts von einem Revolutionär oder Reformer, der das überlieferte Schema der Opera seria, so wunderlich es auch war, aus fortschrittlichem Geist erneuern wollte. Wohl aber war er ein Verwandler, der sich musikalische Traditionen aneignete, sie fortspann und miteinander verschmolz. So entstand sein englisches Oratorium.

Ein Evergreen der Stilkritik bei Händel ist seine Praxis, eigenes oder auch fremdes musikalisches Material bei der Komposition neuer Werke zu »entlehnen«. Weitaus am häufigsten sind bei ihm Selbstentlehnungen, also Zitate, besonders Themenanfänge, aus früheren Werken, die er frei fortspinnt, wodurch eine neue Komposition entsteht. Fremdentlehnungen sind solche, wo er sich Takte oder Passagen aus Werken anderer Komponisten borgt und mit ihnen ähnlich verfährt wie mit eigenen Ideen. Fälle, wo Händel Werkteile anderer Komponisten integral übernimmt, sind dagegen seltene Ausnahmen, nachweisbar erst seit 1736, kurz vor seinem Zusammenbruch. Noch am ehesten ist bei solchen Anleihen von Plagiat zu sprechen, im Ausmaß jedoch mit dem Diebstahl einer ganzen Kantate, wie Bononcini 1731 nachgewiesen, nicht entfernt zu vergleichen.

Vorweg: Händels Entlehnungspraxis ändert an seinem Rang als einem der größten Komponisten der europäischen Musikgeschichte nicht das mindeste. Er war ein Mann seiner Zeit, in der Entlehnungen in allen Künsten gang und gäbe waren. Die Nachahmung war ein allseits gebilligtes Prinzip, die Übernahme selbst langer Zitate bewies auch im barocken Drama künstlerische Versiertheit. Der römische Rhetoriker Marcus Fabius Quintillianus war eine oft zitierte Autorität: »Es kann keinen Zweifel geben, daß unsere Aufgabe in der Kunst in nicht geringem Maße in der Nachahmung liegt, weil es zweckmäßig ist zu imitieren, was immer mit Erfolg erfunden wurde, wenn auch die Erfindung am Anfang stand und überaus wichtig ist. Es ist eine universelle Regel des Lebens, daß wir kopieren sollen, was wir an anderen schätzen.« Für die Musik galt, was Johann Mattheson verkündet hatte, daß die Nachahmung fremder Modelle ein Mittel sein könne, die eigene Erfindungskraft anzuregen. Entlehnungen waren ihm legitim, wenn die entlehnte Idee mit Zinsen zurückgezahlt, das Original verbessert wurde. Johann Adolph Scheibe bemerkte in seiner Zeitschrift »Der critische Musicus«, Händel entwickle nicht selten musikalische Ideen anderer, besonders die von Reinhard Keiser, was aber an Scheibes hoher Meinung an Händel gar nichts änderte. Die Aufnahme fremder Arien in eine neue Oper oder das »Pasticcio«, eine Oper mit Musik eines oder verschiedener Komponisten unter neuem Titel und selbst mit neuem Libretto, waren sehr beliebt. Andere Formen der Nachahmung waren die Variation oder die »Parodie«, die Nutzung einer Vokalkomposition mit einem neu unterlegten Text. Kanon und Fuge gehörten zu den anspruchsvollen Formen nachahmender polyphoner Satztechnik.

Entscheidend zum Verständnis dieser Praxis ist, daß es die Vorstellung, eine Komposition müsse »originell« sein, sich als neu von allem unterscheiden, was an Musik schon existierte, als Dogma zu Händels Zeit noch nicht gab. Die kategorische Forderung nach Originalität meldete sich erst im letzten Drittel des 18. Jahrhunderts, als von

Dichtern und dann auch von Komponisten erwartet wurde, daß sie Genies seien, besser noch »Originalgenies«, die mit jedem Werk etwas epochal Neues schufen. Doch im Barock wollte der Komponist zeigen, wie geschickt er mit musikalischem Gut verfahren konnte, ob eigenem oder fremdem. Der Musiker war Handwerker, Praktiker, Kombinatoriker. Es war zweckvoll, ein Thema oder eine Passage, die es schon gab und zu dem neuen Werk paßte, nochmals zu verwenden. Bei den großen Meistern, deren Rang danach bemessen wurde, mit welchem Geschick sie musikalische Ideen miteinander kombinierten, war das kreative Fortspinnen eigenen oder auch fremden Materials die wahre Kunst.

Fremde Ideen entlieh Händel von deutschen und italienischen Musikern wie Reinhard Keiser, Johann Caspar Kerll, Jacobus Gallus (Jacob Handl), Georg Muffat oder Johann Kuhnau, unter den Italienern etwa Giacomo Carissimi, Giovanni Porta oder Leonardo Vinci, auch von bekannten Meistern wie Georg Philipp Telemann oder Alessandro Scarlatti, Antonio Caldara und Arcangelo Corelli. Wir können unterstellen, daß diese Komponisten und noch weitere, von denen Händel entlehnte, es selber genauso hielten, so daß eine Passage, die Händel sich bei einem dieser Musiker borgte, oft von diesem schon entlehnt war, und so fort. Auch Johann Sebastian Bach hielt es nicht anders. Norman Carrell weist in seiner Studie »Bach the borrower« (Bach der Entlehner) auf knapp vierhundert Seiten nach, bei wem Bach entlehnte – am meisten, wie Händel, bei sich selbst, aber auch von fremdem Gut. Was uns bei Bach begegnet, ist ein ganz ähnlicher Mix aus bekannten und unbekannten »Leihgebern«. Bachs Gesamtwerk war wohl gleich umfangreich wie das von Händel, doch ist bei Bach etwa die Hälfte verschollen. Hätten wir diese, wäre die Liste seiner Entlehnungen vermutlich länger als bei Händel.

Hilfreich wäre es, bei den Entlehnungen Händels all jene auszusondern, die Ideen verwenden, die sich auch im Werk seiner Mitwelt finden, die also zu gängigen Zeitphrasen geworden waren. Schließlich sollte auch das Werk der Zeitgenossen mit demselben Aufwand auf Entlehnungen untersucht werden, der für Händel gilt. Dann dürfte sich zeigen, daß seine Praxis nicht die Ausnahme, sondern die Regel war.

Natürlich wurde auch später und wird immer noch entlehnt, nur geschah und geschieht es zumeist verstohlen und mit schlechtem Gewissen. Eine vorurteilsfreie Geschichte von Segen oder Fluch der Originalität in der Kultur wäre erst noch zu schreiben. Der alte Goethe konnte dem neuen Prinzip nichts abgewinnen. Seinem Famulus Johann Peter Eckermann bekannte er: »Man spricht immer von Originalität, allein was will das sagen! Sowie wir geboren werden, fängt die Welt an, auf uns zu wirken, und das geht so fort bis ans Ende. Und überhaupt, was können wir denn unser Eigenes nennen, als die Energie, die Kraft, das Wollen! Wenn ich sagen könnte, was ich allen großen Vorgängern und Mitlebenden schuldig geworden bin, so bliebe nicht viel übrig.«

Die Wirkung von Händels Werk war derart stark, daß die Engländer in diesem adoptierten Deutschen schließlich den nationalen Genius ihrer Musik verehrten. Sie entdeckten durch ihn, daß Musik unendlich mehr sein konnte, als sie zu glauben gewohnt waren. Daß sie imstande war zu entzücken, zu erbauen, zu trösten und zu erschüttern. Nichts anderes meinte John Hawkins, als er von Händel schrieb: »Viele Vorzüge, die ihn als Musiker der Gunst und Förderung des Publikums während seines fünfzigjährigen Aufenthalts in diesem Lande empfahlen, besaß er vielleicht in gleichem Maße wie einige wenige seiner bedeutendsten Zeitgenossen; aber niemand wußte, zu welcher Würde und Größe der Empfindung die Musik fähig ist, oder daß die Musik das Erhabene ebenso bezeugen kann wie die Poesie. Diese Entdeckung schulden wir dem Genius und der Erfindungskraft dieses großen Mannes; und es gibt so gut wie keinen Zweifel, daß die vielen Beispiele dieser Art in seinem Werk die Bewunderung urteilsfähiger Hörer finden werden, solange die Liebe zur Musik fortlebt.«

Die weitaus meisten Komponisten der abendländischen Musikgeschichte sind heute vergessen oder führen in vielbändigen Fachlexika nur noch ein esoterisches Dasein. Allein das Werk der Größten überdauert die Zeit, wie entzogen dem Gesetz von der Verfallzeit aller Stoffe. Diese Wenigen teilen unser Leben. Einer von ihnen ist Händel.

1685
Geburt von Georg Friedrich Händel in Halle a. d. Saale, 23. Februar. Taufe in der Marktkirche, 24. Februar. – *Geburt von Johann Sebastian Bach in Eisenach, 21. März. Tod des englischen Königs Charles II. und Thronfolge durch seinen Bruder, James II. Widerruf des Edikts von Nantes (in Maßen geduldete Religionsausübung der französischen Protestanten) durch König Ludwig XIV.*

1692
Händel besucht mit seinem Vater den Hof des sächsischen Herzogs Johann Adolph in Weißenfels. Beginn des Musikunterrichts bei Friedrich Wilhelm Zachow. – *Kaiser Leopold I. verleiht Ernst August, Herzog von Braunschweig-Lüneburg, die Würde eines Kurfürsten von Hannover.*

1697
Tod des Vaters, Georg Händel, 14. Februar. – *Anerkennung von William III. als englischer König durch Frankreich. König Ludwig XIV. räumt die rechtsrheinischen Eroberungen und das Herzogtum Lothringen, behält jedoch das Elsaß. Krönung des sächsischen Kurfürsten Friedrich August I. als König August II. von Polen. Gottfried Wilhelm Leibniz verfaßt seine Schrift »Unvorgreifliche Gedanken, betreffend die Ausübung und Verbesserung der deutschen Sprache«.*

1702
Reise Händels nach Berlin. Dort Bekanntschaft mit Karoline von Ansbach, der späteren Königin von England. Begegnung mit Giovanni Bononcini und Attilio Ariosti. Immatrikulation an der Univer-

sität Halle und Bestellung als Organist an der Domkirche. – *Tod von König William III. und Thronfolge durch Königin Anne aus dem Hause Stuart. Eintritt des deutschen Reiches, an der Seite Englands, in den Spanischen Erbfolgekrieg.*

1703
Reise Händels nach Hamburg. Begegnung mit Johann Mattheson. Gemeinsamer Ausflug nach Lübeck zu Dietrich Buxtehude. Händel als zweiter Geiger im Orchester der Oper am Gänsemarkt. – *Zar Peter der Große gründet St. Petersburg. England senkt den Zoll für portugiesische Weine. Wahl von Isaac Newton in London zum Präsidenten der Royal Society.*

1704
Händel am Cembalo des Hamburger Opernorchesters. Degenattacke von Mattheson, 5. Dezember. – *Sieg der Kaiserlichen unter Prinz Eugen und Englands unter Malborough über die Franzosen bei Höchstädt (Blenheim). England besetzt Gibraltar. Tod des englischen Aufklärungsphilosophen John Locke.*

1705
Erfolgreiche Aufführung von Händels erster Oper »Der in Krohnen erlangte Glücks=Wechsel, oder: Almira, Königin von Kastilien« in Hamburg. – *Wanderung von Johann Sebastian Bach nach Lübeck zu Dietrich Buxtehude. Joseph I. wird deutscher Kaiser. Tod von Charlotte Sophie, Königin in Preußen. Eröffnung des Queen's Theatre am Londoner Haymarket. Zutreffende Voraussage der Wiederkehr des »Halleyschen Kometen« von 1682 im Jahre 1758 durch Edmund Halley.*

1706
Händel reist nach Italien. Im Herbst Aufenthalt in Florenz. Weiterreise nach Rom. – *Sieg von Prinz Eugen über die Franzosen bei Turin. Malborough schlägt das französische Heer bei Ramillies. Gründung der ersten modernen Lebensversicherungsgesellschaft in London.*

1707
Händel in Rom. Komposition des geistlichen Konzerts »Dixit Dominus«. Oper »Rodrigo« für Florenz. – *Tod von Dietrich Buxtehude. England und Schottland vereinigen sich zum »Königreich Großbritannien«.*

1708
Händel in Rom und Neapel. Komposition von »La Resurrezione« für Rom sowie »Aci, Galatea e Polifemo« für Neapel. – *Johann Sebastian Bach als Organist und Kammermusiker in Weimar. Gescheiterter Eroberungszug von »James III.« in Schottland.*

1709
Händel komponiert die mit großem Beifall gegebene Oper »Agrippina« für Venedig. – *Sieg von Prinz Eugen und Malborough über die Franzosen bei Malplaquet. Peter der Große schlägt die Schweden unter König Karl XII. bei Poltawa. Bau eines Hammerklaviers durch Bartolomeo Cristofori in Florenz. Herstellung von Hartporzellan durch Johann Friedrich Böttger in Meißen.*

1710
Händels Rückkehr nach Deutschland. Zwischenspiel als unterbeschäftigter Kapellmeister am Hof des Kurfürsten Georg Ludwig von Hannover. Erste Ankunft in London. – *Entlassung von Sarah Jennings durch Queen Anne und Übergabe der Leitung der Regierungsgeschäfte an die Tories unter Robert Harley, Earl of Oxford. Vollendung des Baus von St. Paul's Cathredal in London. Gründung der South Sea Company.*

1712
Nach umjubelter Aufführung seiner Oper »Rinaldo« 1711 Rückreise Händels nach Hannover. Zweite Ankunft Händels in London im Oktober 1712, Entschluß, in England zu bleiben. – *Arcangelo Corelli veröffentlicht in Rom zwölf Concerti grossi. Geburt von König Friedrich II., dem »Großen«, von Preußen. Letzte Hinrichtungen von »Hexen« in England.*

1714

Aufführung von Händels »Utrecht Te Deum« bei der Krönung des neuen englischen Königs George I. – *Geburt von Christoph Willibald Gluck. Tod von Königin Anne. Thronfolge durch Kurfürst Georg Ludwig von Hannover als George I. von Großbritannien und Irland, der zugleich als Kurfürst in Personalunion weiter über Hannover herrscht. Der Friede von Rastatt beendet den Spanischen Erbfolgekrieg.*

1716

Aufführung der Oper »Amadigi«. Händel besucht Deutschland. – *Johann Sebastian Bach erstattet ein Gutachten über die neue Orgel in der Marktkirche von Halle. Gründung einer Banque générale in Paris zur Sanierung der französischen Staatsfinanzen durch den Schotten John Law.*

1718

Händel in Cannons. Aufführung der masque »Acis and Galatea«. Tod seiner Schwester Dorothea Sophie in Halle. – *England erklärt Spanien den Krieg. Tod des schwedischen Königs Karl XII. bei Frederickshald.*

1719

Gründung der »Royal Academy of Musick«. Händels Reise auf den Kontinent zur Anwerbung italienischer Sänger. – *König George I. schließt als Kurfürst von Hannover Frieden mit Schweden und gewinnt Bremen und Verden. Daniel Defoe publiziert seinen Roman »Robinson Crusoe«.*

1721

Beginnend mit »Radamisto« komponiert Händel für die Royal Academy in den folgenden Jahren weitere Meisteropern, unter ihnen »Giulio Cesare«. – *Johann Sebastian Bach schreibt sechs »Brandenburgische Konzerte«. Georg Philipp Telemann wird Kantor der Hamburger Hauptkirchen. Tod von Antoine Watteau. Robert Walpole wird, auch wegen erfolgreicher Sanierung der South Sea Company nach deren Konkurs ein Jahr zuvor, leitender Minister im Kabinett von König George I.*

1723
Händel bezieht ein Haus in der Londoner Brook Street am Hanover Square. – *Johann Sebastian Bach wird Kantor der Thomaskirche in Leipzig. Tod des englischen Baumeisters Sir Christopher Wren.*

1727
Erwerb der englischen Staatsbürgerschaft durch Händel. Aufführung der »Coronation anthems«. – *Tod von König George I. bei Osnabrück. Thronfolge durch Kronprinz Georg August als König George II. von Großbritannien und Irland. Tod von Isaac Newton und August Hermann Francke.*

1729
Nach dem Niedergang der Royal Academy Gründung eines neuen Opernunternehmens Händels mit Johann Jakob Heidegger. Händel reist wiederum zur Verpflichtung italienischer Sänger auf das Festland. – *Aufführung der »Matthäus-Passion« von Johann Sebastian Bach in Leipzig. Geburt von Gotthold Ephraim Lessing.*

1730
Tod von Händels Mutter in Halle. Komposition der Oper »Poro«. – *Fluchtversuch des preußischen Kronprinzen Friedrich, seine Gefangennahme und die Hinrichtung seines Freundes Hans Hermann von Katte.*

1733
Händel in Oxford. Gründung der konkurrierenden Adelsoper. – *Johann Sebastian Bach bewirbt sich am Hof des Kurfürsten von Sachsen in Dresden, unter Beifügung von Teilen der h-Moll-Messe, um die Verleihung des Titels eines Hofkomponisten, was er nach drei Jahren auch erreicht. Beginn des Polnischen Thronfolgekrieges.*

1737
Bankrott der Adelsoper. Erkrankung Händels und seine Kur in Aachen. Nach Rückkehr gründet er, mit Heidegger, in London er-

neut eine Operngesellschaft. Händel komponiert das »Funeral anthem« auf den Tod von Königin Caroline. – *Nach dem Tod von Gian Gastone de' Medici übernimmt Franz Stefan von Lothringen, Gemahl von Maria Theresia, die Herrschaft über das Herzogtum Toscana. Gründung der ersten deutschen Freimaurerloge »Absalom zu den drei Nesseln« in Hamburg.*

1738
Errichtung einer Händel-Statue in Vauxhall Gardens. Komposition des Oratoriums »Saul«. Beginn der Zusammenarbeit mit Charles Jennens. – *Hinrichtung von Joseph Süß Oppenheimer (»Jud Süß«), Finanzberater des württembergischen Herzogs Karl Alexander, in Stuttgart. Gründung der englischen Methodistenbewegung durch John Wesley und George Whitefield.*

1739
Händel komponiert die »Concerti grossi op. 6«. – *Tod von Reinhard Keiser in Hamburg. Kronprinz Friedrich von Preußen schreibt den »Antimachiavell«.*

1740
Händel besucht den Kontinent. Zurück in London schreibt er seine letzte Oper »Deidamia«. – *Maria Theresia wird, nach dem Tod ihres Vaters, Kaiser Karl VI., Königin von Ungarn und Erzherzogin von Österreich. Tod von König Friedrich Wilhelm I. und Nachfolge durch seinen Sohn, Friedrich II. Samuel Richardson schreibt den Briefroman »Pamela«.*

1741
Gründung der Middlesex Opera Company. Händel komponiert den »Messias« und reist nach Dublin. – *Beginn des Österreichischen Erbfolgekrieges. Geburt des englischen Schauspielers David Garrick. Gründung des Wiener Burgtheaters.*

1742

Gefeierte Erstaufführung des »Messias« in Dublin. Wieder in London beendet Händel das Oratorium »Samson«. – *Johann Sebastian Bach schreibt die »Goldberg-Variationen«. Wahl von Karl Albert von Bayern zum Kaiser Karl VII. in Frankfurt. Einführung der hundertteiligen Thermometerskala durch den Schweden Andres Celsius.*

1743

Reservierte Aufnahme des »Messias« in London. Erneute Erkrankung Händels. Das »Dettinger Te Deum«. – *Tod von Antonio Vivaldi. Englisch-hannoversches Heer unter dem Befehl von König George II. besiegt die Franzosen bei Dettingen im Österreichischen Erbfolgekrieg. Geburt des amerikanischen Präsidenten Thomas Jefferson.*

1746

Händels Begegnung mit Christoph Willibald Gluck in London. Begeisterte Aufnahme des patriotischen Oratoriums »Judas Maccabaeus«. – *Niederlage der Jakobiten unter »Bonnie Prince Charlie« bei Culloden in Schottland.*

1749

»The Music for the Royal Fireworks«. Komposition des christlichen Oratoriums »Theodora«. Händel zur Kur nach Bath. – *Johann Sebastian Bach schreibt »Die Kunst der Fuge«. Geburt von Johann Wolfgang von Goethe in Frankfurt. Von Henry Fielding erscheint »Die Geschichte von Tom Jones, eines Findlings«.*

1750

Erfolgreiche Aufführung des »Messias« im Londoner Findlingshospital. Testament. Händels Reise auf den Kontinent mit Unfall in Holland. – *Tod von Johann Sebastian Bach, 28. Juli. Ende der »Hexen«-verfolgung in Deutschland.*

1751

Beginnende Erblindung Händels. Unterbrochene Niederschrift des letzten Oratoriums »Jephta«. – *Beginn der Herausgabe der französischen »Encyclopédie«. Eröffnung der ersten Irrenanstalt Europas in London.*

1757

Komposition des Oratoriums »The Triumph of Time and Truth«. – *Tod von Domenico Scarlatti. Im Siebenjährigen Krieg unterliegt der Duke of Cumberland den Franzosen bei Hastenbeck nahe Hameln. Siege von König Friedrich II. von Preußen bei Roßbach und Leuthen.*

1758

Nach zwei schon vorangegangenen erfolglosen Operationen konsultiert Händel ergebnislos den Chevalier John Taylor in Tunbridge Wells. – *Sieg Friedrich II. über die Russen bei Zorndorf. Der englische Maler William Hogarth veröffentlicht die satyrische Bilderfolge »Die Parlamentswahlen«.*

1759

Leitung des »Messias« durch Händel, 6. April. Sein Tod in Brook Street am 14. April, Begräbnis in der Westminster Abbey am 20. April. – *Staatskrise Preußens nach der Niederlage Friedrich II. bei Kunersdorf. Voltaire schreibt »Candide oder der Optimismus«. Eröffnung des British Museum in London.*

Die vorangestellten Ziffern folgen dem Händel-Werk-Verzeichnis = HWV. Werke in [Klammern] sind im Text nicht erwähnt. Die *Zahlen* hinter den Titeln verweisen auf die Buchseiten

VOKALMUSIK

Opern

DOKUMENTE ZU LEBEN UND WERK

Deutsch, Otto Erich: *Handel. A documentary biography*. London 1995
Händel-Handbuch. Hrsg. Kuratorium der Georg-Friedrich-Händel-Stiftung, Bd. 1: Lebens- und Schaffensdaten; thematisch-systematisches Verzeichnis: Bühnenwerke. Bd. 2: Thematisch-systematisches Verzeichnis: Oratorische Werke, vokale Kammermusik, Kirchenmusik. Bd. 3: Thematisch-systematisches Verzeichnis: Instrumentalmusik. Bd. 4: Dokumente zu Schaffen und Leben. Bd. 5: Bibliographie. Leipzig / Kassel 1985
Hallische Händel-Ausgabe. Kritische Gesamtausgabe. Herausgegeben von der Georg-Friedrich-Händel-Gesellschaft. In fünf Serien und Supplementen: I: Oratorien und große Kantaten, II: Opern, III: Kirchenmusik, IV: Instrumentalmusik, V: Kleine Gesangswerke. Supplemente. Kassel 1995

Anderson, Nicholas: *Baroque Musique. From Monteverdi to Handel*. London 1994
Andrieu, Maurice: *Daily life in Venice in the time of Casanova*. New York 1972
Aston, T. H. (Hrsg.): *The History of the University of Oxford, Bd. V: The eighteenth century*. New York 1982
Arbuthnot, John: *The History of John Bull*. Hrsg. Alan W. Brown und Robert A. Erickson. Erstausgabe London 1712. Oxford 1976

269

Ashton, John: *Social life in the reign of Queen Anne.* New York 1883

Ayling, S. E.: *The Georgian century 1714–1837.* London 1966

Badinter, Elisabeth: *Die Mutterliebe – Geschichte eines Gefühls vom 17. Jahrhundert bis heute.* München 1981

Bartlett, Thomas: *The fall and rise of the Irish nation – The catholic question 1690–1830.* Savage/Maryland 1992

Baselt, Bernd: Handel and his central German background, in: *Handel Tercentenary Collection.* Hrsg. Stanley Sadie und Anthony Hicks. Ann Arbor/London 1987

Beattie, John M.: *The English court in the reign of George I.* Cambridge 1967

Beeks, Graydon: Handel and the music for the Earl of Carnarvon, in: *Bach, Handel, Scarlatti, Tercentenary Essays.* Hrsg. Peter Williams, S. 1–20. Cambridge 1985

Beeks, Graydon: Handel's sacred music, in: *The Cambridge Companion to Handel.* Hrsg. Donald Burrows, S. 164–181. Cambridge 1997

Beeks, Graydon: A club of composers: Handel, Pepusch, and Arbuthnot at Cannons, in: *Handel Tercentenary Collection.* Hrsg. Stanley Sadie und Anthony Hicks, S. 209–221. Ann Arbor/London 1987

Bergdolt, Klaus: *Der Schwarze Tod in Europa – Die Große Pest und das Ende des Mittelalters.* München 1994

Boehn, Max von: *Deutschland im 18. Jahrhundert – Die Aufklärung.* Berlin 1922

Boehn, Max von: *Deutschland im 18. Jahrhundert – Das Heilige Römische Reich Deutscher Nation.* Berlin 1922

Boehn, Max von: *England im 18. Jahrhundert.* Berlin 1922

Boswell, James: *The Life of Samuel Johnson.* Erstausgabe London 1791. London 1992

Boys, Malcolm: Handel's Italian cantatas: Some new sources, in: *Handel Tercentenary Collection.* Hrsg. Stanley Sadie und Anthony Hicks, S. 246–253. Ann Arbor/London 1987

Boydell, Brian: Music 1700–1850, in: *A new history of Ireland, Bd. IV: Eighteenth-century Ireland 1691–1800,* S. 568–628. Oxford 1986

Braudel, Fernand: *Sozialgeschichte des 15.–18. Jahrhunderts: Der Alltag.* München 1985

Brewer, John: *The pleasures of the imagination – English culture in the eighteenth century.* New York 1997

Buchanan-Brown, John (Hrsg.): *The remains of Thomas Hearne – Reliquiae Hearnianae – Being extracts from his diaries.* Carbondale 1966

Buelow, George: The case of Handel's borrowings – The judgment of three centuries, in: *Handel Tercentenary Collection.* Hrsg. Stanley Sadie und Anthony Hicks, S. 61–82. Ann Arbor/London 1987

Burling, William J.: *A checklist of new plays and entertainments on the London stage, 1700–1737.* London/Toronto 1993

Burney, Charles: *Dr. Burney's musical tours in Europe – An eighteenth-century musical tour in France and Italy; being Dr. Charles Burney's account of his musical experiences as it appears in his published volume with which are incorporated his travel experiences according to his original intention.* Hrsg. Percy A. Scholes. Bde. 1–2. London 1959

Burney, Charles: *Memoirs of Dr. Charles Burney.* Hrsg. Slava Klima, Gary Bowers, Kerry S. Grant. Lincoln/London 1988

Burrows, Donald: Handel and Hanover, in: *Bach, Handel, Scarlatti, Tercentenary Essays.* Hrsg. Peter Williams, S. 35–59. Cambridge 1985

Burrows, Donald: *Handel.* New York/Oxford 1994

Burrows, Donald: *Handel: Messiah.* Cambridge 1991

Butt, John: Germany – Education and apprenticeship, in: *The Cambridge Companion to Handel,* Hrsg. Donald Burrows, S. 11–23. Cambridge 1997

Cannon, Beekman: *Johann Mattheson – Spectator in music.* Yale 1947

Carrell, Norman: *Bach the borrower.* Westpoint 1967

Chancellor, E. Beresford: *The XVIIIth century in London – The account of its social life and arts.* London 1920

Chrysander, Friedrich: *Georg Friedrich Händel, Bde. 1–3.* Leipzig 1919

Coats, George: The Chevalier John Taylor, in: James, R. Rutson: *Stu-*

dies in the history of ophtalmology in England prior to the year 1800, S. 132–246. Cambridge 1933

Cole, Michael: A Handel harpsichord, in: *Early Music*, Bd. XXI, No. 1, Februar 1993, S. 99–109. London 1993

Cook, Chris, und Stevenson, John: *British historical facts 1688–1760*. New York 1988

Cowles, Virginia: *The great swindle – The story of the South Sea Bubble*. London 1960

Coxe, William: *Anecdotes of George Frederick Handel and John Christopher Smith*. Reprint (Erstausgabe London 1799). New York 1979

Cuming, E. D.: Sports and games, in: *Johnson's England – An account oft the life and manners of his age*. Hrsg. A. S. Turberville. Bd. 1, S. 362–383. London 1933

Davis, Garold N.: *German thought and culture in England 1700–1770*. Chapel Hill 1969

Dean, Winton: *Handel's dramatic oratorios and masques*. London 1959

Dean, Winton: *Handel and the opera seria*. Berkeley 1969

Dean, Winton und Knapp, John Mervill: *Handel's operas 1704–1726*. Oxford 1987

Defoe, Daniel: *A tour through the whole Island of Great Britain*. Erstausgabe London 1722. London 1971

Dodge, Theodore Ayrault: *Great Captains: Gustavus Adolphus – A history of the art of war from its revival after the Middle Ages to the end of the Spanish Succession War*. Boston / New York 1895

Dunhill, Rosemary: *Handel and the Harris circle*. Hampshire 1995

Durant, Will und Ariel: *Kulturgeschichte der Menschheit. Bd. 12: Europa im Zeitalter der Könige. Bd. 13: Vom Aberglauben zur Wissenschaft. Bd. 14: Das Zeitalter Voltaires. Bd. 15: Europa und der Osten im Zeitalter der Aufklärung*. Köln 1985

Eckermann, Johann Peter: *Gespräche mit Goethe in den letzten Jahren seines Lebens*. Wiesbaden 1955

Flower, Newman: *George Frideric Handel*. London 1923

Freytag, Gustav: *Bilder aus der deutschen Vergangenheit. Bd. II: Reformationszeit und Dreißigjähriger Krieg*. Hamburg 1987

272

Friedenthal, Richard: *Georg Friedrich Händel*, mit Selbstzeugnissen und Bilddokumenten (Rowohlts Monographie). Hamburg 1959

Frosch, William A.: The case of George Frideric Handel, in: *New England Journal of Medicine*, Bd. 321, No. 11 (14.09.1989). S. 765–769. Boston 1989

Greene, David: *Queen Anne*. New York 1970

Goethe, Johann Caspar: *Reise durch Italien im Jahre 1740*. Hrsg. Deutsch-Italienische Vereinigung Frankfurt a. M./München 1986

Hale, J. R.: *Florence and the Medici – The pattern of control*. New York 1977

Harris, Michael: *London newspapers in the age of Walpole – A study of the origins of the modern English press*. London und Toronto 1987

Harvey, A. D.: *Sexuality in Georgian England – Attitudes and prejudices from the 1720's to the 1820's*. New York 1994

Hatton, Ragnhild: *George I, elector and king*. Cambridge / Mass. 1978

Hawkins, Sir John: *A general history of the science and practice of music*, Bde. 1–2. Reprint (Erstausgabe London 1776). New York 1963

Hendrie, Gerald: Handel's ›Chandos‹ and associated anthems: An introductory survey, in: *Bach, Handel, Scarlatti, Tencentenary Essays*. Hrsg. Peter Williams. Cambridge 1985

Herbage, Julian: *Messiah*. London 1948

Herbage, Julian: The secular oratorios and cantatas, in: *Handel – A symposium*. Hrsg. Gerald Abraham, S. 132–155. London 1969

Herbage, Julian: The oratorios, in: *Handel – A symposium*. Hrsg. Gerald Abraham, S. 66–131. London 1969

Hervey, John, Lord: *Some materials towards memoirs of the reign of King George II, Bde. 1–3*. Hrsg. Romney Sedwick. London 1931

Hitchcock, Tim: *English sexualities 1700–1800*. New York 1997

Hogwood, Christopher: *Handel*. London 1984

Hughes, Talbot: Costume, in: *Johnson's England – An account oft the life and manners of his age*. Hrsg. A. S. Turberville. Bd. 1, S. 384–405. London 1933

Hume, Robert: *Henry Fielding and the London theatre 1728–1737*. Oxford 1988

James, R. Rutson: *Studies in the history of ophthalmology in England prior to the year 1800.* Cambridge 1933

Johnstone, H. Diack: Handel's London – British musicians and London concert life, in: *The Cambridge Companion to Handel.* Hrsg. Donald Burrows, S. 64–77. Cambridge 1997

Kirkendale, Ursula: The Ruspoli Documents on Handel, in: *Journal of the American Musicological Society,* Bd. XX, No. 2, S. 221–273. Richmond 1967

Landon, H. C. Robbins: *Handel and his world.* Boston 1984

Lang, Paul Henry: *George Frideric Handel.* New York 1966

Langford, Paul: *A polite and commercial people – England 1727–1783.* Oxford 1989

Larsen, Jens Peter: *Handel, Haydn, and the Viennese classical style,* S. 3–8. Ann Arbor/London 1988

Larue, S. Steven: *Handel and his singers – The creation of the Royal Academy Opera 1720–1728.* Oxford 1995

Lewis, Anthony: The songs and chamber cantatas, in: *Handel – A symposium.* Hrsg. Gerald Abraham, S. 179–199. London 1969

Liesenfeld, Vincent J.: *The Licensing Act of 1737.* Madison 1984

Lillywhite, Bryant: *London coffee houses.* London 1963

Lindgren, Lowell: Handel's London – Italian musicians and librettists, in: *The Cambridge Companion to Handel.* Hrsg. Donald Burrows, S. 78–91. Cambridge 1997

MacCracken, J. L.: The social structure and social life 1740–60, in: *A new history of Ireland, IV: Eighteenth-century Ireland 1691–1800,* S. 31–55. Oxford 1986

Maertes, Willi: Händels Freundschaft mit Telemann, in: *Händel und Hamburg – Ausstellung anläßlich des 300. Geburtstages von Georg Friedrich Händel,* S. 109–116. Hamburg 1985

Mainwaring, John: *Memoirs of the life of the late George Frederic Handel.* Reprint (Erstausgabe London 1760). New York 1980

Mann, Alfred: *Bach and Handel as teachers of thorough bass, in: Bach, Handel, Scarlatti, Tercentenary Essays.* Hrsg. Peter Williams, S. 245–257. Cambridge 1985

Mann, Alfred: Handel: *The orchestral music.* New York 1996

Mann, Golo: *Wallenstein.* Frankfurt a. M. 1971

Marcel, Luc-André: *Johann Sebastian Bach,* in Selbstzeugnissen und Bildern (Rowohlts Monographie). Hamburg 1970

Marshall, Dorothy: Manners, meals, and domestic pastimes, in: *Johnson's England – An account oft the life and manners of his age.* Hrsg. A. S. Turberville. Bd. 1, S. 336–361. London 1933

Marx, Hans Joachim: Händels Beziehung zu Johann Mattheson, in: *Händel und Hamburg – Ausstellung anläßlich des 300. Geburtstages von Georg Friedrich Händel,* S. 63–73. Hamburg 1985

Michaelis, Rolf: Kräftig Salz der Erden – 300 Jahre Franckesche Stiftungen in Halle. Die unerhörte Geschichte des August Hermann Francke, nebst einigen Bemerkungen zum Pietismus, in: *»Die Zeit«,* 10.06.1998, S. 84. Frankfurt a. M. 1998

Milhous, Judith und Hume, Robert D.: Handel's London – the theatres, in: *The Cambridge Companion to Handel.* Hrsg. Donald Burrows, S. 55–63. Cambridge 1997

Montaigne, Michel de: *Tagebuch einer Reise durch Italien, die Schweiz und Deutschland in den Jahren 1580 und 1581.* Frankfurt a. M. 1988. Erstausgabe unter dem Titel »Journal du voyage de Michel de Montaigne en Italie, Par la Suisse & l'Allemagne en 1580 & 1581«. Paris 1774

Norwich, John Julius: *A history of Venice.* New York 1982

Ortner, Eugen: *Georg Friedrich Händel – Eine Biographie.* München 1985

Pastor, Ludwig Freiherr von: *The History of the Popes* (übersetzt aus dem Deutschen), in 40 Bdn. London 1957

Pleticha, Heinrich (Hrsg.): *Aufklärung und Ende des Deutschen Reiches 1740–1815,* in: Deutsche Geschichte in 12 Bdn. Gütersloh 1986

Rackwitz, Werner: *Georg Friedrich Händel. Il caro sassone.* Lebensbeschreibung in Bildern. Wiesbaden 1986

Riesbeck, Johann Caspar: *Briefe eines reisenden Franzosen über Deutschland an seinen Bruder zu Paris.* Erstausgabe Zürich 1783. Stuttgart 1967

Roberts, John H.: Why did Handel borrow? in: *Handel Tercentenary Collection*. Hrsg. Stanley Sadie und Anthony Hicks, S. 83–92. Ann Arbor / London 1987

Schieder, Theodor: *Friedrich der Große – Ein Königtum der Widersprüche*. Berlin 1986

Sella, Domenico: *Italy in the seventeenth century*. London / New York 1997

Serauky, Walter: *Georg Friedrich Händel. Sein Leben, sein Werk, Bde. 1–4*. Kassel 1956–1958

Sharpe, J. A.: *Early modern England – A social history 1550–1760*. London 1987

Simms, J. G.: The establishment of protestant ascendancy 1691–1714, in: *A new history of Ireland, IV: Eighteenth-century Ireland 1691–1800*, S. 1–30. Oxford 1986

Smith, D. Nichol: The newspaper, in: *Johnson's England – An account of the life and manners of his age*, Bd. 2, S. 331–367. London 1933

Smith, William C.: George III, Handel, and Mainwaring, in: *The musical times*, No. 65, S. 789–795. London 1924

Speck, W. A.: *The birth of Britain – A new nation 1700–1710*. Oxford / Cambridge 1994

Staehelin, Martin: Siebzig Jahre Händel-Festspiele. Zu den Anfängen der Göttinger Händel-Renaissance, in: *Göttinger Händel-Beiträge*. Hrsg. Hans Joachim Marx, Bd. IV, S. 23–40. Kassel 1991

Stein, Werner: *Kulturfahrplan – Die wichtigsten Daten der Kulturgeschichte von Anbeginn bis heute*. Berlin 1970

Streatfeild, R. A.: *Handel*. New York 1964

Strohm, Reinhard: Handel's Pasticci, in: *Essays on Handel and Italian opera*, S. 164–211. Cambridge 1985

Strohm, Reinhard: Handel's Italian journey as a European experience, in: *Essays on Handel and Italian opera*, S. 1–14. Cambridge 1985

Taylor, Carole: Handel's disengagement from the Italian opera, in: *Handel Tercentenary Collection*. Hrsg. Stanley Sadie und Anthony Hicks, S. 165–181. Ann Arbor / London 1987

Thomas, Gary: Was George Frideric Handel gay? On closet questions and cultural politics, in: *Queering the pitch – The new gay and lesbian musicology*. Hrsg. Philip Brett, Elisabeth Wood, Gary C. Thomas. New York / London 1994

Thomson, Gladys Scott: *Life in a noble household 1641–1700*. London 1950

Trail, H. D. und Mann, J. S. (Hrsg.): *Social England – A record of the progress of the people, Bd. V, Teil 1*. New York / London 1909

Treasure, Geoffrey: *Who's who in early Hanoverian Britain (1714–1789)*. Chicago / London 1992

Trevelyan, George Macaulay: *The England of Queen Anne*. London 1959

Vitali, Carlo: Italy – political, religious and musical contexts, in: *The Cambridge Companion to Handel*. Hrsg. Donald Burrows, S. 24–44. Cambridge 1997

Weber, William: Handel's London – social, political and intellectual contexts, in: *The Cambridge Companion to Handel*. Hrsg. Donald Burrows, S. 45–54. Cambridge 1997

Wehler, Hans-Ulrich: *Deutsche Gesellschaftsgeschichte, Erster Bd.: Vom Feudalismus des Alten Reiches bis zur defensiven Modernisierung der Reformära 1700–1815*. München 1987

Weinstock, Herbert: *Handel*. New York 1959

Winton, Calhoun: *John Gay and the London theatre*. Lexington 1993

Young, Percy M.: *Handel*. London 1965

Young, Percy M.: Handel the man, in: *Handel – A symposium*. Hrsg. Gerald Abraham, S. 1–11. New York / Toronto 1969

Young, Colonel G. F.: *The Medici*, Bd. 2. London 1920

SAMMELWERKE & ENZYKLOPÄDIEN

Die Musik in Geschichte und Gegenwart – Allgemeine Enzyklopädie der Musik, begründet von Friedrich Blume. Zweite, neubearbeitete Ausgabe. Hrsg. Ludwig Finscher. Sachteil, Bde. 1–8. Basel 1996

The New Grove Dictionary of Music and Musicians, Bde. 1–20. Hrsg. Stanley Sadie. London 1980

Bath: A pitorial and descriptive guide to Bath, with excursions to Cheddar, Wells, Glastonbury, Bristol, From, etc ... London 1930/1931

Brockhaus Riemann – Musiklexikon in vier Bdn. und einem Ergänzungsbd. Hrsg. Carl Dahlhaus und Hans Heinrich Eggebrecht. Mainz 1989

Collier's Encyclopedia, Bd. 11, S. 627–629 zu »Handel, George Frederick«. New York 1993

The Encyclopedia Americana. International Edition. Bd. 13, S. 762–764 zu »Handel, George Frideric«. Danbury 1993

The New Encyclopedia Britannica. Bd. 5, S. 687–680 zu »Handel, George Frideric«. Chicago 1995

Kindlers Literatur Lexikon im dtv. Bde. 1–25. München 1974

Stodman's Medical Dictionary. Baltimore 1995

Gustav II. Adolph, König von Schweden (1594-1632, reg. 1611-1632) 21

Hamilton, Lady Emma, geb. Emily Harte (1765-1815) 156

Händel, Anna, geb. Ettinger (erste Frau Georg Händels, 1610-1682) 13, 16f.

Händel, Carl (Halbbruder Händels, 1649-1713) 23, 29, 30

Händel, Christian Gottlieb (Vetter Händels) 236

Händel, Dorothea Sophie, verh. Michaelsen (älteste Schwester Händels) (1687-1718) 18, 32, 134, 144

Händel, Dorothea, geb. Taust (Mutter Händels, 1651-1730) 11f., 16-18, 30, 32f., 48

Händel, Emmanuel Carl (Neffe Händels, 1716-1720) 144

Händel, Georg (Vater Händels, 1622-1697) 11-18, 24f., 29-32, 35, 49

Händel, Johanna Christiana (zweite Schwester Händels, 1690-1709) 18

Händel, Johanna Friederike, geb. Michaelsen, verh. Floerke (Nichte Händels, 1711-1771) 18, 49, 134, 144

Händel, Sophie Rosina, verw. Pferstorff (Halbschwester Händels, 1652-1728) 29f.

Händel, Valentin (Großvater Händels, 1582-1636) 12

Harley, Robert, Earl of Oxford (1661-1724) 132, 138, 152-154

Harris, George William (1714-1777) 242, 247

Harris, Thomas (1712-1785) 200, 242, 247

Hawkins, Sir John (1719-1789) 47, 61, 63, 139f. 156, 158, 168, 179f., 236, 238, 240, 250, 254

Hay, Thomas, Earl of Kinnoul (gest. 1787) 223

Haym, Niccolò (1678-1729) 136, 142, 185f., 197

Heidegger, Johann Jakob/John (1659-1749) 142, 162, 185f., 194, 196

Heinrich IV., König von Frankreich (1553-1610, reg. 1589-1610) 21

Heinrich VIII., König von England 181

Heintz, Wolff 27

Helmholtz, Hermann Ludwig von (1821-1894) 238

Henry V., König von England (1387-1422, reg. 1413-1422) 136

Hercules 223, 231

Hervey, John, Lord (1696-1743) 203

Hill, Aaron (1685-1750) 142, 222

Hinsch, Hinrich (gest. 1712) 68

Hitchen, Charles 182

Holdsworth, Edward (1684-1746) 218

Hudson, Thomas (1701-1779) 47

Hunold, Christian Friedrich, gen. Menantes (1681-1721) 68f., 72

Il consilio 106

Il pastor fido 135

Il Pianto di Maria 114

Il Trionfo del Tempo e del Disinganno 101, 105f., 241

Il Trionfo del Tempo e della Verità 241

Imeneo 197

In una siepe ombrosa 158

Innozenz XII. (1615-1700, Papst von 1691-1700) 101

Israel in Egypt 197f., 220

James I., König von England (1566-1625, reg. 1579-1625) 36, 126

James II., König von England (1633-1701, reg. 1685-1688) 125, 132, 167, 206

283

James III., König von England, eigentl. James Francis Edward (1688-1766) 126, 139, 143, 224
Jennens, Charles (1700-1773) 141, 197, 204, 208f., 218-220, 242
Jennings, Samuel 158
Jennings, Sarah, Duchess of Malborough (1660-1744) 132, 155
Jephta 237f., 247
Johann Adolph I., Herzog von Sachsen-Weissenfels (1649-1697) 13
Johann Cicero, Kurfürst von Brandenburg (1455-1499) 33
Johann Friedrich, Kurfürst von Sachsen-Wittenberg (gest. 1554) 20
Johann Sigismund, Kurfürst von Brandenburg (1572-1619) 33
Johann Wilhelm, Kurfürst von der Pfalz (1658-1716) 127
John, Duke of Montagu 229
Johnson, Samuel, Doktor (1709-1784) 173, 182, 233
Joseph Ferdinand, Prinz von Bayern (1692-1699) 87
Joseph I., Kaiser (1678-1711, reg. 1705-1711) 99f., 110
Joshua 229
Jubilate 131, 136, 191
Judas Maccabaeus 226, 228-230
Julius Franz, Herzog von Sachsen-Lauenburg (gest. 1689) 77
Julius Heinrich, Herzog von Sachsen-Lauenburg 77

Karl (Sohn Kaiser Karls des Großen, gest. 811) 19
Karl der Große 19
Karl II., König von Spanien (1661-1700, reg. 1665-1700) 87
Karl V., Kaiser (1500-1558, reg. 1519-1556) 20, 99
Karl VI., Kaiser (1685-1740, reg. 1711-1740) 228

Karl VII. Albrecht, Kaiser (1697-1745), reg. 1742-1745) 221
Karoline, Markgräfin von Ansbach (seit 1727 Königin Caroline of England, 1683-1737) 37, 129, 134, 141
Kazimiera, Maria 106, 107
Keiser, Reinhard (1674-1739) 57, 59f., 62, 66-73, 81, 145, 252f.
Kerll, Johann Caspar (1627-1693) 26, 82, 253
Kielmansegg, Johann Adolph Freiherr von (1668-1717) 127f., 147
Kierkegaard, Sören 183
Kneller, Godfrey (1648-1723) 47
Kohlhardt, Johann 45
König, Andreas 12
Konstantin (»Der Große«), Kaiser (280-337, reg. 293-337) 100
Kreyenberg, Christoph Friedrich (Dienst in London 1710-1714) 130f.
Krieger, Johann (1652-1735) 26f., 49
Krieger, Johann Philipp (1649-1725) 26, 49, 82
Krüger, Johann 35
Kuhnau, Johann (1660-1722) 38, 59, 82, 253
Kyte, Francis 47

La Resurrezione 105f., 108, 119
L'Allegro, il Penseroso ed il Moderato 199, 208, 215
Lampe, Johann Friedrich (1703-1751) 143
Laudate pueri dominum 39, 65
Le Bond, Peter 236
Legrenzi, Giovanni (1626-1690) 26
Leibniz, Gottfried Wilhelm (1646-1716) 36
Leopold I., Kaiser (1640-1705, reg. 1658-1705) 87
Leopold, Fürst von Anhalt-Köthen 145

Leporin, Johann Christoph 43
Lind, James 91
Lucio Cornelio Silla 135
Ludwig XIV., König von Frankreich
(1638-1715, reg. 1661-1715) 21,
87, 99, 133, 149
Lully, Jean-Baptiste (1632-1687) 39
Lustig, Jakob Wilhelm (1706-1796)
151
Luther, Martin (1483-1546) 19f., 27,
103
Lütjens, Peter 66

Mainwaring, John (1735-1807) 22f.,
26, 34f., 39, 47, 58, 62, 65, 69f.,
75-77, 82, 88, 93, 95f., 101, 107,
119, 121, 127-129, 140, 160, 179f.,
192, 242
Majorano, Gaetano, gen. Caffarelli
(1710-1783) 196
Malborough, Duchess of, siehe
Jennings, Sarah
Malborough, Duke of, siehe
Churchill, John
Malpiero, Pasquale 116
Maria Theresia, Kaiserin (1717-1780,
reg. 1740-1780) 17, 228
Maria von Modena (zweite Ehefrau
von James II., 1658-1718) 126
Martin V. (1368-1431, Papst von
1417-1431) 101
Mary II. Stuart, Ehefrau von
William III., Königin von England
(1662-1694) 125
Matteson, Johann/John (1681-1764)
22, 37, 47, 56-65, 69-71, 74-76,
80-82, 92, 144f., 181, 252
Medici, Erbprinz Ferdinando de'
(1663-1713) 76-78, 96f., 127f.
Medici, Francesco de' (1660-1710)
98, 100
Medici, Großherzog Cosimo III. de'
(1642-1723, reg. 1670-1723) siehe
Cosimo III.

Medici, Prinz Gian Gastone de'
(1671-1737, reg. 1723-1737) 76f.,
128
Menantes, siehe Hunold, Christian
Friedrich
Mendelssohn-Bartholdy, Felix
(1809-1847) 104
Mercier, Philippe (1689-1760) 47
Merighi, Antonia Margeritha 185,
196
Messiah 197f., 204, 209-212,
216-220, 223, 231, 235f., 242
Metastasio, siehe Trapassi, Pietro
Michaelsen, Michael Dietrich
(Schwager Händels, 1680-1748)
32, 144
Middlesex, siehe Sackville
Milton, John (1608-1674) 197
Mizler, Lorenz Christoph
(1711-1778) 191
Montagna, Antonio 188, 191, 196
Montagu, Charles, Duke of Man-
chester (1662-1722) 127-129
Montagu, Lady Mary 178
Montaigne, Michel de 120
Monteverdi, Claudio (um 1567-1643)
115, 118
Morell, Thomas (1703-1784) 226,
234
Mozart, Wolfgang Amadé
(1756-1791) 195
Muffat, Georg (1653-1704) 26, 253
Müller, Christian (1690-1763) 199
Muzio Scevola 166, 186

Napoleon 115
Nash, Richard (»Beau Nash«,
1674-1762) 232f.
Neri, Filippo (1515-1595) 104
Nerone 70
Nicolino, siehe Grimaldi, Niccolò

O numi eterni 102
O sing unto the Lord a new song 137

285

Olearius, Catharina 16
Orlandini, Giuseppe (1675-1760) 94
Orlando 187
Otto I., Kaiser (912-973, reg.
  962-973) 19
Ottoboni, Pietro, Kardinal
  (1668-1740) 100, 105, 107, 122,
  157
Ottone, re di Germania 158, 160f., 190

Palestrina, siehe Pierluigi, Giovanni
Pamphili, Benedetto (1653-1730)
  100f., 103, 105, 107, 241
Pappenheim, Gottfried Heinrich,
  Graf zu (1594-1632) 21
Pelham-Holles, Thomas, Duke of
  Newcastle (1693-1768) 149
Pepusch, Johann Christoph
  (1667-1752) 143, 146-148, 235
Perti, Giacomo (1661-1756) 122
Perti, Giovanni 96
Philip, Duke of Wharton 157
Philipp V. (d'Anjou), König von
  Spanien (1683-1746, reg. 1700-
  1746) 87, 99f., 153
Philipp von Königsmarck 138
Philipp von Neuburg 77
Philipp, Landgraf von Hessen
  (1504-1567) 20
Pierluigi, Giovanni, gen. Palestrina
  (1525-1594) 27, 100
Pilkington, Laetitia (1712-1750) 212
Pilotti-Schiavonetti, Elisabetta
  (gest. 1742) 130
Pistocchi, Antonia 112
Pistocchi, Francesco Antonio
  (1659-1726) 94
Platen-Hallermund, Sophie Charlot-
  te Gräfin von (1675-1725) 127
Platzer, Christoph (1675-1725) 47
Pohle, David 24
Pope, Alexander (1688-1744) 147f.,
  178
Poro, re dell'Indie 187

Porpora, Nicola (1686-1768) 112,
  190, 196
Porta, Giovanni (um 1690-1755) 157,
  253
Postel, Heinrich Christian
  (1658-1705) 68
Praetorius, Johann 28
Priuli, Lorenzo 116
Pulteney, Daniel 172
Purcell, Henry (1659-1695) 137, 222

Radamisto 157f.
Reinken, Johann Adam 66
Riccardo Primo, re d'Inghilterra 158,
  165
Rich, John (1691-1761) 190, 215, 242
Riemschneider, Johann Gottfried 185
Riesbeck, Johann Caspar (1754-1786)
  79
Rinaldo 132f., 135
Ritter, Christian 25
Robinson, Anastasia 163
Rodelinda, regina de' Langobardi 158,
  165
Rodrigo 93, 95f., 117
Rolli, Paolo Antonio 109, 186
Roner, Andreas 92, 134
Rossi, Giacomo 186
Rotth, Albrecht Christian 28
Rotth, Anna, geb. Taust 30
Rotth, Christian Andreas 30
Rotth, Christian August (1685-1752)
  12, 33, 236
Roubiliac, Louis François
  (1695-1762) 12, 47, 196
Rudloff, Andreas 13, 14
Ruspoli, Francesco Maria, Marchese
  (1672-1731) 100, 102, 105-109,
  113f., 122

Sackville, Charles, Earl of Middlesex
  (1711-1769) 204, 220
Sallé, Marie (1707-1756) 190
Salvi, Antonio (gest. 1742) 93